本课题为江苏高校哲学社会科学研究项目（项目编号2013SJB740028）
本书由苏州大学"211工程"建设经费资助出版

无锡方言接触研究

曹晓燕 著

苏州大学出版社

图书在版编目(CIP)数据

无锡方言接触研究 / 曹晓燕著. —苏州：苏州大学出版社,2015.7
本课题为江苏高校哲学社会科学研究项目(项目编号2013SJB740028)
ISBN 978-7-5672-1333-3

Ⅰ.①无… Ⅱ.①曹… Ⅲ.①吴语—方言研究—无锡市 Ⅳ.①H173

中国版本图书馆 CIP 数据核字(2015)第 150583 号

书　　名	无锡方言接触研究
作　　者	曹晓燕
责任编辑	周建国
装帧设计	吴　钰
出版发行	苏州大学出版社(Soochow University Press)
社　　址	苏州市十梓街1号　邮编：215006
印　　装	宜兴市盛世文化印刷有限公司
网　　址	www.sudapress.com
邮购热线	0512-67480030
销售热线	0512-65225020
开　　本	700mm×1000mm　1/16　印张：14.5　字数：252千
版　　次	2015年7月第1版
印　　次	2015年7月第1次印刷
书　　号	ISBN 978-7-5672-1333-3
定　　价	45.00元

凡购本社图书发现印装错误，请与本社联系调换。服务热线：0512-65225020

序

无锡是沪宁线上的繁华都市，居苏锡常之中。让人极有兴趣的是，无锡方言保留着较多吴语的早期特征，比如分尖团、保留舌尖后音声母等。无锡在地理上跟东西邻苏州、常州几乎是等距离的，但是，在苏州人耳朵里，无锡话像常州话；在常州人耳朵里，无锡话像苏州话，而无锡人自己也说不清到底更接近哪一边，这实在令人十分好奇。

这些现象都凸显了无锡方言的重要研究价值。但以往数十年，相对于苏州方言和常州方言而言，对无锡方言的研究还不多。所以，曹晓燕的研究可说正当其时。晓燕是正宗的无锡城里人。她学习优秀，硕士生学习就得到石汝杰教授的指导，打下了语言学、方言学的良好基础。当我调入苏州大学，赶上参与评审她的硕士学位论文时，发现文章对无锡方言各方面的基本情况都描写得十分妥帖，尤其对复杂的连读变调现象的处理更见功夫。这对一个初学者来说是难能可贵的，我理所当然地给了"优秀"的评分。

此后又有机缘接在汝杰兄之后，指导晓燕的博士生学习。

传统的方言研究，假设方言是不变的。这不仅因为处于初始阶段的研究只能从静态语言做起，也因为一百年前的中国，社会发展不快，语言发展也不快，对静态方言现象的捕捉不太困难。随便上街请问几位当地人某字的读音，往往十分一致。但是，一百年来的中国，发生了巨大变化，社会如此，方言也如此。今天再上街请人发音，请问几位，可能就会有几种读法，还会有人回答你：我只知道普通话读音，不知道方言读音。这不仅给我们方言工作者出了大难题，不得不另想捕捉静态方言的办法，更重要的是，不能对这动态的方言现象置若罔闻。我们的语言研究不是经院哲学，不是为研究而研究。社会上出现什么样的语言现象，我们就应该研究它。同时，所用的理论方法也应随之跟上，在传统方法基础上，利用和探索新方法，多种理论结合，以适应新研究，获取新成果。晓燕所做的正是这样的工作。具体地说,就是在静态研究的扎实基础上,观察和研究近几十年无锡方言在普通话影响下发生的变化,以及对无锡口音普通话的研究。

研究动态的方言现象,首先,调查方法就不同。传统的拿着《方言调查字表》,跟发音人对坐,口问笔记的方法已经远远不够,需要设计新的调查表和调查方案,充分利用本人对目标方言的深入理解,寻访相当数量的发音人,(简直是多多益善!)搜集各种自然状态下的动态话语材料,从中汲取各种语言元素,以社会语言学语言接触理论为指导,以实验语音学方法为工具,进行深入、精细的分析研究。

本书不仅将无锡方言这个重要的地点方言作为研究对象,对其进行了深层次的剖析,填补了吴语太湖片中心位置的一片空白,更对语言接触、语言演变,以及中介语等相关语言学理论提供了重要的启示。中国社会语言学作为一门新兴学科,正需要众多这样的踏实研究为其增添养料,以期不断丰满、成熟。

本书的研究也有十分重要的现实价值。面对当前迅速发展的社会,语言也在迅速变化,一方面方言日渐式微,越来越多的年轻人说不好或不会说方言;另一方面,普通话在日益普及的同时,也受方言影响,出现五花八门的带方言口音的普通话,他们正覆盖全社会,成为中国的主体交际工具。加强对这些语言现象的研究,提供给相关决策部门,是对国家制定正确语言政策的有力支持。

当然,新人研究新课题,总会有尚待完善之处。本书提出的一些问题,如弱势方言对强势方言的影响,究竟有何规律,还有待更多的探索。对无锡方言的研究,更是远未做完。这应是晓燕的未来目标。

若干年前,李荣先生曾谈到《方言调查字表》(简称《字表》)的价值,预言只有在方言濒于消亡,人们都不知道方言字音的时候,《字表》才会归于无用。我曾因此为《字表》的生存担忧过。但是,今天我认识到,这样的杞人之忧是不必要的。新的语言现象,自然会有新的研究方法理论来应对。语言和语言研究永远是向前发展的。我们眼前的这本新著作,就代表这个方向。我相信,晓燕他们新一代学人会实现这一美丽愿景。

汪 平
二〇一五年劳动节于苏州还读书庐

目 录

绪 论 / 1
  一、语言接触的主要类型 / 1
  二、方言与标准语接触的相互变异模式 / 1
  三、语言接触的根本问题——有界还是无界 / 3
  四、变异理论和语言接触 / 4
  五、汉语方言与普通话的接触 / 9
  六、研究现状和研究意义 / 10
  七、本项研究概况 / 16

第一章 无锡方言的音系及其与普通话的结构差异 / 21
  第一节 无锡方言音系 / 21
    一、声母(30个) / 21
    二、韵母(49个) / 22
    三、声调(8个) / 23
  第二节 普通话和无锡方言声、韵、调系统的结构差异 / 24
    一、表层差异 / 24
    二、深层差异 / 28

第二章 语言接触对无锡方言语音演变的影响 / 29
  第一节 发音人情况和语料来源 / 29
    一、发音人情况 / 29
    二、语料来源 / 30
  第二节 声韵母的演变 / 31
    一、合并 / 31
    二、分化 / 40
    三、互相渗透 / 41

第三节　声调的演变　/44

　　一、单字调概况　/44

　　二、考察方向　/46

　　三、单字调的重新考察　/46

　　四、结论　/58

第四节　无锡方言文白异读的演变　/59

　　一、文白对立消失　/61

　　二、文白对峙　/62

　　三、新的文白对立出现　/64

　　四、结论　/67

第五节　以尖团变化为例考察影响方言变异的因素　/68

　　一、无锡及周边地区区分尖团音的现状　/68

　　二、调查方法和分析方法　/69

　　三、影响尖团变化的语言因素　/70

　　四、影响尖团变化的非语言因素　/76

　　五、结论　/85

第三章　无锡口音普通话的语音问题　/87

第一节　调查方法和语料搜集　/88

　　一、调查方法　/88

　　二、语料来源和处理　/89

第二节　无锡口音普通话的音类偏误　/93

　　一、不同程度无锡口音普通话的音类偏误　/94

　　二、从方言和普通话的音类差异考察音类偏误产生的原因　/98

　　三、从中古音发展演变的角度考察音类偏误产生的原因　/106

第三节　音值偏误　/113

　　一、不同程度无锡口音普通话的音值偏误　/113

　　二、从无锡方言和普通话的声韵调对应关系考察音值偏误产生
　　　　的原因　/116

第四节　音值缺陷　/119

　　一、实验方法　/119

　　二、单韵母　/120

三、复韵母 / 134
　　四、鼻韵母 / 136
　　五、声调 / 146
第五节　无锡口音普通话的语音特点 / 149
　　一、偏误发展的动态性 / 149
　　二、偏误发展的方向性 / 153
　　三、偏误原因的多样性 / 154

第四章　无锡方言变异和变化的原因 / 165
第一节　语言接触对方言演变的影响 / 165
　　一、普通话在无锡方言演变过程中的影响和作用 / 166
　　二、周边强势方言在无锡方言演变过程中的影响和作用 / 171
　　三、结论和启示 / 175
第二节　无锡方言演变的内部原因 / 176
　　一、语音系统自身演变的规律 / 176
　　二、语言演变的经济原则 / 179
第三节　语言态度影响语言演变的速度 / 181

第五章　方言成分的强弱程度对语言迁移的影响 / 184
第一节　方言成分强弱程度的连续统 / 184
第二节　影响语言成分强弱程度的因素 / 187
　　一、方言成分的稳定度与强弱程度的关系 / 188
　　二、方言与普通话相应成分的相似性与强弱程度的关系 / 189
　　三、语言成分的标记性与强弱程度的关系 / 191

余论 / 196
附录 / 199
　　附录1：常用汉字调查表 / 199
　　附录2：尖团调查 / 201
　　附录3：单字调调查表 / 203
　　附录4：无锡口音普通话语音调查材料 / 204
　　附录5：无锡方言新老变化发音人情况 / 205
参考文献 / 207
后记 / 222

一、语言接触的主要类型

语言接触是人类语言发展过程中常见的现象。人类的任何一种语言,都不是孤立存在的,而总是与别的语言发生不同程度、不同形式的接触,受到别的语言的影响。可以说语言接触是语言演变的一种动力,一种自然法则。近几十年来,由语言接触引起的语言变化越来越引起人们的关注。综观语言接触的定义,多数是围绕不同民族语言或地域方言展开的,因此对语言接触的研究也分为两大阵营:方言接触和不同系属语言接触。

近20年来,语言接触成为汉语研究的一个热点,成为汉语方言学、社会语言学以及民族语言学的关注对象。所谓的语言接触主要涉及三种类型[①]:

(1) 外语跟本族语,比如英语跟汉语的接触。

(2) 汉语标准语(普通话)跟方言的接触,或者方言跟方言的接触。

(3) 口语跟书面语的接触。比如历史上文言和当时口语的接触。

其中汉语标准语(普通话)与地域方言之间接触的广泛性是其他语言或方言之间的接触所无法比拟的。

二、方言与标准语接触的相互变异模式

变化是语言的本质特点。整个语言社会总是处于量变到质变再到量变的循环之中的,并在其中以人眼看不到的速度向前发展。汉语方言也不例外。如果说方言是社会分化的产物,那这种局面的维持一定也会随着经济的发展、政

---

① 分类标准参考邵敬敏.港式中文与语言接触理论[J].佛山科学技术学院学报(社会科学版),2008,26(6):28.

治的统一而被打破。随着交流的频繁,商贸往来的增多,人们的利益比以往任何时候更紧密地联系在一起,为了确保不同地区的顺利交际,人们迫切地需要一种共同的语言来进行沟通,这就是标准语①。标准语的出现是经济政治集中的结果,因此方言与共同语的关系从来就不是纯粹的语言问题,而是与现实的社会经济状况相伴随的。

方言和标准语因社会的需要而产生,又随着社会的发展而发展。两者将长期共存并用是不容否认的事实。由于方言和标准语共处于同一语言社会,必然也会相互影响,形成一种互动关系。两者处于动态发展之中,各自发生改变,再加上外部因素的作用,其接触情况也就变得异常复杂。方言与标准语的这种接触现状已经受到国内外有关学者的密切关注。如今城市化进程加快,人口流动频繁,对此现象的研究就显得更加重要和迫切。

方言和标准语的接触是语言接触中的一个特例。在语言接触中存在着源语(source language)和接受语(recipient language),两者存在一种转换关系。语言使用者对这两种语言中的一种一定会具有更多的知识,也一定会更熟练。

在语言的实际使用过程中,如果这几种语言同时使用,就会发生借用、代用、夹用、混用、交叉、错位、嫁接,乃至于产生两种语言要素交融的新型变体。这显然不是语言内部的发展所造成的,而是语言接触所造成的。标准语在扩展过程中会受到方言影响,产生标准语渐变体,方言使用者在习得标准语过程中其自身方言也会受影响,方言渐变体应运而生。

国外学者根据方言与标准语接触的现状,提出了两者的互动模式,即

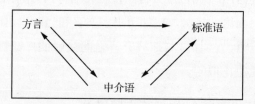

上图显示方言与标准语在接触过程中形成了一种中介语,三者相互影响,

---

① 关于"标准语"的说法,参考徐大明《当代社会语言学》P176:"'标准方言'的说法在西方比较流行,在汉语言学界并不流行。一般社会上的看法认为方言是与标准语对立的。但是如果把方言定义为一种语言的各种变体,'标准方言'就可以成立了。许多社会语言学家认为,一般所谓的'标准语'实际上不过是一些'社会方言'。"我们跟各国的重大不同是,普通话是人为制定的,不是自然语言。这种情况大约只有中国有。所以人家说"标准方言"符合实际情况,但对汉语不合适。普通话是从方言中来的,但一旦成为普通话,就变成共通语言,不再是方言了。

在共时平面上呈动态发展的互动关系。但是作为变体，中介语并不是某个变体而是一个变体的集合，是一系列不同的变体，它们或是由方言使用者在习得标准语过程中产生的，或是由标准语使用者在习得方言过程中产生的，或靠近标准语，或靠近方言。方言与标准语接触后均发生改变，但在外部因素的作用下，两者接触后各自的发展是不均衡的。

在很多情况下，一个社会中使用两种语言变体，而且这两种变体往往是分别在不同场合使用的。美国语言学家弗格森（C. A. Ferguson, 1959）就这种现象提出"双言制"的概念。他把用于正式场合的那种变体叫作"高变体"（high variety），另一种叫作"低变体"（low variety）。就中国目前的情况而言，普通话作为民族共同语无疑成了高变体，因为它有明确的规范，可作为书面语象征社会或民族的价值观念体系，并且是通过教育学会的，使用的场合也比较正式。方言则是"低变体"，一般只在家里使用，仅存在于人们口语中。正是方言与标准语这种社会地位的差异，使得标准语一经产生便要求方言向其靠拢，从这个意义上说，方言受标准语的吸引更大，影响更广，方言的特殊成分越来越少，方言中有活力的、表现力强的部分将会融入标准语中，标准语在吸收了方言中的有益成分后变得日益丰富与完善，方言与标准语在互相吸收、互相补充中向前发展。但是方言作为使用者的母语往往是第一习得语言，自然是根深蒂固，相当精通熟练的。在掌握和使用双语时，第一习得的方言对第二习得的标准语必然也会产生较大和较直接的影响。

三、语言接触的根本问题——有界还是无界

随着19世纪殖民主义的疯狂扩张而出现的语言融合的加剧和混合语的产生，研究语言接触的学者首先把眼光转向混合语（creole，克里奥尔语）、区域类型学的研究。两者都涉及语言接触的根本问题：语言接触是无界还是有界的？即语言影响只是词汇借用，还是涉及语音和语法层面？

对此问题的回答大致分为两大阵营：有界和无界。有界接触观把语言接触有界性的根本原因归结为语言内部结构因素，而无界接触观把语言接触无界性的根本原因归结为语言外部的社会因素。

以鲍阿斯（F. Boas）、梅耶（A. Meillet）、萨丕尔（E. Sapir）、布龙菲尔德（L. Bloomfield）、雅各布逊（A. Jakobson）、马丁内（A. Martinet）、魏茵莱希（U. Weinreich）为代表的有界论者，他们着眼于从语言内部结构来讨论语言的接触，认为

语言的形态部分和音系部分不会受接触的影响(彭嬿,2007:140)。这种观点和理论的产生与印欧语言相对独立的发展环境有关,后来也影响了一大批学者。

但到了20世纪30年代,特鲁别茨科依(N. S. Trubetskoi)用同构和对应确定同源关系的原则提出质疑。他通过对乌拉尔语系的西芬兰语和印欧语系的东斯拉夫语的比较,认为同构和语音对应规律既可解释为同源关系,也可解释成语言联盟或语言接触关系,语言接触没有界限,语言影响虽然最常见的结果是词汇的相互借用,但也可能造成语音成分和语法成分的相互渗透。

而以托马森(S. Thomason)为代表的无界论者,则从世界各地不同语言的接触中找出了语言系统各层面受影响的材料,并把接触程度的深浅归结为社会因素。此后很长一段时间,接触被看成是随机的碰撞,结构因素不起任何作用。

陈保亚(1996)在研究语言接触的时候提出"无界有阶"的观点。他根据对傣语和汉语的接触进行的追踪研究,认为语言接触是一种互协的过程,即两种语言有规则地相互协调、趋向同构,形成有系统的语音对应关系。而互协的过程则呈现出无界而有阶的特点。"'无界有阶性'是语言接触的根本属性。接触可以深入到语言系统的各个层面,这个'度'是由社会因素决定的,具体地说是由接触时间、双语方向、双语人口决定的,但是度的演进是有阶的,这个阶是由结构因素决定的。因此接触的无界有阶性是由社会因素和结构因素共同决定的。如果仅仅考虑到社会因素,就不可能观察到结构的阶,而把语言接触仅仅看成是没有结构、没有层阶的随机碰撞。如果仅仅考虑到结构因素,就会无视干扰和借贷的度,形成接触有界的观念。"这是陈保亚的创见。所以,语言的演变既有内部的因素在起作用,也有外部因素的影响,二者交融在一起推动语言的变化和发展。语言接触引起的语言影响,既有轻度的或表层的影响,也有重度的或深层的影响。尽管接触是具有普遍性的,然而各个层面接触的深浅是不一样的,也就是说,语言中的接触具有不平衡性。

四、变异理论和语言接触

语言的一个根本特性是它的社会性,所有被研究过的语言表现出来的一个共同特点就是它们都包含着语言变异。语言具有纷繁变异的现象最主要的原因是语言必然存现于纷繁变异的社会组织之中。继承索绪尔的语言属于社区的观点,变异学派的社会语言学家总是以言语社区为基本研究单位。实际上言语社区这一概念应用到现实世界中是有相对性的。现实中是一种多层嵌套的情形。比如江苏无锡人认为合乎普通话语法的现象不一定是北方人都接受的现象。有几个人开始尖团不分不代表所有无锡人都开始尖团不分了。没有外部的参考标准,任意择取一部分语言现象很难确定是否代表全部。英国语言学家赫德森(Hudson,1980)提出一套很有用的概念系统来描写语言的变异性特点。其中核心概念是"变体"(variety)。

语言的变异有的跟地域有关,有的跟说话人的社会身份有关,有的跟使用场合有关。既然每一种语言都有很多变体,那么是什么因素促使人们选择某一种变体呢?社会心理学家罗杰·布朗(Roger Brown)将两个概念引入社会语言学:权势量(power)和共聚量(solidarity)。Brown & Gilman(1960)、徐大明等(1997:97-98)认为语言的使用反映说话人与听话人之间的社会关系。选择哪一种形式就取决于说话双方的"权势量"和"共聚量"。每一个社会的社会价值不同,因而每一个社会的"权势量"和"共聚量"的绝对值都不相同,即使同一社会不同时期,人们的社会价值观念也会不同。比如在推广普通话以前,沪宁线上上海话的影响很大,人们并不会迁就说"北方话"的人。但如今普通话一统天下,上海话的优势地位让位给了普通话,一般当地人跟外地人打交道都会尽量使用普通话,哪怕说得不标准、说得很吃力。这些都会给语言演变的方向造成影响。

传统语言学把语言看作一个单一的抽象符号体系。事实上,在日常生活中,人们使用的语言呈现出丰富的多样性。个人的语音、词汇、语法也都不完全相同,特别有意义的是不同社会群体之间的语言差异。拉波夫曾经通俗易懂地把语言变异定义为"表达同一事物的(交替出现的)不同说法"。语言变项可以因人而异,也可以因环境而异。知道了一个人的社会特征,就可以预测他会选用哪一种语言变式;同样,知道了一些人常用哪些变式,就可以推测说话人的年龄、性别、社会地位等社会特征。

帕普拉克(Poplack,1993)将语言接触现象基本分成以下几种:语码转换、词汇借用、不完全的第二语言习得、干扰、语法融合、语体简化、语言死亡。而在现实生活中,这些现象之间并不都是界限分明的。

例如"语码转换",帕普拉克认为语码转换是在连续讲话中出现不同的语言的句子或句子片段的现象。对于语码转换基本上有两种对立的看法,一种认为语码转换现象充分反映出一个人的语言交际能力,说明人们掌握了两种语言后能够根据对象、场合、话题等因素来进行选择;另一种看法则认为这是不完全的语言习得的结果,是不能够纯正地使用一种语言的表现。这两种现象其实在现实生活中都可以看到。比如两个无锡学生下课后在用无锡方言聊天,看到他们的老师过来,因这老师不会讲无锡方言,他们立刻转换为普通话跟老师交流,这就是前一种情况。而方言区的人如果在讲普通话时无法流畅地表达自己的想法而借助方言的词汇或句子,就属于后一种语码转换现象。反过来也一样,人们在讲方言时遇到一些非本地区常见的新事物或新概念时也会借助普通话的表达形式。在符合标准的语码转换现象中,还可以分出不同结构层次的转换现象,有"句间转换""句内转换"以及附加语转换。很多人讲普通话时会尽量避免使用"阿"字句,但在附加问中往往会"露出马脚",即在讲完一句陈述句后,加上"阿是?""阿对?"这类的附加成分。这就形成了普通话向方言的语码转换。

词汇借用可以是历史上借入的词,也可以是"一次性借词"。一次性借词这种语言接触现象既可以是一种个人现象,也可以是一个社团范围的常规交际方式。

语法融合是一种比较持久性的现象,在比较稳定的双语社区内经过长期的语言接触之后才会产生。比如无锡人在讲普通话时遇到对过去事件的提问时,经常使用"有没有VP"这样的结构。同样,无锡方言里双宾语句中接受者在后的句式日趋式微,这明显是受到普通话的影响。

不完全的二语习得既可以是个人也可以是社区范围的现象。语言的掌握情况总是要受到学习和使用这种语言的具体环境的限制,而对于大多数接触双语的人来说,学习和使用不同语言的环境不可能是完全相同的。所以在实践中,完全平行地使用两种(以上)语言的社会根本不存在,完全平衡的个人双语发展和存在环境也很难找到。第二语言的使用范围的局限性也会影响这种不平衡的双语能力的表现。

干扰是指两种语言在语音、词汇、语法和语用各方面相互干扰、相互影响、相互吸收彼此的语言成分,有时两种语言产生混合(徐大明,等,1997:166)。干扰有个别性和偶然性。而不完全习得产生的结果可能"僵化"。

语言简化则是长期的语言使用范围受到局限的结果。再往后发展就是语言死亡。

这几种语言接触现象在方言和标准语的接触中都存在。

社会语言学的研究发现,与语言变异最明显相关的社会因素是性别、年龄、社会阶层、民族和种族。

男女在语言使用上的差别是显而易见的事实。从生理上说,男女就有差别,女性的声带比男性短,声调比较高。更重要的是男女在语言上的差别是社会造成的。语言变异的定量研究中也发现了大量的性别差异现象。例如拉波夫在研究美国方言语音变化时就发现女性在所有被调查的社团中处于较为领先的地位。传统上认为女性总是比男性更倾向于使用标准变体和标准变式。但是在非西方工业国家的调查中发现过完全相反的情况。如讲普通话时,女性比男性更倾向使用"AP 得不得了""AP 死了"这类带方言味儿的程度表达方式。此外也曾发现过没有表现出趋向性的性别差别的语言现象。这在方言口音普通话和方言变异中都能找到很多例子。最近的研究发现,所谓的性别差异与语言的关系实际上在很大程度上还是一个社会问题。虽然人的性别生理差异和由此带来的种种语言差异是不争的事实,可是带着先入为主的性别观念出发来理解语言现象并不总是能够反映社会现实。

不同年龄的人说话不同,这是一个明显的事实,不管是说普通话还是说方言都可以看到这种差别。但这种差别要分清是代差(generation difference)还是年龄级差(age grading)。所谓代差是一代人与另一代之间的差别,代差曾被用来解释语言的变化;年龄级差指同一代中间不同年龄的人之间的说话差别。代差可以通过几代人的语言特点反映一个语言变体的发展趋势;而年龄级差则是一种较为稳定的社会变异,如"女国音"体现一代人在不同年龄阶段对某些语言变式的使用所产生的变化。要区分进行中的变化是代差还是年龄级差,最好的办法就是要有真实时间的证据。由于进行重新调查存在实际性困难,社会语言学的真实时间的研究还相对比较少。但是随着社会语言学的发展,人们对变化的研究越来越重视,一些早期的调查到现在也达到了相当的时间距离,从而构成了检验变化的客观条件,在这种形势下,社会语言学对变化的真实时间的研究正在蓬勃发展起来。如在拉波夫 1962 年的纽约市百货公司调查后的 24 年,傅乐(Fowler,1986)采用了与拉波夫同样的方法在相同的调查区域调查了相同的语言变项。荷曼(Hermann,1929)在高莎(Louis Gauchat)调查 30 年后重新调查了有关语言变项。丝德艮(Cedergren)在 1967—1971 年和 1983 年两次对巴拿马城西班牙语的五个变项的社会分布情况进行调查。在中国,徐大明在 1987 年运用西方社会语言学理论调查了包头鼻韵尾的变异情况,15 年后他的学生祝晓宏对同一个言语社区鼻韵尾的变异情况进行了再调查。调查发现:鼻韵尾变异的情况15年来总体上没有大的变化,但是包括社会结构和语言结构在内的环境因素中出现了一些新的制约条件,原来的制约条件也发生了一些调整。徐、祝的调查也显示,没有真实时间证据的情况下,只依靠显象时间的资料来区分进行中的变化与年龄级差变异是困难的。

社会阶层因素不适用于中国的情况,更多地体现在文化教育程度的差异对语言变异的影响上。《中国语言文字使用情况调查》显示,从教育背景来看,受过初中、高中、大专及以上教育的人,能说普通话者在同一学历层次总人数中所占的比例分别为56.08%、75.76%、86.77%。这组数据基本显示,普通话的习用效率和受教育程度维持着一种密切的关系。

上述的这些社会因素也可以用于解释同一方言区的带方言味普通话所呈现出的一种层级性。从年龄上来说,方言区的成年人,如果从小没有接受过严格的普通话训练,在说普通话时往往会受方言影响,会在语音方面出现错误;在词汇和语法上往往会有意识地同普通话对应,尽量避免错误,而语音却无法一时纠正过来。而年龄越小的人,接受普通话教育越严格,由于发音习惯尚未形成,一般来说,他们的普通话语音会相当标准,但在词汇、语法方面由于受当地方言习惯说法的影响,会较频繁地出现方言词汇、语法,从而与标准普通话产生差异。这主要是因为少年儿童知识储备不够,无法有意识地将已经习惯的方言词汇、方言语法结构转换为与普通话对应的普通话词汇和普通话语法结构。从性别上来说,在大多数情况下,女性接受第二习得语言的能力要比男性强。但在某些项目上男性更接近标准。文化教育程度及职业的不同也会形成各种不同级别的带方言味的普通话。这种水平上的差异跟说话人所受教育的程度有很直接的联系,这是因为在我国大多数方言地区,学校教育是当地人掌握普通话的最重要的途径。文化程度高的居民的普通话受方言影响的程度要比文化程度低的居民受方言影响程度小。而文化程度又跟职业有一定的联系,不同职业的人说普通话的状况又有所不同,比如教育界的人士(包括大、中、小学教师)一般要比从事其他职业的人士(电台和电视台主持人除外)普通话水平高。陈松岑(1990)分析描写了绍兴市城区普通话五个等级的语音特征,这五个等级说明绍兴市城区居民的普通话受方言影响的程度。等级数字越小,表明其普通话受绍兴方言的影响越小,越接近标准的普通话;等级数字越大,表明其普通话受绍兴方言的影响越大,离标准普通话也越远。陈松岑还指出,使用一、二级普通话最多的是教育界,其次是各种服务行业,再次是机关干部,使用最少的是工人。这和职业所要求的教育程度以及交际中使用普通话的需要大小有关。

本文的主要议题就是语言变异,不管是研究不纯的方言还是不纯的普通话,都不能脱离上述因素孤立地看问题。

五、汉语方言与普通话的接触

我国是一个幅员辽阔,多民族、多方言的国家,除了有汉语和各少数民族语言的语言接触现象之外,各地方言之间的接触、方言和普通话的接触也是广泛存在的语言接触形式。汉语方言和普通话的接触属于前面提到的方言和标准语的接触。语言接触的各种现象几乎都能在方言和普通话的接触中找到。

一般来说,第一习得语言作为讲话者自己的母语自然是根深蒂固,相当精通和熟练。在掌握和使用双语时,第一习得的语言对第二习得的语言会产生较大和较直接的影响。就我国目前的大多数情况而言,方言是人们第一习得的语言,普通话是第二习得语言,方言和普通话"同中有异,异中有同",方言区的人学习普通话虽不用像学外语那样一字一句地学,而是可以参照方言类推地学,但仍然会受到方言的干扰或者叫负迁移。所以在推广普通话的过程中,各地方言甚至个人习惯都会对普通话的掌握和使用产生影响,使普通话在实际运用中产生各式各样的变体,形成带方言口音的普通话。可以说,百分之百纯正的普通话是不存在的。虽然普通话以北京语音为标准音,但是北京地区的居民所说的话也并非纯正的普通话,有人称其为京味普通话。所以说普通话的规范程度是相对的,它只能是指在一个大致的范围内。我们国家目前两者并用的状况实际上也就是地域方言与带方言口音的普通话并存并用的状况。带方言口音普通话的表现形式是多种多样的,具有不同的层次,往往是语言几个方面不合标准、不合规范的综合体现。一个人说普通话时,如果语音错误较多、方音较重的话,一般情况下词汇和语法方面也会有许多不规范的现象。反过来,情况就不同,目前在大中型城市长大的居民在普通话的发音方面多数没有很大问题,而在词汇、语法方面往往露出"乡音"来。这样,对于一个人的来源地,我们不仅可以从他说的方言而且可以从他说的普通话猜个八九不离十。

跟北方口音的普通话相比,南方口音的普通话在语音、词汇、语法方面都比较容易出现错误,而三者之中尤以语音最为突出,因为南方方言的声韵调系统与普通话差异较大,与普通话之间的对应也比较复杂。在语流音变方面,北方方言有轻声、儿化;而南方方言多数没有,受此影响,南方口音的普通话基本上也没有轻声、儿化。北方口音的普通话一般在语音上较为准确,因为北方方言在语音方面比较接近普通话。由此可见,带方言口音的普通话就像丰富复杂的方言一样异彩纷呈。

方言及各种社会因素对于形成带方言口音的普通话来说是两种不同层面的原因。方言是使普通话在某个方言区产生带有某些共同特点的地方变体的重要原因,是第一层面的原因;各种社会因素是促使带方言口音的普通话出现各种不同级别、不同层次的主要原因,是第二层面的原因。同一种普通话变体往往是两种原因共同作用的结果。

根据方言和标准语接触的互动模式,标准语在扩展过程中受方言影响,产生标准语渐变体,上述带方言口音的普通话就是很好的例子。方言使用者在习得标准语的过程中其方言也会产生变体。一般地说,语言接触引起的语言影响或语言借用,大多是吸收本语所没有的或所缺少的成分,对本语起着补充、丰富的作用。初期阶段的语言接触主要是为了丰富和发展本语,并不进入趋同状态;随着语言接触的深入发展,借用有可能使本语向另一语言趋同。趋同是语言接触进入深层阶段出现的特征。固有成分和借用成分在语言功能的升降上始终处于矛盾与对立之中,表现为并用与竞争。拿方言来说,一方面,长期受到普通话的影响,大面积地吸收普通话成分来丰富自己,增强自己的表达能力;另一方面,语言接触中处于弱势地位的方言,由于受到强势的普通话的冲击,一些固有成分被普通话成分所代替,出现弱化或泛化。

许多从事方言研究的工作者在日常的调查研究中已经关注到这一现象,这促使他们在调查方言、研究方言的同时,开始审视普通话对当地方言的影响,审视"双言者"或"多言者"的语言行为,审视社会的因素、心理的因素等对方言的影响……总之,方言研究者不再孤立地看待方言的各种现象,而是用联系的观点全面互动地观察方言的现状和变化趋势。大家纷纷认识到引起各地方言演变的一个重要原因就是普通话和方言的接触,其重要性绝对不亚于语言结构内部的原因。

六、研究现状和研究意义

(一)方言和普通话接触的研究状况

带方言口音的普通话在全国范围内普遍存在已是不争的事实。各地方言受普通话影响而不断向普通话靠拢也是不以人的主观意志为转移的。目前对于汉语方言和普通话接触的研究正在逐渐增多,关注这一领域研究较多的学者如汪平、苏晓青。前者从方言和普通话的关系(汪平,2006)、方言变化(汪平,2003、2004)和普通话变化(汪平,1990)三个角度全面考察了汉语方言和普通话接触过程中产生的各种现象,在研究方法和理论观点上具有开拓性和创新性,是同类论文的先锋。后者主要针对"方言向普通话靠拢"这一变化趋势从各个角度进行广泛深入的探讨(苏晓青,2002、2004、2005、2006)。

近年来关于汉语方言和普通话接触这一领域研究的成果也大致集中在方言和普通话的关系、方言新老变化和方言口音的普通话三个方面,江燕(2008)对其进行了大致的分类。笔者根据内容将已有的研究成果进行了如下的统计(按时间先后排序):

1. 方言和普通话的关系

(1) 关于方言和普通话关系及发展前景的讨论:詹伯慧(1988,1997),姚佑春(1988),陈章太(1990),陶原珂(1993),周一农(1999),李建国、边兴昌(2000),张怡春(2000),黄传迅(2004),肖萍(2004,2005),颜逸明(2005),杨文惠(2005),陆锦平(2006),游汝杰(2006),陈焱、丁信善(2007),刘金梅(2008),胡明扬(2008),王宇枫(2008),谢琳(2009)。

(2) 关于人们对方言和普通话的语言态度及语码转换的研究:戴妍、高一虹(1996),雷红波(2004),谢书书(2005),郭骏(2007),王伟超(2010),王远新(2010),宋明伟(2010),张峰峡(2011),周薇(2011),陈立平(2011),李燕、武玉芳(2012),曹玉梅(2012),尹静(2013),刘慧(2013)。

(3) 关于语言生活状况的研究:杨晋毅(1997),刘夏阳(1999),陈章太(1999),伍巍(2003),李宇明(2004,2008),李如龙(2004),林伦伦(2005),周芸(2006),孙锐欣(2007),郭龙生(2008),屠国平(2008),赵小刚(2008),董福升(2008),薛才德(2009),毛力群(2009),林华东(2009),俞玮奇(2010),曾炜(2010),俞玮奇(2011),林华东、陈燕玲(2011),郭媛媛(2012),俞玮奇(2012)。

2. 方言和普通话接触过程中普通话对方言的影响——方言的新老变化

(1) 关于语音变化的研究有:胡明扬(1978),李如龙、梁玉璋、陈天泉(1979),施文涛(1979),叶祥苓(1980),鲍明炜(1980),沈同(1981),许宝华(1981),钱曾怡(1982),许宝华、汤珍珠、汤志祥(1982),甄尚灵(1988),朱建颂(1988),汪平(1988),平田昌司(1982),鲍厚星(1983),黄家教、崔荣昌(1983),侯精一(1983),李未(1987),周庆生(1987),林柏松(1988),俞光中(1988),高福生(1988),鲍厚星(1989),钱乃荣(1990),钱曾怡、曹志耘、罗福腾(1991),沈榕秋(1992),张树铮(1994、1995),陈忠敏(1995),高云峰(1996),李小凡(1997),崔容(2000),周及徐(2001),夏中易(2002),施晓(2004),陆勤(2003),顾晓微(2003),谈莉(2003),何彦杰(2004),段纳(2004),曾献飞(2005),王琴(2005),杨佶(2004),祝晓宏(2005),陈立中(2005),张爽(2006),韩沛玲(2006),王宇枫(2006),支洁(2006),徐越(2007),段纳(2007),顾钦(2007),何琳珊(2007),胡智丹(2007),朱秀兰(2007),何薇(2007),陈建伟(2008),江燕(2008),张晔(2008),陈燕(2008),王亮(2008),徐睿渊(2008),张进军(2008),郭骏(2009),胡萍(2009),徐耀君(2009),余跃龙(2009),张洪明(2009),亓海峰(2009),刘晓英(2009),张世方(2009),严菡波(2010),傅灵(2010),游汝杰(2010),熊南京、姜莉芳(2010),高峰(2010),孙博(2010),孔慧芳(2010),张勤倩(2011),莫娲(2012),刘俐李(2013),熊湘华(2013)。

(2)有关词汇变化的研究有:李如龙、徐睿渊(2007),钱乃荣(1998),韦宏宁(2007),孙宝(2008),王亮(2008),张敏(2011),彭浅生(2012),岳彦廷(2012)。

(3)有关语法变化的研究有:雒鹏(2004),石毓智(2008),王健(2008),吴子慧(2009),齐春红、杨育彬(2010)。

还有一些跟方言演变相关的研究,侧重从语言接触的角度研究方言的成因。以上海话为例的研究有:游汝杰(2006),钱乃荣(2003),陈忠敏(1995),刘民刚(2004);其他方言的研究有张世方(2004),黄晓东(2006),罗昕如(2009)。

有关于不同地区和社会阶层的移民在语言习得模式、语言能力和语言态度等方面的研究,如雷洪波(2008),刘玉屏(2010),葛俊丽(2011),胡珊珊(2012),王生龙、王劲松(2013)。

3. 方言和普通话接触后方言对普通话的影响——方言口音普通话

(1)有关方言口音的普通话的名称、性质、特点、研究方法等总论性的研究:李如龙(1988),陈松岑(1990),陈章太(1990、2000),陈亚川(1991),崔梅(1993),沙平(1995),徐海铭(1997),孙蕙如(1997),姚德怀(1998),齐沪扬(1999),刘宏(1999),(李)建国、谷芒(边兴昌)(2000),林清书(2001),顾颖、李建国(2001),王群生、王彩豫(2001),陈亚莹(2005),张建强(2005),徐红梅

(2003),肖劲松(2007),张建强(2005),朱玲君(2009),李咏梅(2012)。

(2)各地方言口音普通话的语音特点的研究有:陈亚川(1987),姚佑椿(1988),刘新中(1998),李文月(2000),王泽龙(2001),杨恺琴(2002),李桂芳(2002),刘华卿(2002),陈肖霞(2003),杨红华(2003),于珏(2004),刘宏(2004),陈文娟(2004),梁滢(2005),陆亚莹(2005),普园媛(2005),王莉、马佳(2006),张世方(2006),周萍(2006),高山(2006),刘冬冰、赵思达(2007),毛丽(2009),劲松、牛芳(2010),金丽娜(2010)。

(3)词汇与语法特点的研究有:邝永辉(1996),沈元祺(2000),刘华卿(2002),陆湘怀(2002),施燕薇(2003),刘晓梅、李如龙(2004),田皓(2006),王鹏翔(2008),刘艺(2010),李庐静(2013)。

(4)方言口音的普通话三个层面(语音、词汇、语法)的研究:曾子凡(2000),王泽龙(2001),黄继春(2002),吴琼(2004)。

(二)关于无锡方言的研究状况

无锡位于江苏省东南部,是江苏省的一个地级市。地处长江南岸,南临太湖,与浙江省交界;东邻苏州,距上海128公里;西接常州,去南京183公里。京杭大运河和沪宁铁路贯穿境内。从地理位置来看,无锡位于苏州、常州之间,无锡方言也恰好处在常州(毗陵)和苏沪嘉两个方言小片的过渡地带,因而靠近常州武进的一些西部乡镇与靠近苏州的东部乡镇之间的语音面貌有着明显的不同。不仅如此,就连无锡老城区周围的话也是不同的。最典型的一种说法是"无锡南北四城门外葛闲话搭城里闲话是勿一样葛"。所谓"城里闲话"即指老城区(今属崇安区)的话,这是无锡人普遍认同的正宗的无锡方言;"四城门"则指老城区周围的东门、南门、西门、北门,这些地方的话跟老城区的话之间也有所区别。

从1928年赵元任的《现代吴语的研究》出版至今,无锡方言的研究工作跟随着现代语言学在中国的传播和发展而取得了一系列的成果。但是较国内或者吴语区内其他点的方言研究,还略显滞后和不足。黄明明(2005)对20世纪无锡方言研究的资料已经做过全面梳理,在音系描写、词汇与语法研究、分区归属等方面对已有研究成果勾勒面貌、总结经验、研判得失。本研究不再详细赘述,只为本研究需要简单罗列一下已有的成果以及存在的问题,具体在正文部分谈到相关问题时会做详细说明。

关于无锡方言的音系。从赵元任1927年开始的真正语言学意义的研究至今,已过去80多年。期间多人相继对无锡城区的音系做过调查。重要的资料有,1956年至1958年间对苏沪境内74个点的方言调查后在1960年编成的《江苏省和上海市方言概况》(下称《概况》)。1960年陈祺生发表《从音位观点看无锡话的调类划分》。这是第一篇专门以无锡方言语音系统为研究对象的重要论文。1984年至1985年间,钱乃荣用半年多时间,重走赵元任当年调查过的33个地点,获得了事隔近60年后的新的第一手资料,写成《当代吴语研究》,于1992年出版。20世纪90年代陆续出版的《无锡县志》《无锡市志》主要由陈祺生调查记录。《江苏省志·方言志》(下称《江苏省志》)与《概况》相比有了不少修正,反映了几十年来对无锡方言的一些新认识。文少功(1996)撰文《无锡方言音系记略》(下称《记略》)记录的是老城区老派无锡话的音系并对音系的新老差异做了一些比较。笔者2003年的硕士毕业论文与之前研究者的音系描写存在不同,带有明显的新派无锡方言的特点。这样的时间跨度完全符合变异语言学上真实时间的要求,基本可以区分语言变项是代差还是年龄级差,无锡方言声韵音位归纳中的一些不同意见就源于此,为考察无锡方言的演变提供了可贵的资料。胡智丹(2007)对近80年的语音变迁进行历时对比,分析其演变轨迹。其主要结论是无锡方言知、照三等字中古麻韵泥母字和知系字[ou]、[iou]组韵母变读[əɯ]、[iəɯ];中古宕摄和梗摄字入声[ɑʔ]组韵母与咸山摄[aʔ]组韵母合并,都读[aʔ];中古咸摄和山摄[ɛ]、[iɛ]组韵母与止摄、蟹摄字[e]、[ue]组韵母合并,舌位抬高;阳平、阳上单字调与阳去合并。新增中古山摄喻母字[yaʔ]类韵母。两字组和三字组连续变调出现个别连续调型变化。研究结果基本涵盖了声韵调各个方面。

  关于无锡方言的词汇语法研究。钱基博的《无锡风俗志》方言卷、翁寿元考无锡方言本字的相关论文、陈祺生的无锡方言代词研究、《无锡市志》和《无锡县志》方言卷有关词汇俗语的章节都是无锡方言词汇研究的几项重要成果。其中翁寿元两篇《本字考》共考证无锡方言本字近500个,《无锡(薛典)方言单音词汇释》辑录方言词300余条。曹晓燕(2001)在此基础上撰文统计了无锡城区通用的单音节常用词222个;《无锡市志》方言卷的"词汇"一章列方言词语377条;《无锡县志》方言卷虽然没有专列词汇章节,可是其"词汇语法举隅"中,选择了最能反映地方特色的一批词语,很多目前已经处于濒危的境地。项行的《无锡方言词典》尽管存在很多疏漏,但在一定程度上反映了无锡人时代与生活的变迁。

语法研究方面的论文不多,主要有陈祺生的《无锡方言中的代词》、刘丹青的《无锡方言的体助词"则""仔"和"着"——兼评吴语"仔"源于"着"的观点》。两篇论文既有横向与普通话的比较,又有纵向与古汉语的对应,可谓方言语法研究之佳作。

关于无锡方言的归属问题。自 1982 年至 1984 三年时间里,接连三次吴语学术会议讨论了吴语内部的分区问题,直到现在意见还不统一。许宝华、游汝杰(1984)和许宝华、汤珍珠、游汝杰(1984)、郑张尚芳等(1986)和《江苏省志》都把无锡方言归入苏沪嘉小片,东片,而颜逸明(1994)、陈祺生(1993)则把无锡方言归入常州小片,西片。造成这种分歧是苏南吴语苏沪嘉小片和常州小片长期接触产生的结果。东区和西区交接地带的无锡方言必然既带有东片的特点也带有西片的特点,从某种程度上说,无锡方言所具有的语言特征也可以看作东西片语言特征接触并竞争的结果。随着语言的发展,今天的无锡方言或许能比 20 世纪 80 年代更趋同于某个小片。

(三)存在的问题

在方言和普通话接触的研究方面此前已经出现一些具有开拓性的文章,涉及的领域比较广泛,其中不乏挖掘深入的上等佳作。但是也存在一些问题,主要是缺乏系统性。大多数研究方言的新老变化,或是方言口音的普通话的论文只是侧重语言的一个层面,或语音,或词汇,或语法,并没有全面地论述方言和普通话接触的整个复杂的互动过程,更缺乏系统的理论分析和规律总结,对于语言现象以描写为主,具体地点的方言变化或普通话特点列举性的说明多,调查统计的少,无法表现方言和普通话接触的不同层次与水平,也无法考察方言是如何渗透到普通话中的,普通话又是如何影响方言的。解释比较单一和空洞。重心始终保持在语言本体领域。

无锡方言研究的现状,比国内或其他吴方言的研究还略显滞后。尽管无锡方言研究的内容已经涉及音系、变读、词汇、语法、分区等方面,但内部分支之间还很不平衡。主要表现在重语音而轻词汇、语法。目前对于无锡方言的声韵系统、连读变调的描写比较完善,但尚未编制出具有相当容量和质量的词汇集或方言词典。无锡方言的内部差异,作为北吴两小片过渡区其在方言地理学上的意义,以及方言语法等仍有很多空白尚待填补。

描写以表面的多,深入挖掘与提升的少。无锡方言的研究材料,相当一部分来自大地域方言的综合性报告,如《现代吴语的研究》《当代吴语研究》《概况》《江苏省志》等,这种材料的性质决定它不可能对某一专题做深入的研究。

偏于静态的描写而较少反映动态的变异现象。比如,无锡方言的研究已经出现不少横截面式的共时音系描写,大致反映了不同时期的方言语音状况。无锡方言声韵音位归纳中的一些不同意见就源于此。但描摹其演变轨迹的工作刚刚起步,且仅限于语音,词汇和语法尚未涉及。另外,目前对无锡方言的主要关注点在方言的内部系统里,很少涉及方言的应用问题,更不要说关注方言和普通话接触的问题了,对无锡人学习普通话的中介语,对各个等级上的"无锡口音的普通话"的特征和规律尚未开始研究。

基于上述原因,本研究将从无锡方言和普通话的接触谈起,通过对时下普通话中介语和新无锡方言的描写,考察在双语社会里,两种语言不断的接触中,弱势语言如何逐渐磨损、丢失自己原有的一些比较特殊的成分,同时不断吸收强势语言的成分,使自己的语言系统朝着强势语言的方向发展演变;同时弱势语言的某些强势成分又是如何对强势语言进行渗透和影响的。

七、本项研究概况

(一) 选题意义

目前对于普通话和方言的接触研究还不够深入,一方面是因为几乎所有的方言都会与普通话发生接触;另一方面则是由于汉语方言和普通话是同源的,存在密切的亲缘关系,同中有异,异中有同。所以看似很普通的接触,一旦真要去探讨它们之间由于接触而引起的变化的话,那却要困难得多。就像很多人会说普通话,可除极少数人的普通话非常纯正外,绝大多数人的普通话一旦满足了交际需要之后就会僵化、停滞不前,或多或少都带有本地方言口音甚至多种方言口音,它既不是纯正的方言,也不是标准的普通话,而是方言与普通话之间的过渡语或中介语,其中的方言成分,讲话者自己却不一定意识到。而方言学的研究历来以纯方言的研究为主,对于"不纯的方言",即两种方言(或方言与普通话)相接触的产物或变化中的语言还未给予足够的重视。事实是,这种活生生的语言现象值得关注。尽管目前国内少数语言学家已经进行了一些开拓性的研究,但显然远远不够。大部分论文的描写都是列举式的,并未抓住方言和普通话接触的本质。

在方言和普通话的接触中,方言会对普通话的结构产生潜意识的介入性的干扰,人们在用普通话交际时会或多或少留下方言的某些痕迹(即底层)。其中有未加改造直接套用的不合规范的成分,也有经过改造可供普通话吸收的积极的成分。这并不是标准的普通话,也不是方言和普通话的简单混合,只是一种普通话成分和方言成分按照特定的结构规律有机地组合而成的,和普通话主体结构接近,但在一定程度上受到原有方言牵制、干扰的过渡语或中介语(不完全的普通话习得),它有特定的结构规律。方言区的人在说普通话的同时,其自身方言也在一定程度上受到了普通话的影响,发生了不同程度的改变。而这种变化与方言口音的普通话一样,所反映的本质问题同样是方言中容易放弃的成分和普通话中容易习得的成分。因此,方言自身的变化不仅不会干扰我们的研究结果,相反,把握这种变化的本质将有助于我们的研究。本研究即尝试解释方言口音的普通话的发生及变化过程中的各种规律。

　　陈保亚(1989)认为变异或涨落一般发生在系统结构的不完整部分;变异选择的目的性在于使系统结构更加完善。另外从自组织系统的发生看,环境可能有很重要的作用,随机因素也不可忽视。结构的自我调节是系统演变的内在因素,环境和随机现象为自我调节提供了一个背景。

　　无锡口音的普通话(后文为节省空间,部分表格中简称"锡普")和新派无锡方言分别是普通话与无锡方言两个系统的演变结果,语言接触是两个系统演变的外在诱因之一,结构的自我调节是两个系统演变的内在因素,结构差异和标记差异是两个系统变化的区域,语言规则的迁移是两个系统演变的机制之一。

　　因此,本研究主要从这两个角度来看待方言和普通话的接触。但是本研究的主要目的并不是罗列无锡人说的普通话里有哪些错误和缺陷,也不是仅仅描写从赵元任用现代方言学记录无锡方言至今80多年来无锡方言的演变情况,而是希望通过研究不纯的方言和不标准的普通话来探讨语言的深层次特点及语言变化的规律。我们搜集大量的语料分析的目的就是想了解在方言和普通话的接触过程中,这种自发的类推是怎样进行的;哪些方言因素影响大,易渗透,哪些影响小,易被取代;为何当地人说的普通话会显示不同的层级,其中体现的规律又是什么。同时我们也看到在历史发展的过程中,方言也不断接受普通话的影响,逐渐向普通话靠拢。我们也可以通过新老方言的比较了解这些差异是不是都是受普通话的影响所致;如果是,哪些方言成分容易被普通话取代,哪些不容易被取代,其中有没有与普通话"背道而驰"的变异项目,造成这种相反的发展趋势的原因是什么。从两个角度研究普通话和方言之间相互影响、相互作用的规律,考察方言和普通话在接触过程中的折射与变异,探讨现代社会语言发展的基本规律。

对这些问题的回答不仅有助于我们认清语言演变的内部规律,更有助于探索今后人类语言演变的方向,从而为制定和执行好语文政策提供理论依据。

此外,本研究还可以丰富无锡方言的研究资料,推动对方言与普通话接触的有关研究,同时,考察普通话和无锡方言的双向变异更是从未有过的全新尝试,应该可以对今后方言与普通话关系的研究起到借鉴作用;本研究大量使用社会调查,为语言变化问题寻找社会语言学方面的依据,将方言学和社会语言学紧密结合起来,突破了传统方言学偏于静态描写的研究思路。此外,对新老无锡方言和各个层次上的无锡口音的普通话的特征进行总结,研究其规律,不仅可以提高普通话教学的效果,辅助方言教学,而且也可为公安侦查技术中的现代化方言甄别刑侦手段提供帮助。

(二)调查方法和实验依据

本研究语料主要分为方言语料和方言口音的普通话语料。根据不同的研究目的采用不同的调查方法,主要有以下五种方法。应根据不同的调查目的选取适当的方法。

1. 调查方法

第一种是传统的方言调查法,即寻找合适的发音人读调查字表,主要用于考察方言的演变。所不同的是,社会语言学没有"发音标准"这个概念。用同样的调查内容寻找不同的人来调查,这样才能反映不同的社会人群不同的语言变体。社会调查最好采用随机抽样法。由于条件的限制,本研究采用点面结合的方式调查。"点"主要指代表老派和新派的主要发音人,经过详细比较后确定调查项目,然后通过大范围的随机调查考察方言的演变过程和方向。

第二种是问卷调查。主要用于重点语言项目或为弥补自然语料的不足而采用的一种快速高效的方法。但问卷调查有自身无法避免的缺陷,即文字在一定程度上会影响被试的判断,有时与实际情况会有一定的距离,因此在数量上要求比较高。

第三种方法是快速隐匿调查法。这种方法可以使发音人在比较自然的情态下说出最自然的无锡方言,弥补前两种方法的缺陷,也可以摆脱文字对发音人的束缚和影响。这种方法主要用于考察方言的演变。

第四种方法是不侵入调查法,即实地观察法。这种方法不会打扰说话人,真正做到了深入日常生活中去观察语言的使用。本研究在调查方言演变和方言口音的普通话时都采用了这种方法。

第五种是访谈法,主要用于询问被试的语言态度和语言意识。

2. 录音情况及分析软件简介

(1) 录音:

录音环境:相对安静的房间内,如某地方教育电视台演播室。

背景噪音:60smpl 以下。

录音设备:thinkpad 笔记本电脑;

　　　　　话筒:心形指向 AKG C420;

　　　　　声卡:Sound Device Susbpre。

声音文件存储格式:32kHz 采样率、16 位数据、单声道.wav 格式。

(2) 分析软件:

① Cool Edit Pro v2.0 声音处理软件,用于录音和声音剪辑;

② Praat 语音分析软件,版本 4.2.14,用于语音标注和数据提取;

③ Excel 2007 和 Spss 2.0,用于数据处理、统计分析及制作各类图表。

3. 实验依据

本研究不是专门研究实验语音学的,但为了对方言语音的共时差异有更加直观和理性的认识,而不仅仅停留在听感的层次上,也将根据需要采用实验语音学的方法进行更为细致的声学分析和描写。

我们知道元音音色的不同主要是由共振峰(formant)的不同频率决定的,共振峰在三维语图上明显地呈现出粗壮的横杠。其中 F_1、F_2、F_3 最为重要,在声学语音上就是根据这三个共振峰的位置来区分不同的元音的。其中以第一共振峰 F_1、第二共振峰 F_2 最为重要。对于声腔、共振峰频率和元音音色三者的关系,林焘、王理嘉(1992)总结如下:

(1) F_1 和舌位高低密切相关。舌位高,则 F_1 就低;舌位低,F_1 就高。普通话中[i][y][u]舌位最高,F_1 就最低;[a]舌位最低,F_1 就最高。[o]和[ɤ]介于两者之间,F_1 的频率也居中。

(2) F_2 和舌位前后密切相关。舌位靠前,F_2 就高;舌位靠后,F_2 就低。普通话[i][u]都是高元音,F_2 相差很大,就是因为一个是前元音,一个是后元音。

(3) F_2 和嘴唇的圆展也有关系。圆唇作用可以使 F_2 降低一些。因为 F_2 的升降和前共振腔的大小有关。舌位后移,前共振腔面积变大,F_2 降低;舌位前移,前共振腔面积变小,F_2 升高。圆唇作用实际是把前共振腔向前延伸一些,因此 F_2 也略略降低。[y]和[i]的舌位相同,但因为圆唇,[y]比[i]的 F_2 频率略低一些。

(4) F_3 和元音舌位的关系并不十分密切,但是要受舌尖活动的影响。当舌尖抬高卷起发音时,F_3 的频率就明显下降。

关于声调的处理,人们以前常把音高等同于基频,认为"声调贯串在音节的浊音部分"(赵元任,1979:19),即凡是声带振动的浊音段都是声调的负载段。事实上,声调描写中的音高与基频并不是一一对应的。林茂灿(1997)在《声调、音高与基频》一文中指出,音高是指语言学家对语音音高高低升降的描述,它是一种语音属性在听觉上的印象。基频(F_0)等于声波中周期性部分最大振动的出现率,其大小可以用仪器测量,是客观的物理量。两者并不是等价物。林茂灿在 1965 年曾运用音高显示器对普通话进行声调分析,提出了声调的"弯头段""降尾段""调型段"的概念,指出浊辅音(包括鼻音、边音)声母,介音及元音、鼻音韵尾跟主要元音一样都有基频表现。这些属于 F_0 曲线的弯头段和降尾段,人耳是无法感知的,只有切除了弯头降尾段的调型段才是真正的声调负载段,即只有主要元音及其过渡段,才能起到区别声调的作用,负载有用的音高信息(林茂灿,1996:159-173)。这个结论目前已经得到了研究者们的广泛认可。但因为降调的降尾段很难判断,本研究在切分阴平阳上调时仍保留了音节的韵尾部分,即选取主要元音及韵尾部分作为研究对象。

为了使所得声调基频曲线有可比性和操作上的简便,本研究取主要元音和韵尾时长段的 10 个基频值。再对所得基频数据进行处理和修改,然后将其导入 Excel 表格,求得各声调 10 个点的基频均值,绘出各自的基频均值曲线图。方言单字调和方言口音普通话中声调的处理都用这种方法。

第一章
无锡方言的音系及其与普通话的结构差异

无锡方言和普通话语音系统的差异是两种语言接触时最容易引发变化的关节点，往往也是引起语言变异的主要原因。本章通过对无锡方言和普通话语音系统结构差异进行全面深入的考察，揭示两种语言语音系统的不对称性，以作为探讨普通话和无锡方言变异的语言结构依据。

第一节 无锡方言音系

本研究音系根据2010年在无锡进行的中国语言资源有声数据库的调查结果，发音人均为男性，祝建明（1941年— ）、宿德生（1940年— ）、王永清（1941年— ），长期居住在崇安区，声母保留舌尖后音，但以舌尖前声母为主，归类没有规律，入声韵母区分前[aʔ]后[ɑʔ]，"杯班"开口度不同，"沙梳"不同，比较接近老派。其语音系统结构如下：

一、声母(30个)

p 布饱北	pʰ 怕砰拍	b 步排别	m 门没麦	f 飞反发	v 烦冯罚
t 到盯得	tʰ 太天踢	d 逃邓读	n 难能内		l 老另落
ts 组精作	tsʰ 菜仓七			s 丝线三	z 茶徐杂
tʂ 真纸主	tʂʰ 出吹鼠			ʂ 世身书	ʐ 十陈直
tɕ 经简脚	tɕʰ 丘轻吃	dʑ 棋歧极	ȵ 女泥热	ɕ 许喜血	
k 贵干角	kʰ 开刊哭	g 共狂轧	ŋ 岸熬鹤	h 轰海黑	

Ø 影碗阿

说明：

(1) 本研究所记声母30个，《江苏省志》《概况》《无锡市志》零声母阳声调字根据洪细差别，分别用[j]和[ɦ]表示声母，此处都记作零声母[Ø]。[ɦ]([j])声母字主要来自全浊匣母和次浊的喻三四等以及疑母，它们跟来自全清影母字的区别主要是声调的高低，而在非起首位置上三者已经合并了（曹晓燕，2003）。

(2) 无锡话塞音声母[p][pʰ][t][tʰ][k][kʰ]发音时肌肉较紧张，爆发性强，比普通话稍硬一些。

(3) 舌面前音[tɕ][tɕʰ][ɕ]等声母的舌位比普通话稍靠后。

(4) 老无锡发[tʂ]组声母时舌头平伸，用舌叶抵住上齿龈，嘴唇圆撮；而普通话发[tʂ]组声母是用舌尖翘起抵住齿龈后，嘴唇不圆。

二、韵母(49个)

ɿ	字紫资						
ʮ	住株嘴	i	批皮里	u	古苦虾	y	雨女举
a	撒蛇家	ia	姐谢茄	ua	怪歪快		
ʌ	包高刀	iʌ	条要料				
ʊ	潘官欢					yʊ	圆卷权
ɪ	莲简线						
e	盖爱袋			ue	鬼挥亏		
ɛ	反谈班			uɛ	弯环关		
ei	豆透流						
ou	沙车	iou	靴又嘉又夏又				
əɯ	赌大	iəɯ	有球九				
ã	浜庞冷	iã	样娘强	uã	横		
õ	讲降抗	iõ	旺	uõ	光黄矿		
ən	跟肯恨	in	紧请醒	uən	昏棍捆	yn	云军熏
				uŋ	红空工	yŋ	胸穷窘
aʔ	八搭辣	iaʔ	恰峡夹	uaʔ	刮豁挖	yaʔ	越阅悦
ɑʔ	百勺弱	iɑʔ	雀削脚				

əʔ 色德脱	iəʔ 一雪七	uəʔ 活国阔	yəʔ 月橘缺
oʔ 博朴摸	ioʔ 菊浴曲		
əl 而饵尔			
m̩ 亩姆			
ŋ̍ 鱼五吴			

说明：

（1）无锡话里的[u]与国际音标中的定位元音[u]的舌位和唇形并不完全一样。主要区别在于圆唇度，本来国际音标[u]是圆唇度最高的元音，而无锡话里[u]的开口度比较小，双唇保持放松状态，气流几乎是从唇间缝隙中流出的，舌位也比较靠前，严式应该记成[ʉ]。

（2）古效摄一二等多数字（普通话读"ɑo"韵母）在无锡话里的读音《概况》和《江苏省志》上记成[ʌ]，《无锡市志》上记成[ɐ]，实际读音的开口度比[ɐ]小，位置比较靠后，更接近于[ʌ]，故笔者将其记为[ʌ]。

（3）[ʊ]、[yʊ]两韵中的[ʊ]的实际读音比国际音标中的[ʊ]要靠前一些，但肯定不同于苏州话的[ø]。

（4）[i]与实际音值不太一样。它的舌位要高些，稍带摩擦，严式应该记成[ji]。

（5）韵母[iəʔ]在[tɕ]组声母和零声母后开口度均比在其他声母后大，在其他声母后严式标音为[iiʔ]，两者在分布上呈互补关系，故不分成两个音位。

三、声调①（8个）

阴平[55/53]高开猪初飞	阳平[223]穷陈扶南文
阴上[323]古走丑草短	阳上[142/14]五近女坐厚
阴去[34]盖帐唱送放	阳去[213]害谢大病岸
阴入[5]割黑锡积笔	阳入[23]月六杂读白

说明：

（1）阴平记为55，实际有高平55和高降53两种变体，高平调数量上相对较多。

（2）阳平和阳去调型差别不大，已有混读的迹象。但有部分字仍不同调，

---

① 关于无锡话的声调将在第二章第三节中详细说明，这里简要列出。

例如:平≠病。阳平调先平后升,阳去调先降后升,呈浅凹型,阳去相对于阳平低沉,新派阳平和阳去单字调完全一样,只是连读时分化。为显示与新派的区别,老派阳平记为223,阳去记为213。

(3) 阴上呈深凹型曲折调,低点有时较高,有时跟阳平和阳去的低点一致。

(4) 阳上调有142、14两种变体,新派阳上只升不降。阳上字有部分混入阳去。

(5) 阴去记为34,实际调型前段较平坦,严式记音为 ^{3}34。

(6) 变调类型[①]属于前字定调型,舒声韵起头的两字组连读调型类似单字调,如阴平调起头的全调类似阴上,阴上起头的全调类似阴去,以此类推,形成了循环的格局,周而复始。

第二节 普通话和无锡方言声、韵、调系统的结构差异

下文分别从声母、韵母、声调3个方面对无锡话和普通话的基本语音结构特征进行对比考察。两者表层的结构差异,即语音要素数量和类别的差异;深层的结构差异,即与中古语音系统的对应关系和声韵拼合关系的差异。

一、表层差异

(一) 声母

下面是无锡话与普通话声母对照表。有"[ ]"的音是无锡话特有的,有"( )"的音是普通话特有的,其他的音是两者共有的。后面的韵母对照表同此。

---

① 参见曹晓燕(2003)

表 1-1　声母对照表

发音方法＼发音部位	塞音 清音 不送气	塞音 清音 送气	塞音 浊音	塞擦音 清音 不送气	塞擦音 清音 送气	塞擦音 浊音	擦音 清音	擦音 浊音	鼻音 浊音	边音 浊音
双唇	p	pʰ	[b]						m	
齿唇							f	[v]		
舌尖前				ts	tsʰ		s	[z]		
舌尖中	t	tʰ	[d]						n	l
舌尖后				tʂ	tʂʰ		ʂ	ʐ		
舌面前				tɕ	tɕʰ	[dʑ]	ɕ		[ɲ]	
舌根	k	kʰ	[g]				(x)		[ŋ]	
喉							[h]			
零声母	ø									

根据表 1-1 显示,无锡话和普通话声母系统表层的结构差异主要体现在浊声母的有无上。"[ ]"中显示的无锡话有、普通话无的大多是浊声母。因此,无锡话比普通话多 8 个浊声母①。

另外两个音的发音部位稍有差异:一个是舌根擦音和喉擦音的区别,"喝"声母在无锡话中念喉擦音[h],普通话中念舌根擦音[x];另一个差别是无锡话在洪细音前 n 的读音不同,其中细音前念舌面前鼻辅音[ɲ],而普通话无此区别。

(二) 韵母

---

① [ɲ]和[n]从严格意义上说应属于一个音位在不同环境中的变体。

表 1-2　韵母对照表

按结构分 \ 按口形分	开口呼	齐齿呼	合口呼	撮口呼
单韵母	ɿ/[ʮ](ʅ)	i	u	y
	a	ia	ua	
	(o)		(uo)	
	(ɤ)			
	[ɛ]	(iɛ)	[uɛ]	(yɛ)
	[e]		[ue]	
	[ʌ]	[iʌ]		
	[ʊ]			[yʊ]
	[ɪ]			
	[m̩]			
	[ŋ̍]			
复韵母	(ai)		(uai)	
	ei		(uei)	
	(au)	(iau)		
	[əɯ]	[iəɯ]		
	ou	iou		
	[əl]			
鼻韵母	(an)		(uan)	(yan)
	[ã]	[iã]	[uã]	
	[õ]	[iõ]	[uõ]	
	ən	in	uən	yn
	(ɑŋ)	(iɑŋ)	(uɑŋ)	
	(əŋ)	(iŋ)	(uəŋ)	
			uŋ	yŋ
入声韵母	[aʔ]	[iaʔ]	[uaʔ]	[yaʔ]
	[ɑʔ]	[iɑʔ]	[uɑʔ]	
	[oʔ]	[ioʔ]	[uoʔ]	
	[əʔ]	[iəʔ]	[uəʔ]	[yəʔ]

表1-2显示无锡话和普通话共有的韵母只有16处,其余都不相同,从结构来看:

（1）单韵母:无锡话没有而普通话有的为[ʅ]、[o]、[ɤ],无锡话有而普通话没有的为[ɿ]、[ɜ]、[e]、[ʌ]、[ʊ]、[ɪ],另有鼻辅音[m]、[ŋ]自成音节。

（2）复韵母:无锡话的一个特点是单韵母多,很多普通话读为复韵母的,无锡话都读为单韵母,如:普通话[ai]、[ei]、[uei]、[ɑu]、[iɑu]、[ua]、[ia]、[an]、[uan]在无锡话里读[e]、[ʌ]、[u]、[a]、[ɜ]、[ʊ]（实际情况不是一一对应关系,这里从略）。无锡话有而普通话无的复韵母有[əɯ]、[iəɯ]、[yʊ]、[uɜ]、[ue]、[iʌ]。

（3）鼻韵母:普通话里[an]、[uan]、[ian]、[yan]有鼻韵尾,而在无锡话中则消失了,读开韵尾[ɜ]、[ʊ]、[ɪ]、[yʊ];普通话里[ɑŋ]、[iɑŋ]、[uɑŋ]也有鼻韵尾,无锡话却分别念鼻化音[ã]、[iã]、[uã]或[õ]、[iõ]、[uõ];普通话鼻韵尾有前、后鼻音之分,无锡话只有前鼻音,而没有后鼻音[əŋ]、[iŋ]、[uəŋ]。

（4）入声韵母:普通话没有入声韵尾,无锡话保留了喉塞韵尾[-ʔ]。

（三）声调

无锡话和普通话声调的差异主要体现在调类和调值上。具体见下表:

表1-3 声调对照表

无锡话		普通话	
调类	调值	调类	调值
阴平	55/53	阴平	55
阳平	223	阳平	35
阴上	323	上声	214
阳上	142/14	去声	51
阴去	34		
阳去	213		
阴入	5		
阳入	23		

导致无锡话调类分化和普通话不同的原因主要是古声母清浊。与普通话不同的是,在无锡话中保留中古声母的清浊对立,声调仍按声母清浊各分阴阳。古声母的清浊影响调类分化。次浊声母基本跟着全浊声母走。而普通话除了平声还根据古声母清浊分阴阳外,其余各调类都不分阴阳。其中全浊上声并入

去声,次浊上声和清声母上声仍读上声。无锡话中有入声,且根据声母清浊,调值调类都不同。而普通话没有入声。无锡话的入声字的分配情况比较复杂,全浊入声字归入阳平,次浊入声字归入去声,清入声字派入四声,没有明显规律。

二、深层差异

深层差异主要是分别比较无锡话和普通话与中古音的对应关系以及两者的声韵调配合关系。由于曹晓燕(2003)硕士论文对此已有详细说明,此处不再赘述。

第二章
语言接触对无锡方言语音演变的影响

关于无锡方言的研究,已经出现不少横截面式的共时音系描写,大致反映了不同时期的方言语音状况,为考察无锡方言的演变提供了可贵的资料。无锡方言声韵调音位归纳中的一些不同意见,有些就源于这个原因。胡智丹(2007)的硕士论文已比较详细地描摹了无锡方言的语音演变轨迹。本章在此基础上对从赵元任先生所记录的无锡城内语音至今将近百年的无锡方言语音情况进行梳理,对其演变方式进行归纳,并结合强势方言、普通话来观察外来方言对无锡市区话的渗透、影响的程度,同时也将努力对长期以来存在争议的语音问题做进一步的探究。

第一节 发音人情况和语料来源

一、发音人情况

对方言受普通话影响而发生变化的考察主要采用传统方言调查法、问卷调查法、快速隐匿调查法、不侵入调查法以及访谈法。

由于调查范围广,时间跨度较大,声韵母和声调分两个时期进行。其中涉及声韵母变异的调查还包括文白异读的调查和有关尖团变化的社会语言学调查,主要在 2008—2010 年进行。调查对象共计 109 名。主要发音人有 5 名,都是土生土长的无锡人,其中两名老年发音人在 20 世纪 20 年代或 30 年代出生,长期居住在崇安区,声母保留舌尖后音,但以舌尖前音为主,归类没有规律,入声韵母区分前[aʔ]后[ɑʔ],"杯班"开口度不同,"沙梳"不同,可作为老派的发音人。另外3名发音人年龄在21～25岁之间,声母平翘舌音已经合流,也不能分前[aʔ]后[ɑʔ],普通话比较熟练,可作为当前无锡青年方言语音的代表。

声调部分在2011年年初进行,主要借助中国语言资源有声数据库中的材料进行统计,并根据研究需要补充调查。该数据库在无锡点的单字发音人都为男性,其中老年发音人69岁,语音面貌比较接近老派;青年发音人32岁,可以代表当前的新派。文中分别以"老男"和"青男"称之。

同时本文调查需要从相对单纯的区域来选择发音人,以排除不同区域的影响,因此无锡市老城区被确定为本次调查的样本区域,即崇安区、南长区、北塘区,不包括新增的滨湖区、惠山区和新区。在语料收集过程中,为使样本具有社会特征分类的指标,从而为社会层面解释模型奠定基础,发音人中男女老幼各行各业都要有一定量的代表。

表2-1 调查对象年龄和性别分布一览表

年龄＼性别	男性	女性	总计
10～19岁	12	8	20
20～29岁	9	11	20
30～39岁	8	13	21
40～49岁	12	13	25
50～59岁	12	11	23

表2-2 109名被调查者的社会信息

教育程度	初中	33	职业	工人	26
	高中	34		学生	27
	大学	40		教师	8
	研究生	2		公务员	17
				商业人员	29
				专业技术人员	2
	总计	109		总计	109

二、语料来源

本章的语料主要来自传统方言调查法所获得的录音材料,以及快速隐匿调查和不侵入调查获得的语音记录。关于方言声韵母的演变和尖团音的调查表参看附录1、2，单字调的录音以中国语言资源有声数据库的录音为主，所选单字详见附录3。

第二节 声韵母的演变

一、合并

无锡方言语音的演变大部分是通过合并的方式进行的。从20%世纪初的34个声母，49个韵母，8个声调，发展到今天的27个声母，44个韵母，7个单字调，绝大部分采取了合并的方式。

第一类合并的方式是一个音位并入另一个音位。这种演变一般采用跳跃式的过渡，从未变音位突变到已变音位，或者两读。在词汇上呈扩散状态，即某些字先变，或者同一个字在某些字组中变，在某些字组中不变。符合这种情况的声母有：

（一）部分古疑母字、微母字声母脱落，零声母字增加

近年来，无锡方言音系中的零声母字越来越多。主要原因是古疑母字的鼻音声母和微母字、喻母字的浊擦声母正处于逐渐失落的过程中，而变成阳调的零声母，即

[ŋ]、[ȵ]、[v]① > ∅

从20世纪中叶开始到现在，这种情况变化有明显的加速，特别是青少年口中的零声母字大量涌现。以古疑母字鼻音声母的脱落为例，它的变化规模比较明显，今天老年人口中还发[ŋ]、[ȵ]的"梧瓦卧衙谚愚遇"等字在中年人口中多数已失落声母。而今中年人还读[ŋ]、[ȵ]的"缘谊原迎疑误议"等字在青少年口中正在失落声母。但是并不是所有的疑母字都完成了变异，部分还不存在共时差异，比如"硬、咬、呆、眼、我、饿、藕、鹅"等字。只是声母失落的现象随着年龄的递减而明显增加，这说明疑母字正处于变异中。

---

① 由于受到文白异读的影响，微母字的变异分为两个层次，其中白读音是双唇音，文读音是唇齿音，随着普通话势力的增强，在年轻人中出现了一种新文读，即变为阳调类零声母（详见第二章第四节文白异读的演变）。

（二）[tʂ]、[tʂʰ]、[ʂ]、[ʐ]与[ts]、[tsʰ]、[s]、[z]合流

无锡方言的声母,赵元任的《现代吴语的研究》记有34个,《概况》和《江苏省志》都记为31个,陈祺生记录的城区声母为34个,钱乃荣记录的无锡方言声母只有27个。其中最大的区别就是[ts]组和[tʂ]组是并存还是合流。

[ts]组和[tʂ]组并存在《现代吴语的研究》《无锡方音宽式音标草案》以及《概况》《江苏省志》《无锡市志》中有清楚的记载,无锡方言的声母[ts]组和[tʂ]组并存不混,尤其在《无锡市志》中还有比较详细的说明:无锡发[tʂ]组声母时,舌尖平伸,用舌叶顶住齿龈,嘴唇圆撮。普通话是用舌尖翘起成饭勺状,顶住齿龈,唇不圆(p2919)。一般来说,古精、照二两组是[ts]组,照三组是[tʂ];知组1/3在[ts]组,2/3在[tʂ]组。正式宣布[ts]组和[tʂ]组合流的是钱乃荣,《当代吴语研究》记录的无锡方言声母只有27个,没有[tʂ]组声母,和笔者记录的一样,是地道的新派。《江苏省志》和《无锡市志》显然兼顾了老派与新派。但钱乃荣在文中也有说明:老派声母有[tʂ]组,舌位较前,圆唇。有些老年人,有的字已经并入[ts]组。胡智丹(2007)也提到此项差异,指出老派读音只存在于老年人中,中年和青少年都为新派,也就是不分平翘舌了。

（三）[dz]与[z]、[dʐ]与[ʐ]的合流

《无锡县志》《无锡市志》中记录城区声母的[ts]组和[tʂ]组分别有浊塞擦音[dz]和[dʐ]。其中《无锡市志》是这样说明的:无锡话声母[dz]和[ʐ]的区别明显。声母[dz]和[z]却容易相混,有些字音的声母是[dz],似乎也可以是[z],例如"闸""茶""颂"等,但有些只能是[dz],例如"从""赠""藏""惭""掷"等;又如状—床,存—层,铡—宅,查—寨,这些对字,在现在的无锡话中声母仍旧不同,每一组"短横前面的是[dz],后面的是[z]"(p2919)。也有人认为这样的发音只可能存在于城区边缘或郊区,老城区中心即使八九十岁的老人也没有这两个塞擦音。翁寿元(1985)在归纳苏锡常三地声母的异同时,就认为苏州、无锡市区是没有[dz]声母的。《概况》《江苏省志》也没有提到这两个声母。赵元任在《现代吴语的研究》中记载的"无锡城内音"有[dz]、[z]和[ʐ],但没有[dʐ]。这两组浊塞音和塞擦音都具备的只有常熟。苏州只有两个浊擦音[z]和[ʐ],没有浊塞擦音。江阴、宜兴、昆山只有舌尖前的浊塞音[dz]和浊擦音[z]。因此,无锡的这两组声母显得不太平衡。从20世纪20年代到50年代的记录有如此大的差异,不得不让我们怀疑无锡老城区到底有没有这个声母。黄明明(2006)认为"今天调查到的既有[ts]、[tʂ]两组声母又有浊塞擦音的无锡

人,大多是[dz]和[dʑ]并存的"。但是笔者调查的60岁以下的人,也就是20世纪50年代后出生的人无一人有浊塞擦音,只有浊擦音,即使是两个70岁以上的人也不能区分。所以这个颇有争议的[dz(ʑ)]的分布还有待于从方言地理学的角度做进一步考察。

(四)初露端倪的变异:尖团混读

无锡方言在语音上相对于周边邻近方言最明显的一个特点是至今还区别尖团音。即使在不到10岁的孩子口中也有尖音。在周边方言纷纷尖团混杂合流之后,无锡的尖音会不会也加入到团音的队伍中呢?

为了便于比较,笔者使用了杨佶(2004)的尖音字表,请3名21～25岁的发音人试读,调查结果如下,并与杨佶(2004)的调查结果比较(苏州的数据参考杨佶调查的结果):

表 2-3　无锡、苏州尖音调查结果比较

变异阶段 城市	U 尖音	V 尖团兼有	C 尖团合流
无锡	98	43	22
	59.5%	26.38%	12.9%
苏州	7	35	121
	4%	21%	74%

参照词汇扩散论,一个标准的变化包括三个阶段:未变的(U),共时变异(V)和已变的(C)。据此我们可以把尖音向团音的发展过程分为三个阶段:尖音最初的状态U,尖音在部分人的语音或部分词语组合中突破为团音的过渡阶段V,尖团合流完成的阶段C。此分类恰好得到了一个尖团合流发展阶段的横截面。

由表2-3可见,在尖团合流的进程上,无锡远远落后于苏州,属于比较坚挺的保留尖音的方言。在普通话以前所未有的广度和深度影响人们工作生活的今天,在周边大城市强势方言纷纷放弃尖团对立的今天,无锡方言能保留这么多尖音,不能不说是一个奇迹。但仔细观察,其实还是有相当一部分字在悄悄往团音的阵营里跑。而更有意思的是,部分见组字却以很高的概率被读成尖音(具体分析见第二章第五节)。

宝剑[tsɪ]100%　　　香[siã]蕉 42%　　　幸运[sin]98%

倾[tsʰin]斜 85%　　　派遣[tsʰɪ]79%

(五)介音的失落：[uʊ]＞[ʊ]、[uoʔ]＞[oʔ]

山摄桓韵见系字在赵元任的记载中为[uo]，到《无锡市志》中仍有这个韵母，只不过把它记成[uø]，与单元音[ø]对应，《无锡市志》的说明是"潘、端、酸、安等字的韵母的实际音值介于[o]和[ø]之间，这里用[ø]"，笔者在本研究中记为[ʊ]。看来o、ø、ʊ只是处理音类上的差别，不存在对立。问题是在笔者的调查中，即使七八十岁的老人也已经单元音化了，与其他咸山摄念[ʊ]的字合并了。下面是通过比字的方法在109名被试者中考察介音[u]失落的情况：

表2-4 介音[u]失落情况统计表

例字 \ 异同 \ 年龄段	10～19岁	20～29岁	30～39岁	40～49岁	50～59岁
甘一干一官	同	同	同	同	同
含一寒一完	同	同	同	同	同
暗一案一碗	同	同	同	同	同

调查结果显示各年龄组都已经失落了介音。

而顾钦(2005)在上海话的调查中发现，部分低年龄阶层的发音人有[ø]变[uø]的音变趋势。这一语音变化明显是受普通话影响，而这一语音演变趋势恰好与上海话自身简化的演变趋势[uø]＞[ø]相反。

与此情况类似的是入声韵[uoʔ]的介音失落问题。对于这个韵母各家分歧较大。《无锡市志》《概况》只有[oʔ]，没有[uoʔ]。赵元任的《现代吴语的研究》中清楚地记载宕江通摄的合口字大多念[ɔʔ]，也有部分念[uɔʔ]，如宕摄合口铎韵的"郭、扩"以及通摄合口的"沃"韵母是[uɔʔ]。这种不统一是否可以认为在赵元任的时代这组字已经开始发生变异，由于[uoʔ]韵字太少，[oʔ]韵很多，最终[uoʔ]并入了[oʔ]？至少在笔者的调查中，已无人能区分。

(六)[(i)ou]＞[(i)əɯ]

《概况》《江苏省志》《无锡市志》中记载有[ou]韵，主要是来自中古麻韵泥母字和知系字，如"拿、渣、诈、榨、炸、叉、沙、纱、茶、搽、查、岔"。到了《当代吴语研究》中记载就没有[ou]、[iou]韵母了。《现代吴语的研究》也没有记[ou]、[iou]组韵母，但是赵元任将"巴、沙、哑白、家白"和"乌、虎、姑"以及"瓦、瓜、挂、花、画、话"都记为[ᵘu]，将"靴、下文、家文"记为[iᵘu]。

曾经有研究者(胡智丹,2008)推测[ᵘu]与[ou]是对同一音的不同记载，随着时间的推移,部分字从[ᵘu]中分化出来,演变成[u]韵,还有部分[ᵘu]韵的字又并入来自中古流摄尤韵和幽韵的[ɤɯ]韵母。第二种可能是,在赵元任时期,[u]和[ᵘu]本来是两个不同的音位,但由于[u]和[ᵘu]音色很接近,赵元任误把两个音位记成了一个音位。笔者就这个问题与汪平先生讨论过,笔者本来比较认可第二种推测,因为除了《现代吴语的研究》以外,目前找不到别的文献资料可以证明[u]和[ou]曾是同一组韵母。而从目前无锡人的发音来看,那些保留[ou]韵的老人在发"沙、拿、查"时和"虎、姑、瓦、瓜"明显不一样。但是汪平认为上述3类字本身音韵地位不同,再加上在苏州话中,尤其是赵元任自己的方言常州话中是不一样的,如果无锡话有区别,那么赵元任大约不会听不出来。下面是无锡周边方言这3类字在《现代吴语的研究》中的读音情况:

	常州	无锡	江阴	常熟	苏州
巴、沙、哑白、家白	ɔ	ᵘu	o	u	o
乌、虎、姑	u	ᵘu	u	u	ɜu
瓦、瓜、挂、花、画、话	uɔ	ᵘu	o	u	o

无独有偶,在无锡周边的4个方言中,常熟话的情况跟无锡一样,这3类字的韵母是一样的。这就更加可以肯定赵元任所记的无锡音确实就是不分的。[u]韵可能就是受到周边方言的影响,随着时间的推移,从[ᵘu]中分离出来的,与此同时,另一部分[ᵘu]韵字的开口度变大,变成[ou]。如下图所示:

[ᵘu] { [u] 乌、虎、姑、瓦、瓜、挂、花、画、话
       [ou] 沙 → [ɤɯ]租、果、波、初

图2-1 [ᵘu]的分化情况示意图

在笔者的调查中没有发现把这3类字读成同一个韵的人,即使是[ou]组韵母,在部分七八十岁的老年人口中也处于变异阶段,有人读[ou],有人读[ɤɯ],而在中青年口中几乎绝迹了,一律改读[ɤɯ]。胡智丹(2007)的调查显示老年组的变率为43.7%,而中年组和青年组的变率为100%。这说明从20世纪中期到20世纪末的这段时间里,无锡方言的[ou]韵母快速并入[ɤɯ]韵。[iou]韵的变化更快,大概也是因为原读为[iou]的字不多,且大多为文读音,随着旧文读音的退出,势单力薄的[iou]韵母很快并入读音与之相近的[yʊ]韵,一些还保留着[ou]读音的老年人口中已经听不到[iou]这个读音,这也从侧面证明[iou]比[ou]消失得快。

（七）[mu] > [m̩]

以往文献记载无锡方言自成音节[m̩]的例字只有"亩₀、无₀"。最近调查时发现假开二等明母字"马₀、麻₀、骂、码"的韵母[u]开口越来越小，趋于消失。为便于比较，笔者请84岁高龄的侯某（女）与25岁的邵某（女）分别发"乌、马、呒(不)"音，两者的语图如图2-2所示：

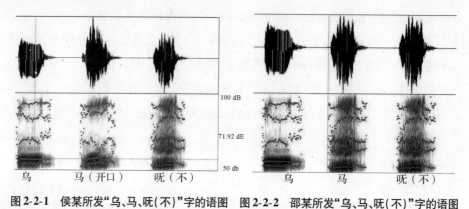

图 2-2-1　侯某所发"乌、马、呒(不)"字的语图　　图 2-2-2　邵某所发"乌、马、呒(不)"字的语图

图2-2-1是80多岁高龄的侯某的发音，不管是从语图还是实际听感，我们都很容易判断她的"马"和"乌"韵母是一样的，与"呒(不)"不同。从唇形上看她在念"乌"和"马"时双唇都没有合拢，而是微微撮圆，所以两者F_1、F_2的数值非常接近。而图2-2-2是新派的发音人邵某的语图，"马"的F_1、F_2与"呒(不)"接近，F_1小于"乌"，说明舌位高，而F_2远远大于"乌"，说明舌位非常靠前。从唇形上看，发音人双唇紧闭，声音是从鼻腔中发出的。

（八）[ʮ] > [ɿ]

[ʮ]主要来自遇合三、蟹开三、止开三、止合三的知章组，原先在老派音系中记为圆唇[ʮ]，随着舌尖后声母归入舌尖前，[ʮ]韵自然先变为[ʮ]。而[ɿ]主要来自止开三精组和庄组。问题是由于受到普通话的影响，部分[ʮ]与[ɿ]有逐步合流的现象发生，主要出现在蟹开三、止开三，如：

芝麻　　　　　　　　市区　　　　　　　　始发站
[tsʮ]——[tsɿ]　　　[zʮ]——[zɿ]　　　[sʮ]——[sɿ]

笔者统计了蟹开三、止开三两组的常用字共37个，在青少年组中调查，现将变化情况统计如下：

表 2-5 蟹开三与止开三中 37 个常用字的发音分类情况

阶段 来源	U [ʮ]	V [ʮ]或[ɿ]	C [ɿ]
蟹开三	势制	滞	誓逝
止开三	枝支知纸迟 耻持治址志痣试	翅池智肢侈致脂指至痴始蜘置诗 时芝市	尸痔之

笔者再将部分处于共时变异和已变阶段的字放入调查字组并在不同年龄组中进行调查,表 2-6 中数字为已变人数,两读的也计入已变人群。

表 2-6 遇合三、止合三中部分例字发音变化情况

年龄段 已变人数 例字	中老年组(计 69 人)	青年组(计 20 人)	少年组(计 20 人)
1. 市里向	2 人	2 人	5 人
2. 有始有终	4 人	5 人	7 人
3. 芝麻	6 人	8 人	10 人
4. 鸡翅膀	3 人	7 人	2 人
5. 痔疮	2 人	11 人	13 人
平均变化率	4.9%	33%	37%

从表 2-6 我们可以看到,中老年组和少年组存在显著差异,而青年组和少年组之间没有显著差异。这说明该项变异开始的时候发展比较缓慢,直到 20 世纪末才迅速发展起来。

按老派无锡方言语音,表中的例字都应该读圆唇的[ʮ]。因此"始 = 书[sʮ]",在无锡,自古以来有送礼不送钟,送钟必加书的习俗,寓意"有始有终",就是因为来自止开三的"始"和遇合三的"书"同音的缘故。表 2-5 反映了无锡方言中[ʮ]正逐步变化发展到[ɿ]的截面图。从统计结果看,遇合三和止合三最为稳定,无一发生音变;蟹开三和止开三变化的速度较为迅猛,大半读音已经开始动摇。

蟹开三、止开三大部分知章组字老派都读成圆唇的舌尖元音,止开三知章组念不圆唇舌尖元音的原来只有极少数几个,如"是、眵、屎、示、视、齿、侍",且都是很常用的字,不知道这些例外是不是受到周边方言的影响,因为蟹开三、止开三的字在赵元任时期的上海话中就是不圆唇的,甚至"四五十年代古知章组鱼虞韵字韵母读音又有新的变化,开始读[-ɿ]……这样就跟止摄开口(精组、知

照系)字韵母相同了"(陈忠敏,1995)。也就是说,上海话早就没有[ʮ]韵了。如果是受到上海话的影响,那是否可以认为无锡话[ʮ]和[ɿ]的合流早就开始了,只是后来很长一段时间内发展缓慢,直到受到普通话的影响才发展迅速起来?尽管如此,无锡方言中[ʮ]和[ɿ]的合流远远不及上海和苏州,"在苏州,这两个韵母也开始发生合并,遇合三变读[ɿ]只在部分儿童语言中发生并且不被成年人语音所认可。但新派苏州话中止开三、蟹开三开始与普通话一样不圆唇"(杨佶,2004:18)。无锡方言中不仅这两组字变读的数量不如上海和苏州,而且遇摄合口三等和止摄合口三等的章组字即使在小孩子口中目前也还未发现有读如[-ɿ]的现象。

第二类合并的方式是移变,即两个原本对立的音位,音色比较接近,只是在舌位高低或者前后方面不同,由于在发音上图经济和省力,发得不那么"仔细",于是这两个音位的界限开始模糊,或者向中间合并,合成一个新的音位,或者一方混入另一方。

(九) [(i)ɑʔ] > [(i)aʔ]

无锡方言中古宕摄和梗摄的[(i)ɑʔ]与来自中古咸摄和山摄的[(i)aʔ]在《现代吴语的研究》《概况》中都是有区别的,但到了《当代吴语研究》中这两组韵母已被记成介于两者之间的[A]。目前在中青年组已经基本合流,不起辨义作用了,只有老年人尚能区分。这一点胡智丹(2007)已有论述,这里不再赘述。由于这一变异完成较早,已无法描绘出动态的变化过程,但关于合流后的方向,还是值得研究的。有的无锡人舌位靠前读[aʔ],有的人舌位比国际音标中的定位元音[a]偏后一点,严式标音可以写成[A]。所以在不同的文献中可以看到有[Aʔ]、[aʔ]的记法。

(十) [e]、[ue]与[ɛ]、[uɛ]合流

[e]、[ue]韵字来源于中古止摄、蟹摄,[ɛ]、[uɛ]韵字来源于中古咸摄、山摄。从赵元任《现代吴语的研究》到当代的《无锡市志》都记载无锡存在这两组韵母,甚至赵元任还把来自古咸、山摄的字记成带鼻化音的[æ̃]。这与Edkins(1853)记的上海话里的[ɛ̃]情况类似。只不过到21世纪初高本汉的记音里,我们可以看出Edkins当时所记的轻微鼻化韵已全部变为元音尾韵母。如:én[ẽ]、ién[iẽ]、wén[uẽ]分别变为相应的[e]、[ie]、[ue]韵里;an[ɛ̃]、ian[iɛ̃]、wan[uɛ̃]分别变为相应的[ɛ]、[iɛ]、[uɛ]韵里(陈忠敏1995)。

此项变异至少在20世纪70年代就已经比较普遍了,因为笔者儿时社会上

就流传一首童谣"从前头,有个小瘪三,爬惠山,爬锡山,爬到屁股粉粉碎……"如果说童谣儿歌也讲押韵的话,那么可见那个时候,成年人已经把"碎"和"山"归为同一个韵了。目前无锡城区60岁以上的老人大多能区分[e]和[ɛ]、[ue]和[uɛ]两组韵母,但对于大部分中青年来说,已不能区分这两组韵母。具体的年龄分布详见胡智丹(2007)。

这两组韵母合流的进程与上文的[ɑʔ]与[aʔ]合流几乎同时,应该看作无锡方言韵母近百年的历时演变现象之一。合并结果也类似,有的人读成开口度较小的[e]、[ie],有的人读成开口度较大的[E]、[uE],甚至有人全读成开口度大的[ɛ],但这种差别已经不区分意义,不存在音位对立。尽管两组韵母合流以后出现3种读音,但从目前情况看,原开口度较小的蟹摄、止摄字与原开口度较大的山摄、咸摄字向介于两者之间的[E]、[uE]韵母靠拢是主流(胡智丹2007:25)。

(十一) [ɔʔ] > [oʔ]

《现代吴语的研究》中来自宕摄铎韵、江摄觉韵、通摄屋韵的入声字记作[ɔʔ],之后的《江苏省志》《当代吴语研究》《无锡市志》记作[oʔ]。由于这个韵母在北部吴语的分区中不作为主要标准,所以从没引起过研究者的关注。倒是在许宝华、游汝杰的《苏南和上海吴语的内部差异》一文中,比较了该入声韵在吴语区的差别,"在金山、太仓、昆山、苏州、吴江、沙州、宜兴、丹阳、上海都读[oʔ]韵,在无锡、常州、金坛、溧阳都读[ɔʔ]韵,因此,在以上十三处'落≠鹿≠绿'。在松江、莘庄、川沙、青浦、南汇、奉贤、嘉定、宝山、常熟、江阴十处'鹿'和'绿'同音,都读[oʔ]韵,但'落'读[ɔʔ]韵,因此在这十一处'落≠鹿=绿'。"(许宝华,游汝杰,1984:8)可见[ɔʔ]、[oʔ]这两个音位虽然比较接近,却在某些地方可以区分意义。在这一点上,无锡方言过去与常州一样,但从20世纪80年代以后出版的方言调查报告中记载的音却和苏州、上海一样了。问题是,这到底是不同调查者对这个音处理方法的不同呢,还是确实在20世纪初存在过这样的差别呢?如果说从20世纪20年代到现在这个入声韵发生了变化的话,那也是速度太快,一点没留痕迹。从理论上说,要是现在调查的话,应该在共时平面找到差异。但对比老人和年轻人的发音后,我们发现无论是老年人还是年轻人,"落、鹿、绿"3个字都是同音。由于在无锡方言中[ɔʔ]、[oʔ]这两个入声韵不区分意义,光凭人耳很难辨别。于是我们再用实验的方法,比较老年人和年轻人对[ɔʔ]、[oʔ]这两个韵的实际发音。笔者调查了前文所说的侯某和邵某

的发音,比较之后发现除了侯某发音略靠后,开口略大以外,几乎无甚差别(见图 2-3):

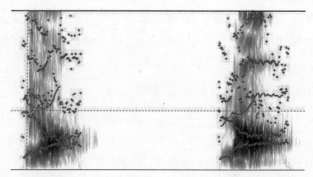

图 2-3-1　侯某所发"录"字的语图　　图 2-3-2　邵某所发"录"字的语图

二、分化

(十二) [yaʔ₋] > $\begin{cases} [\text{yəʔ}_\text{₋}] \\ [\text{iaʔ}_\text{₋}] \end{cases}$

来源于中古山摄部分念[yaʔ₋]的喻母字,如"悦、阅、越、曰、粤",虽然数量不多,但从《现代吴语的研究》到《当代吴语研究》都记作[yaʔ₋],直到曹晓燕 2003 年的硕士论文才记作两读[yəʔ₋]和[iaʔ₋],在某些字组中可自由变读,如"阅览室、检阅、越南、喜悦",有些从普通话借入的字组只能念[yəʔ₋],如"越来越"。这种区别其实就反映了当前念[yaʔ₋]的喻母字正处于变异当中。胡智丹(2007)就此展开调查,发现老年组没有变异,中年组的变率为 80%,青年组的变率为 100%。这项音变主要出现在中青年中,而且音变以后的读音并不统一。它的变异主要分两个方向,一是合并入同组的齐齿呼韵母[iaʔ₋],一是并入与普通话读音相近的[yəʔ₋]韵母,一般来说,读[yəʔ₋]韵母的人数比例要明显高于读[iaʔ₋]韵母的人数,而且在口语中用得越少的字,读为[yəʔ₋]的比例越高。

对于中古山摄部分念[yaʔ]的喻母字来说,原本是非异读的,现在出现了 3 种读音,最底层的是[yaʔ];其次是[iaʔ];最上面一层是[yəʔ],它也是最接近普通话读音的。这种新的异读的出现不能不说是方言受到普通话影响的结果。由于该组字比较少,也不太常用,所以目前这 3 个音势均力敌,但仔细观察不难看到,在不同的年龄组中这 3 个音的比重是不一样的,年龄越小,读音[yaʔ]所占的份额就越小。按照这种趋势,读音[yaʔ]将是最先消失的。

三、互相渗透

按无锡方言中老派读法,不同的字逐渐跑到对方阵营中,形成互相渗透的混读局面。

(十三) [əʔ] > [oʔ] 与 [oʔ] > [əʔ]

《苏南和上海吴语的内部差异》记载古末韵(合口一等,端组和来母)今音有读[oʔ]、[əʔ]、[œʔ]等韵的不同。读[oʔ]的集中于旧太仓州,以及上海、常熟两地。读[əʔ]的集中于旧常州府、苏州府和镇江府(丹阳除外),以及松江府的松江、莘庄、川沙。无锡属于常州府,也念[əʔ]。除了山摄一等合口帮端组外,无锡方言念[əʔ]韵母的字还有来自臻摄合口三等知系和非组,曾摄开口一等帮端精组。最近有些字在青年人口中从[əʔ]韵跑到[oʔ]韵的阵营里去了。分化的依据笔者认为普通话的影响多于上海话的影响。比如"魄",原来的文读音是[pʰəʔ],现在很多人读成[pʰoʔ],因为与普通话的发音"po"比较接近。"拨、钵、抹、佛、脱、夺、卒、撮、术、魄、迫、末、墨"等也是因为普通话读圆唇韵"u/uo/o",所以在无锡方言中从[əʔ]演变成[oʔ]了。但是这种演变是以词汇扩散的形式进行的,往往在这个词中念[əʔ],在那个词中念[oʔ],并没有完成变异。表2-7是笔者对5个被试者所做的调查。已变的记为C,未变读的记为U。

表2-7 无锡方言中韵母[əʔ]、[oʔ]的变异情况

发音人 例字	王某 (58岁)	万某 (45岁)	管某 (34岁)	邵某 (25岁)	陆某 (21岁)
佛珠	U	U	C	C	C
念佛	U	U	U	U	U
挣脱	U	C	U	C	C
脱衣裳	U	U	U	U	U
夺魁	C	C	C	C	C
争夺	U	C	C	C	C
手术	U	U	U	C	C
心术不正	C	C	C	C	/
衣钵	U	C	C	/	/
饭钵头	U	U	U	/	/
迫使	U	C	C	C	C

续表

发音人 例字	王某 （58 岁）	万某 （45 岁）	管某 （34 岁）	邵某 （25 岁）	陆某 （21 岁）
逼迫	C	C	C	C	C
墨水	U	U	U	U	U
沉默	U	U	U	C	C

从表 2-7 可以看到，由于这些字在普通话中都念圆唇韵，所以在无锡方言中变异的可能性比较大，在年龄上的差异比较明显。还有一个依据是有些[oʔ]韵字也跑到[əʔ]韵字里去了，如宕摄开口一等字"阁、搁"，普通话念[ɤ]韵，无锡方言本来念[oʔ]韵，但由于普通话的影响，很多人把它念成了[əʔ]韵。表 2-8 是 5 个被试者念"阁楼、搁浅、耽搁"的情况：

表 2-8

发音人 例字	王某 （58 岁）	万某 （45 岁）	管某 （34 岁）	邵某 （25 岁）	陆某 （21 岁）
阁楼	C	U	U	U	C
搁浅	U	U	C	C	C
耽搁	U	U	U	C	C

（十四）[tɕiəɯ]组 > [tsei]组与[tsei]组 > [tɕiəɯ]组

《现代吴语的研究》对知组、照组三等字声母的记录是"tʂ; tɕ少"，由此可见 20 世纪 20 年代的无锡方言中知组、照组三等字声母以读[tʂ]组音为主，也有声母读成[tɕ]的，但由于《现代吴语的研究》例字太少，无法从中看出哪些韵摄字读[tɕ]组音。《概况》记载的例字告诉我们，当时只有流摄字声母还保留[tɕ]组读音或[tʂ]、[tɕ]两读。到了《当代吴语研究》，流摄字声母的读音有了一定的变化，在《概况》中记为两读的字，有的[tɕ]组声母消失，仅读[ts]组音；有的原来读[tɕ]组声母的字已变[tɕ]、[ts]两读。

胡智丹（2007）通过调查认为，在这 80 年中，流摄知照组三等字[tɕ]组声母逐渐被[tʂ]或[ts]组声母代替，一些常用字如"手、抽、收"在年轻人中存在两读，还有一些字如"丑、仇"坚守[tɕ]组读音。从目前情况看，[tɕ]组声母继续向[ts]组声母演变的可能性不大，这项变异的进程已经基本结束，而没有完成变异的这些字可能将作为例外字而存在。

笔者基本同意胡智丹的看法。那些不太常用的字，原本存在两读的"肘、州、周、绸、纣、首、兽、寿、朽"在青少年已经基本演变为[ts]组声母了。但常用的"手、抽、收、丑"还保留两读,至少在笔者调查中无一人坚决否认[tɕ]组读音。当询问两种读音的差别时,出现了相左的看法。年纪大的人认为这些字以前都是念舌面音的,舌尖音是比较新的读法;而年纪稍轻的人认为"州、周、筹、售"念舌面音是乡下音,念舌尖音才是标准的城里音,但他们又认为"手、抽、收、丑"念舌面音是本就如此,也是标准的。笔者认为,上述两类看法纯粹是主观认识。他们大多没受过专业的语言学训练,不知道这些字的古音对应关系,对相同来源的字评判结果却不同。认识上的矛盾使得该组字的变化发生了停滞,并没有完全结束,而且也很难有完全的变异。这说明语音的变化确实不是突变,而是以词汇扩散的方式渐变的。一种音变如果一旦为该语言大多数使用者所接受,则进展就快;如果受到一定的抵制,进展就慢,会产生两读或停滞的现象。

有意思的是,流摄知照三等字读音的不稳定,导致该摄的精组字、见组字也出现了[tɕiəɯ]、[tsei]两读的情况,表2-9是考察10个不同年龄段的被试者念流摄精见组字的情况:

表2-9 部分流摄精见组例字读音比较

读音 发音人	精组				见组		
	秋天	立秋	修养	自修	休息	调休	双休日
侯某(84岁)	tsʰei	tsʰei	sei	sei	ɕiəɯ	ɕiəɯ	ɕiəɯ
王某(56岁)	tɕʰiəɯ	tsʰei	sei	sei	ɕiəɯ	mei	ɕiəɯ
徐某(51岁)	tɕʰiəɯ	tsʰei	sei	sei	sei	ɕiəɯ	sei
俞某(49岁)	tsʰei	tsʰei	sei	sei	ɕiəɯ	ɕiəɯ	sei
万某(43岁)	tɕʰiəɯ	tɕʰiəɯ	sei	sei	ɕiəɯ	ɕiəɯ	sei
管某(34岁)	tsʰei	tsʰei	sei	sei	sei	sei	sei
邵某(25岁)	tɕʰiəɯ	tsʰei	sei	sei	sei	sei	sei
陆某(21岁)	tɕʰiəɯ	tɕʰiəɯ	ɕiəɯ	sei	ɕiəɯ	ɕiəɯ	sei
陆某(16岁)	tɕʰiəɯ	tɕʰiəɯ	ɕiəɯ	sei	sei	sei	sei
窦某(14岁)	tɕʰiəɯ	tɕʰiəɯ	ɕiəɯ	sei	sei	sei	sei

从表2-9可看出无锡人随着年龄递减,精组字念舌面音的越来越多;见组字的"休"则与之相反,年纪越轻,念舌尖音的越多。前者可以解释为是受普通话影响,属于尖团混读现象;但后者除了"矫枉过正"以外,可能与"休"本身不常用有关,因为其他见组字如"九、救、舅"没有变异的迹象。"休"因不常用,读音就变得不稳定,经常使用普通话的人对其无锡话读音感到模糊时,很容易想到

普通话里跟"休"同音的字"修",认为两者无锡话的读音也一样。结果对于"休"真正的读音[ɕiəɯ]反倒觉得和"州、周、筹、售"等念舌面音一样,是乡下音了。这与他们对这些字(流摄知章组字)的主观看法有关。

第三节 声调的演变

一、单字调概况

从赵元任先生的《现代吴语的研究》开始至今,有多位研究者对无锡方言的声调进行过描写,其中有一些分歧。这里可能有记录者人耳听辨的主观性的差异,也可能是不同调查对象个人风格的差异所致,还可能是语音的历时演变。表2-10 将各家对无锡方言声调的记录,包括可查证的发音人当时的年龄和现在的年龄分别列表。

表2-10 无锡方言声调记录比较表

著作或论文	作者	发表时间	发音人年龄 当时	发音人年龄 距今	阴平	阳平	阴上	阳上	阴去	阳去	阴入	阳入
现代吴语的研究	赵元任	1928年	34	117	53^b	13^b	3^b2^b3	2^b3^b2	3^b4	2^b13^b	4	1^b4
江苏省和上海市方言概况	江苏省和上海市方言调查指导组	1960年	无详细记载		55	14	324	33	35	213	5	2
无锡话的连读变调及其在语法上的作用	陈祺生	1960年	无详细记载		53	13	212	121	35	13	4	2^3
当代吴语研究	钱乃荣	1992年	69—77	88—96	544	14	323	33	34	213	5	23
			15—16	34—35	544	14	323	33	34	14	5	23
无锡市志①	无锡市地方志编纂委员会	1995年	无详细记载		53	13	323	232	35	13	4	2^3
无锡方言音系记略	文少功	1996年	60—70	75—85	55	213	424	232	35	312	55	23
江苏省志	江苏省地方志编纂委员会	1998年	无详细记载		55	13	324	232	35	213	5	23
无锡方言研究	曹晓燕	2003年	25	33	44	223	334	13	35	223	5	23

① 《无锡县志》和《无锡市志》做记载的无锡城区声调完全一样,故以《无锡市志》为例。

《现代吴语的研究》《概况》《无锡方言音系记略》《无锡市志》《江苏省志》等都是以老派发音为标准的,一个非常典型的现象就是仍然保留了舌尖后声母,但是它们在声调合并上已有分歧。《现代吴语的研究》对无锡方言的音系做了详尽的语音学描写,书中提出了有名的"无锡腔",当时的调查对象 34 岁,能明确地区分阳平和阳去调,完整地保留了 8 个调类,即平、上、去、入各分阴阳。此后,《概况》记录的无锡方言声调仍是 8 个调类,而陈祺生指出,新派无锡方言①的单字调中,阳平和阳去已经合流,调值完全一样,无锡方言已经只有 7 种调值。他的论文及他记录的《无锡市志》中阳平和阳去已经合并,但因为进入连读变调后,阳平和阳去会发生分化,有着很明显的对应关系,仍主张将无锡方言的调类定为 8 类。文少功记录的是无锡老城区内老派方言的语音系统,并比较了老派和新派②的声调差异:新派不能区别阳平字和阳去字的调值,老派能从字音的"轻""重"上感觉阳平和阳去的不同。《江苏省志》兼顾新老派的特点也区分了这两个调的调值。

钱乃荣《当代吴语研究》记录的新派③无锡方言和笔者《无锡方言研究》记录的无锡方言已经没有了[tʂ]组声母,是地道的新派。钱乃荣记录无锡方言单字调只有 7 个调值了,并且直接将阳平、阳去合为一个调类,但同时他又指出老派无锡方言还是有 8 个调类。曹晓燕(2003)及曹晓燕硕士论文《无锡方言研究》偏向新派,合并了阳平和阳去的调值,但仍分立两个调类。阳平和阳去合并以后的调型与调值在《无锡市志》中记载的是 13,而记录新派音系的《当代吴语研究》和笔者《无锡方言研究》中阳平、阳去合流以后的调值则分别是 213、223。

除此之外,各家记录的阴平的调型也存在高平调 55 或 44,和高降调 53 或 544 的区别。阳上调的调值和调型记录是分歧最大的,多数研究者都记做升降调,《江苏省和上海市方言概况》和《当代吴语研究》记为平调,曹晓燕(2003)首次将其记作升调 13,与以往研究都不同。

这些错综复杂的关系其实反映了无锡方言单字调调值一直在发生变化,以至于前后记录的单字调调值会产生较大的差异。当然,其中也不排除人耳在听辨时候产生偏差等主观因素的存在。所以,本研究在对各家关于无锡方言的声调记录做一个梳理和总结的基础上,将借助实验这一更加精细客观的方法在不同年龄段发音人中,对有争议的几个单字调的调型和调值进行考察。

---

① 陈祺生的新派是指 20 世纪 60 年代的新派。
② 文少功记录的老派从年龄上看应该跟钱乃荣所记录的老派是一个年龄段的。
③ 钱乃荣记录的新派是 20 世纪 90 年代中期 16 岁左右的青年人。

二、考察方向

由于入声调各家记录比较一致,故本节主要考察无锡方言舒声调的调类和调型,主要解决以下问题:(1)阳平和阳去能否合并?合并后的调值和调型如何?(2)阴平为高平调还是高降调?(3)阳上是升降调还是升调?有无与另外两个阳调合流的趋势?(4)无锡方言的声调是否出现新的变化?

各家对无锡方言阳平和阳去是否合并虽然有争议,但至少有一点是肯定的,那就是阳平和阳去字进入连读组中,发生分化,即,平 = ? 病,平房 ≠ 病房。因此仍按古声母清浊,平、上、去、入各分阴阳,共 8 个调类。每个舒声调各选 20 个字,共 120 个字。尽量选择在无锡方言中可以单念的字,并顾及了无锡方言中的各种声母及韵母类型,每个字的调类和中古音保持一致,排除了连读变调的影响。详见附录 3。

三、单字调的重新考察

尽管声调的基频均值会掩盖掉可能存在的各种调位的变体,但它可以帮助我们确定各个声调之间的关系、大致位置和方向。下面是数据库中青男和老男的 6 个舒声单字调的声调基频均值和 F_0 曲线图。

表 2-11　青男、老男 6 个舒声单字调的声调基频均值

老男声调基频均值										
	P_1	P_2	P_3	P_4	P_5	P_6	P_7	P_8	P_9	P_{10}
阴平	213	221	220	220	217	211	202	189	173	150
阳平	114	122	121	123	125	128	133	146	158	171
阴上	162	143	136	129	124	122	126	137	157	176
阳上	102	112	131	148	163	174	181	173	153	125
阴去	155	155	155	158	160	165	170	176	183	190
阳去	124	121	114	105	101	107	112	125	146	168
青男声调基频均值										
	P_1	P_2	P_3	P_4	P_5	P_6	P_7	P_8	P_9	P_{10}
阴平	189	191	191	190	190	190	190	188	188	186
阳平	121	115	108	101	99	99	105	116	131	145
阴上	136	127	117	111	106	106	109	118	134	139
阳上	99	105	112	119	127	134	141	147	153	157
阴去	138	140	143	147	150	154	157	160	163	168
阳去	114	107	105	99	95	94	96	98	111	129

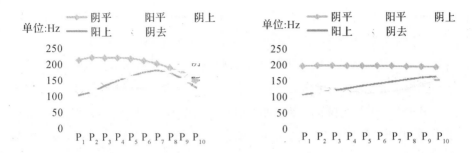

图 2-4-1　老男单字调 F_0 曲线图　　图 2-4-2　青男单字调 F_0 曲线图

（一）阴平的调型

关于阴平的调型，各家记录的结果分歧较大，大致可以分为高降调和高平调两种。调型的不同在归纳音位时的重要性要远远大于调值，即 44 和 55 也许只是优劣之别，而调型是降还是平则事关正误。我们比较老男和青男的阴平调 F_0 曲线，发现青男的阴平调曲线基本成高平形，而老男的阴平调曲线前半段基本平直，差不多到中间开始下降（见图 2-5）。

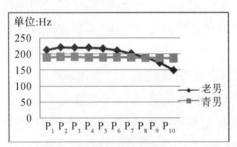

图 2-5　老男和青男的阴平调型

笔者调取了单字库中 201 个阴平字分别在老男和青男中进行统计，发现只有个别字由于受到连调影响而读成变调，在有效的单字调中，老男和青男的阴平调情况如表 2-12 所示：

表 2-12　老男和青男的阴平调比较

发音人	发高平调的比例	发高降调的比例
老男	79.1%	20.9%
青男	99%	1%

青男以 99% 的概率念高平调，我们可以确定新派无锡方言声调中的阴平可以记作 55 或 44。

问题是我们也确实听到老男的阴平字出现了两种调型，这两种调型正好是各家记录阴平调的分歧所在。赵元任的《现代吴语的研究》中发音人的年龄是34岁,调查时间为1927年,是目前可查证的现代无锡方言最早的文献资料了。当时的阴平调是高降调53。相隔60年出版的《当代吴语研究》(1992)新老派读音和陈祺生的论文《无锡话的连读变调及其在语法上的作用》(1989)、《无锡市志》(1995)中还是高降调。而1960年的《概况》却记成高平调,但发音人年龄不详,如果当时年龄是30多岁的话,现在至少已有80多岁了。文少功的《无锡方言音系记略》中的发音人年龄到今天大概是80岁左右,所记调型也是高平调。按道理《概况》和《无锡方言系记略》的发音人年龄不可能比《当代吴语研究》和《无锡市志》小,为什么在共时的层面上会出现两个阴平调型呢?

根据钱乃荣的调查,高平和高降是吴语地区阴平调的两个基本模式。"太湖周围都是高平调44/55,如宜兴、溧阳、常州、无锡……长江流域和长江三角洲多为高降调,如江阴、童家桥、常熟等地。"(钱乃荣,1992:22)无锡南临太湖,北濒长江,正好处在太湖和长江的中间。

笔者的看法是,我们无须再回头去考察20世纪初无锡方言的阴平调是平还是降,根据这些材料和老男的发音情况,可以肯定20世纪50年代已有高平调了。只不过高平调并没有一下子取代高降调,高降和高平长期以来是阴平调的两个自由变体,因为没有条件限制,所以变化不稳定。

图2-6-1是笔者随机抽取的老男10个阴平字发音的基频曲线。这是没有修改过弯头和降尾的原始基频曲线图,在这10个字中,光看曲线容易让人误认为都是降调,但实际上我们人耳能辨别的高降调数量并不多。那种前面比较平坦,后面突然下降,很陡的曲线(几乎与水平线呈90度),一般都听不出降调,比如"区、胎、鸡、贝"。降尾不明显的字,即使整个基频曲线与水平线呈一定的角度,也听不出下降的调型,如"低、西"。只有前面平直部分很短或基本没有,同时下降的角度与水平线大于45度又小于80度的基频曲线,才能听出明显的降调调型,如"输、加、歪、杯"。

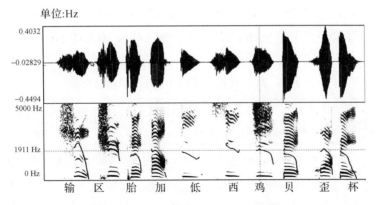

图 2-6-1　随机抽取的老男 10 个阴平字

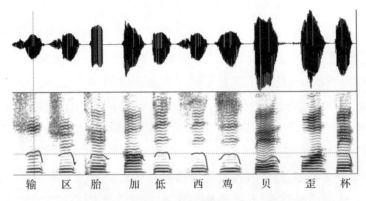

图 2-6-2　随机抽取的青男 10 个阴平字

由图 2-6-2 可见,青男的阴平字大多念得又高又平,降调不明显,比较整齐。因此我们可以肯定,念 53 调的阴平是比较老的,念 55 调的高平调是受到普通话影响后的一种变异。本次数据库中记录的老男发音人的年龄为 69 岁,与以往研究中可供查证的调查对象的具体年龄相比,正处于新老变迁交替的过程中,必然会夹杂新老不同的语音特点,呈现出较为复杂的语音面貌。由于高降调和高平调没有条件的限制,只是一种自由变体,没有规律可循,因此即使同一个人同一个字在不同的时候说也可能有两种调型。但是从数量上看,老男的高平调已经明显多于高降调了。

在归纳音位时,除了要考虑对立互补的原则外,"土人感"(feeling of the native)对确定音素的相似性也有很重要的作用。因为不同地方的人对语音的感觉是完全不一样的。"在语言学研究的方法论上头,本地人对于他的语言的材料是最高的权威。"(赵元任,1980:35)也就是说,在归纳音位时,必须以当地人的语感为标准。为了考察当地人对这两个声调的感知,笔者将老男 10 个阴平字的录音随机播放给31名无锡本地人听,被试年龄为15~60岁,大多为初高中文化,没有接受过专业的语音学训练。他们对这10个字的听感如表2-13所示:

表2-13 31名无锡人对10个阴平字的听感分类

听感	没区别	有区别,但都是本地话	有区别,降调不是无锡方言
百分比	83.7%	13%	3.3%

从调查来看,大部分被试认为老男的这10个阴平调都是本地话,没有听出区别,这说明很多无锡人对这两个调型并不敏感。即使听出区别的人大多也反映那只是个人色彩,比如拖调、拿腔,还有少数人反映阴平读成高降调是老年人的特点等。

因此笔者认为,以往研究中所记录的阴平调型确实都是客观存在的,谁也不能否定谁,这种差异正好反映了语言演变过程中参差不齐的现象。产生这种差异的原因,一方面可能是选字数量的影响而造成的,另一方面是调查对象不同。20世纪50年代开始,由于普通话的影响,无锡方言的阴平调受到普通话的冲击,已经开始出现了变异,只是不同的人受影响程度不同而已。

本研究不是专门研究实验语音学的,但通过这个实验我们还是觉得尽管仪器比人耳要精密得多,但是语音的传递和习得毕竟是通过人的口耳,因此我们在确定一个声调的调型时,不能光看语图,而必须结合人耳的听辨能力,这样才能定出准确而又符合人的实际听感的声调调型。

(二)阳平和阳去

阳平和阳去在赵元任的《现代吴语的研究》中的调型是不同的,一个是上升调型,一个是先降后升的曲折调型。后来的研究中《当代吴语研究》的老派和《概况》以及《江苏省志》的记录大体与赵元任相同,至多就是调值的差别而已。文少功所记录的阳平和阳去也是不一样的,但都是曲折调,差别只是起点和收尾不同,阳平213,阳去312,调型的差别反映了字音的轻重,"他们(新派)认为'同'和'洞','排'和'败'分别是同音字。而老派却认为'同'和'排'读上去轻,'洞'搭'败'读上去重,才是勿一样葛"(文少功,1996:36)。到了陈祺生、钱乃荣新派和笔者这里,阳平和阳去记成同一种调型了,差别只体现在连调调型的不同。

通过实验我们看到老男与青男的阳平和阳去调的基频均值曲线图是有所不同的。

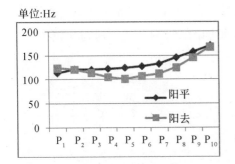
图 2-7-1　老男阳平和阳去 F_0 均值曲线图

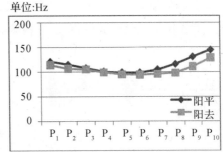
图 2-7-2　青男阳平和阳去 F_0 均值曲线图

从图 2-7-1 我们可以看到老男的阳平前半段基本比较平直,后面呈上升状,而阳去的调型则略呈浅凹状;青男的阳平和阳去都呈降升形,终点位置略高于起点,低点也比较接近,阳平和阳去已趋于一致。

以往的研究很多都把阳平描写成直升形,如《现代吴语的研究》《无锡市志》《江苏省志》等记成 13,《概况》《当代吴语研究》记成 14,笔者通过对相同声韵母的阳平、阳去、阳上字比较后认为平升和降升的调型听起来差别不大,而直升和降升差别较大。比如阳平字"明"和阳去字"命"的听感非常接近,语图上显示差别也不明显,而"明、命"和念直升的阳上字"抿"的听感区别就很明显,语图上差别也大(见图 2-8)。

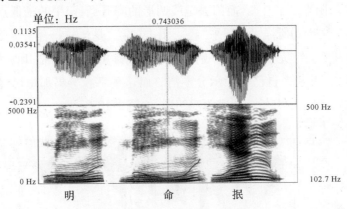
图 2-8　老男"明、命、抿"的语图

因此笔者认为,老派阳平记作平升调比记作直升调要好,一是比较符合实际听感,就如上文所言,"明"和"抿"的区别很大,而"抿"是典型的直升调型。二是如果无锡方言的阳平是直升调型,那与普通话的阳平仅仅调值高低不同,调型是非常接近的,在普通话的影响下,这种相似应该得到巩固和加强,而不太可能会和浅凹形的降升调混同。而实际上,在老男的单字调中,阳平和阳去字如果不是处在相邻位置上是不容易听出差别的,有些字甚至调值、调型完全一样。笔者找了一些声韵母相同、仅古调类不同的阳平和阳去字进行比较。

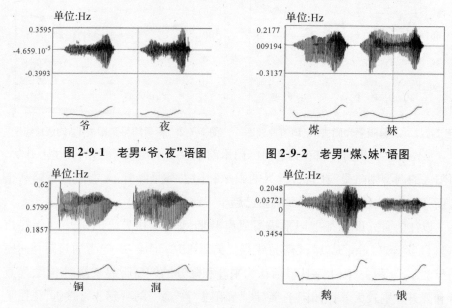

图 2-9-1　老男"爷、夜"语图　　　图 2-9-2　老男"煤、妹"语图

图 2-9-3　老男"铜、洞"语图　　　图 2-9-4　老男"鹅、饿"语图

从图 2-9 可以看到在老男口中有些阳平和阳去字的调型不同,如"爷、夜"和"煤、妹",阳平是平升调,而阳去是浅凹形的降升调,阳平的最低点一般比阳去高。可见文少功所描写的阳平"轻"、阳去"重",是比较符合实际听感的。但有些阳平和阳去字完全听不出差别,语图上的基频曲线也非常相似,如"铜、洞"和"鹅、饿"。发音人自己也表示分不清。而这些字在青男那里已经听不出差别,其语图上显示的基频曲线都为浅凹形,如图 2-10 所示:

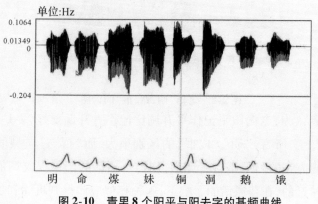

图 2-10　青男 8 个阳平与阳去字的基频曲线

通过对老男和青男阳平与阳去字的比较,我们可以看到阳平字的发展趋势,老男口中所出现的不规则现象正好显示了阳平字正以逐渐扩散的方式并入阳去。

以往有些研究者把阳平记为上升调型,有可能是调查对象受到连读的影响,念的是变调而不是本调。无锡方言阳平开头的两字组连读变调调型是升降型,前半段呈上升状(曹晓燕,2003),这里以"梅花、阳历"简单示意。

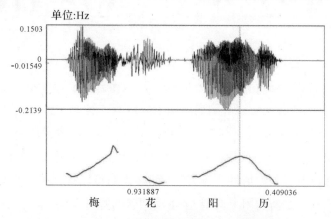

图2-11　老男"梅花、阳历"的基频曲线

还有一点,下文将谈到的阳上调从升降型演变成上升型是不争的事实,如果阳平原来是上升型的,那么阳上调演变后应该和阳平的调型完全一样,这种调型的字增多了,阳平就不该和阳去合并。而实际上,不管从语图还是实际听感,阳平和阳去的差别在逐渐缩小,而与新老阳上的差别还是非常大的。因此笔者认为阳平记为13/14是受到连调的影响,否则该调值并不妥当。

(三)阳上

阳上调在以往文献记载中是分歧最大的。有记成升降调232的,如《现代吴语的研究》《无锡市志》《江苏省志》;陈祺生的《无锡话的连读变调及其在语法上的作用》记为121,也是一种升降调;也有记成平调33的,如《概况》《当代吴语研究》;还有记成升调13的,如曹晓燕《无锡方言研究》。

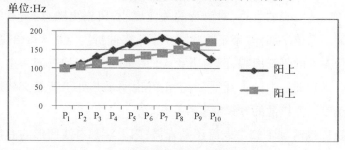

图2-12　老男与青男阳上调基频均值曲线

我们把老男和青男阳上调的 F_0 均值曲线放到一起比较,可以看到老男的阳上男呈明显的升降型,而青男的呈直升型。笔者又随机抽取了 10 个阳上字在老男与青男之间比较,结果显示如下:

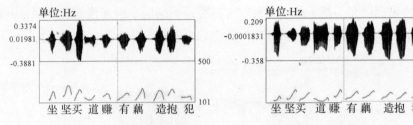

图 2-13-1　老男 10 个阳上字　　　　图 2-13-2　青男 10 个阳上字

从上面两张图我们可以看到老男阳上大致有 3 种调型,以凸状的升降调型为主,如"坐、竖、赚、藕、造";其次是上升调型,如"买、有、抱";也有一些浅凹形的降升型,如"道、犯"。青男有两种调型,即上升型和浅凹状的降升型。根据以往研究,再结合老男和青男的实际发音情况,我们可以推测升降调型是较老的阳上调,上升调型是新的阳上调型,至于浅凹状的降升调型,说明无锡方言的部分阳上字正有和阳去字合并的趋势。这一点在胡智丹(2007)的毕业论文中已有详细说明,这里不再赘述。

我们再来看一下老男单字和老男词汇中阳上调型的分布情况。

表 2-14　老男单字和词汇中阳上调型的分布

单　　　字			词　　　汇		
升降 142	上升 14	降升 213	升降 142	上升 14	降升 213
58.6%	37.9%	3.5%	41.3%	58.7%	0

很明显,同一个人语言中存在新老两种变体,在朗读单字的过程中,老派读音占优势,而在朗读词汇时,老派读音明显减少。相对于词汇,朗读单字更正式,人们不需要考虑字义,因此对语音的关注度更大,自然而然会努力地在记忆中搜索比较保守的读音,发音容易"拖调子"。反过来说,调查方言词汇时,说话人主要考虑表达明确的意思,对语音的关注度小,风格更随意些、自然些,因此念出来的词不像单字那样"字正腔圆",少了很多曲折。但是这恰恰是我们所需要的自然状态下的语音面貌,因为毕竟人们平时说话都是以词为主,而不是以字为主。老男在词汇中读直升型多,也正好说明了其处于新老交替过程中,阳上的调型正以词汇扩散的方式发生着变化。

同时我们也看到不管是老男还是青男,阳上字都有浅凹形的曲折调型,与其他两个阳调相混。这一点在《现代吴语的研究》中已经提到，赵元任认为无锡全浊字阳上阳去之分不全跟古上去一样。1960年，陈祺生又指出，古浊纽上声字"除了一小部分因古今声母演变而流入阴调外，其余的绝大部分是分化入阳上阳去两个调类，但是哪些入了阳上，哪些入阳去，毫无规律可循"。即便是在《广韵》中同声同韵的字，也会"一个并入阳去，一个保持独立"。尽管阳上调的合流方向没有明确规律可循，但是陈祺生同时也指出了无锡方言"古浊声母上声字一大部分（据粗略统计约60%以上）的调值与阳平、阳去调相混的那个调值一样；其余则仍能与之区别开来"。胡智丹(2007)通过统计《概况》所记的例字发现，"变异分布的范围《概况》与陈祺生所述基本一致，但陈祺生所记例字阳上并入阳去的比例高于《概况》"。钱乃荣重新调查了赵元任先生当年调查过的33个方言点，获得了大量宝贵的第一手资料后认为舒声阳调类的合并是吴语特别是北部吴语发展的大趋势。无锡方言声调就有阳声调合并的特点，表现为阳平归入阳去，全浊阳上的有些字归入阳去。据统计，《当代吴语研究》中阳上归入阳去的字占所调查阳上字的33.3%，还有41.6%的字记为阳上和阳去两读，也就是有74.9%的字处于变异中。徐金益(2007)的硕士论文中有两个调查对象的阳平、阳上、阳去3个调调值相同。

　　但在本次调查的56个浊上字中，老男念阳去的只有2个字，只占所调查阳上字的3.5%，青男只有3个字念成阳去。两人之间更大的差别是阳上的调型。因此以往如此高的变读比例是不符合本地人的实际语感的。由于时间和精力所限，笔者没有在大范围内进行社会调查，仅仅请两位发音人将《方言调查字表》中的浊声母上声字读了一遍，除去另有清声母来历的字，如"蟹、汞、晃、混"等外，一共有163个字，包括可以单用和不能单用的字。结果发现，老男阳上变读阳去的比例是42.3%，青男的变读比例是47.8%。下面是这163个字的变异情况，两人都变读成阳去的记为C，两人都未变读的记为U，一人变读、另一人没有变读的记为V。

表 2-15

U	V	C
抱辨拌笨棒蚌马买米祸免满抿猛范犯武晚网女奶你恼卤李理老篓揽懒两冷领道稻淡断囤锭动坐罪造尽静象像赵重竖是受善上惹染软近强我五咬藕祸下解也厚后雨有友远野演引养痒	罢鲍簿伴亩吻碾暖吕里了卵桶礼盾荡痔序丈臼件瓦语拟往	倍被部辫并码负卯牡母父腐辅妇奉脑裸橹缕舵杜肚弟聚皂叙市乳绕肾巨技妓跪舅甚永眼户沪汇浩幸尹颖勇涌 注：每美扭鲁变读为阴平调

可见，两人阳上字的变读比例都小于陈祺生的发现和《当代吴语研究》。而且不难发现，能单用的字大多不变，变读的大部分不单用。阳上字处于连读组前字位置时，不管后字如何，连读后一律念成低沉的调子，与阳去字的前半段很相似(见图 2-14)。更重要的是该连调式与阳去字起头的主要连调式相同。

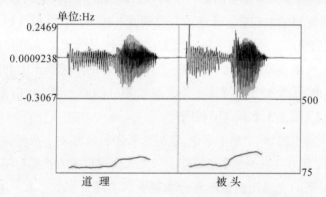

图 2-14 "阳去＋阳上"连续与阳去字起头的连续比较

正是这种特殊的连读变调对单字调的影响，使得那些不能单用的阳上字率先并入阳去。但是笔者认为尽管无锡方言中的阳上字有些已经并入阳去，但阳上和阳去合流的速度远不如阳平阳去合流这么快。正如前文所述，平升调和浅凹状的降升调型在听感上更接近，无论是与阳上的老派的升降调相比，还是与新派的上升调相比，差别都比较明显，这也是有些常用的阳上字能稳定地保留原来读音的原因。而且影响合流的因素并不是单方面的，只有阳上调调值受到其他调类影响这一种因素显然是不够的，各个调类之间、不同年龄层的人之间、不同方言之间都会产生制约声调调类分合的影响力。

（四）阴上

无锡方言的阴上字和普通话上声字一样，都是降升调，以往的研究一般记作 323、324 或 424。陈祺生的《无锡话的连读变调及其在语法上的作用》记得比较低,是212。一般人们总是认为清声母字的声调比浊声母字高,因为浊流会消耗一部分能量,但实际上,我们在对比了老男与青男的阴上字发音后发现,他们阴上字的起点都比较高,但低点有时很低,跟阳平阳去字的低点接近,如果不是因为阳调类字开头带有浊流,阴上和阳去的调型从听感上来说是非常接近的,这一点在青男身上表现尤其明显。图2-15是老男与青男读阳平、阴上、阳去字的对比情况。

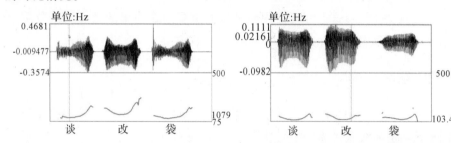

图2-15-1　老男"谈、改、袋"的基频曲线　　图2-15-2　青男"谈、改、袋"的基频曲线

在青男的语图中我们几乎看不出这三个字声调的差别,可一般都认为吴语的浊声母实际上并不浊,而是"清音浊流",如果阴上和阳去声调相同,是否会相混?如果不混,那靠什么来辨别呢?笔者将下面几组阴上和阳去字分别请前面的61名被试听,他们的听感如下表所示:

表2-16　几组阴上和阳去字的听感比较

例　字	相同	不同
第一组:胆—谈	16.4%	83.6%
第二组:腿—谈	0	100%
第三组:改—□([gɛ213]:傻)	19.6%	80.4%
第四组:死—字	18%	82%

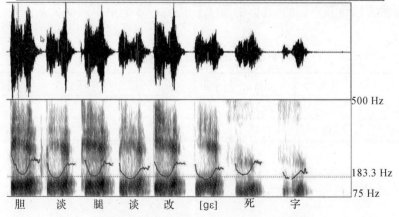

图2-16　青男"胆、淡、腿、谈、改、□[gɛ213]、死、字"的语图

从语图上看,这四组字的低点相差不大,在12Hz～18Hz之间,几乎可以忽略,但是听感上差别还是很明显的,调查中80%以上的人都能听出区别,仅有少数人听不出,其中很大一部分原因可能是播放器和环境等外在条件的干扰,但这也从侧面证明横向两侧字的调值调型非常接近。那对于大部分能听出区别的人来说,恐怕最主要的原因还是声母的清浊。无锡方言里浊辅音比苏州话明显,就算是没有受过语音训练的人对清浊音也是很敏感的。第二组前字是送气清音,区别就更明显,这也许可以说明无锡人更多地靠声母的清浊来区分阴上与阳去字而不是靠调型和调值。

四、结论

本节考察了不同年龄段人单字调调类和调型的差别。从老男和青男的单字调基频均值曲线及具体例字的读音,我们发现不同年龄的发音人声调面貌并不完全一致,单字调的分歧比连读调大。这可能是个人发音风格导致,也可能是调类演变的结果。69岁的老男单字调有很多不规则的现象,说明其正处于新老交替的过程中。这表明处于过渡阶段的无锡方言单字调并没有以调类为单位整齐而系统性地发生变化,而是以一种渐变的方式在演变。这充分显示了过渡阶段语音面貌的复杂性和多样性。两者的差别反映了无锡方言声调的历时演变情况。无锡方言阳调类的合并主要表现在阳平、阳去两个调类上。阳上调有向其他阳调类变化的趋势,但由于单字调型的差别,还保持独立。年轻人不仅阳平和阳去合并了,阴上调有时也和这两个阳调调型非常接近了,这说明单字调阴阳调类有进一步合流的发展趋势。

下表是无锡方言单字调的总结,"/"前后是同一调位的变体。调值是用实验语音的方法重新审定的,具体的数字只是表示各个单字调的关系,不一定非常精确。

表2-17 无锡方言单字调总结

	阴平	阳平	阴上	阳上	阴去	阳去
老派	55/53	223/213	323	142/14	34	213/223
新派	55	213	323/313	14	34	213

第四节　无锡方言文白异读的演变

对于文白异读,通常的理解是同一个字因为场合不同而有不同的读音,其中读书场合用的文读音是标准语或权威方言影响的结果;口语场合用的白读音是地方土话。文读音不是与生俱来的,其产生是人们交际的需要,"在音系许可的范围内,通过'移花接木'的方式向姊妹方言(一般是权威方言)借用同源音类的语音表现形式"(徐通锵,1996:353)。因此,文白异读可以看作是语言(方言)间接触的产物。但是这种语言间的接触主要是通过文教习传,而不是移民。刘勋宁(2003:1)提出:"从本质上说,文读音就是方言对标准语的音译。"这必然要受到当地语音系统的制约,要拿自己方言里最接近权威语言的音素去对译。这种对译有同源成分间的呼应,属于音韵上的对应,不是个别字的对译,与移民方言对当地语言的影响是有本质区别的。

因此,文白异读具有系统性和层次性,文白的界定不能只看某个字是否有文白两读,而应根据系统的音类来判定。文白异读中"异"指的不是整个音节而是一个音节中声、韵、调3个语音要素中的某一项或几项不同,就可以看成异读。本研究以此来描写无锡方言的文白异读的情况及其变化。

无锡方言的白读音大多保留了古音的音值,是方言自身演化发展的成果,代表了无锡方言的独特原貌。文读音则是方言受权威方言的影响而形成。这两条线索的发展使无锡话形成了不同历史层次的语音差异,而共时地以文白异读的形式展现。文读音刚产生时,会受到严格的使用限制。经过一段时间的竞争,文白读音的使用场合和使用频率就可能发生变化。在调查中我们发现,不同音类的文白竞争的进程不一样,同一音类中各字的文白读音在竞争过程中的情况也不一样,在人们的共时语音系统中存在一定的差异。下面考察在不同年龄段的人中各类文白读音的分布比例。本节将发音人按老中青分成三组。根据文白读的选择比例取平均值。表2-18的序列也可以看作各音类白读势力由强到弱的连续统。

表 2-18　不同年龄段的人中各类文白读音的分布比例

序列	条件	文白表现	例		调查字数	年龄组	白读	文白并存	文读
1	止合三泥精章组	韵母白读为[i][ʮ]，文读为[e]	嘴 [ˀtse]文 [ˀtsʮ]白	泪 [leˀ]文 [liˀ]白	4	老年	0.75	0.25	0
						中年	1	0	0
						青年	1	0	0
2	日母字	声母白读为[n̠]，文读为[z]或零声母	儿 [ₔɚ]文 [ₔn̠i]白	染 [ₔzʊ]文 [ₔn̠ɪ]白	25	老年	0.56	0.28	0.16
						中年	0.52	0.32	0.16
						青年	0.4	0.4	0.2
3	蟹假果摄部分	韵母白读为[(i)a]，文读各摄不同	戴 [teˀ]文 [taˀ]白	姐 [ˀtsi]文 [ˀtsia]白	6	老年	0	1	0
						中年	0.333	0.667	0
						青年	0.167	0.667	0.167
4	见组开口二等	声母白读为舌根音，文读为舌面音	教 [tɕiʌˀ]文 [kʌˀ]白	解 [ˀtɕia]文 [ˀka]白	70	老年	0.514	0.343	0.143
						中年	0.371	0.429	0.2
						青年	0.186	0.6	0.214
5	假开二帮见组	韵母白读为[u]，文读为[(i)a]	把 [ˀpa]文 [ˀpu]白	牙 [ₔia]文 [ₔŋu]白	26	老年	0.692	0.269	0.038
						中年	0.154	0.692	0.154
						青年	0.076	0.769	0.154
6	咸梗摄入声	韵母白读为[aʔ]，文读为[əʔ]	答 [təʔ˒]文 [taʔ˒]白	白 [bəʔ˓]文 [baʔ˓]白	26	老年	0.462	0.423	0.115
						中年	0.654	0.231	0.115
						青年	0.385	0.308	0.307
7	假蟹合口二等	韵母白读为[u]，文读为[ua]	瓜 [ˀkua]文 [ˀku]白	蛙 [ₔua]文 [ₔu]白	13	老年	0.231	0.538	0.231
						中年	0.154	0.538	0.308
						青年	0.077	0.538	0.385
8	遇流摄字(少数)	韵母白读为成音节辅音[m]或[ŋ]，文读含韵母	鱼 [ₔy]文 [ₔŋ]白	亩 [ˀmei]文 [ˀm̩]白	4	老年	0	1	0
						中年	0	1	0
						青年	0	0.75	0.25
9	奉微母	声母文读为唇齿音，白读为双唇音	物 [vəʔ˒]文 [məʔ˒]白	薇 [ₔvi]文 [ₔbi]白	23	老年	0.478	0.348	0.174
						中年	0.217	0.519	0.174
						青年	0.087	0.478	0.435

续表

序列	条件	文白表现	例		调查字数	年龄组	白读	文白并存	文读
10	假开二知庄组	韵母白读为[ou]（后演变为[əɯ]），文读为[a]	炸 [tsaᵓ]文 [tsouᵓ]白	沙 [ₑsa]文 [ₑsou]白	12	老年	0.333	0.667	0
						中年	0.167	0.667	0.167
						青年	0.167	0.5	0.333
11	曾梗摄韵母	韵母白读为[ã]，文读为[ən]或[in]	争 [ₑtsən]文 [ₑtsã]白	生 [ₑsən]文 [ₑsã]白	24	老年	0.667	0.25	0.083
						中年	0.458	0.375	0.167
						青年	0.167	0.375	0.458
12	止合三见组	韵母白读为[y]，文读为[e]	贵 [kueᵓ]文 [tɕyᵓ]白	鬼 [ᶜkue]文 [ᶜtɕy]白	6	老年	0	1	0
						中年	0	0.5	0.5
						青年	0	0.167	0.833
13	山曾摄喻母	韵母白读为[yaʔ]，文读为[yəʔ]或[ioʔ]	越 [yəʔ₂]文 [yaʔ₂]白	域 [ioʔ₂]文 [yaʔ₂]白	6	老年	0.333	0.667	0
						中年	0	0.5	0.5
						青年	0	0.167	0.833

根据表2-18，笔者把各类文白的发展趋势分为以下三类：

一、文白对立消失

这种情况出现于文白竞争的后期，具有相同音韵地位的一类字在中老年语音系统中构成文白异读，而到了青少年的语音系统中，文白统一了。

这里有两种情况：

1. 文进白退

原来的白读音正逐渐被文读音所取代。如止摄合口三等见组字（亏、柜、贵、鬼、龟）老年人有文白读，而青年多数只有文读音了。

但是我们也看到同一音韵地位的字并不是一下子全部取消文白对立的，而是一部分字已经或正在形成文白统一。白读音虽然节节败退，但在词汇的使用上并不轻易放弃自己的阵地。只是白读音的使用会受到限制，就像文读刚出现的时候一样，只在有限的字组中使用，有的甚至只出现在特定字组中。如下列字组中的读音是不可以互换的：

魔鬼[ᶜkue]/小鬼头[ᶜtɕy]小家伙   拖拉机[ₑtʰɯ]/拖鼻涕[ₑtʰa]。

由于文白两种形式不在同一词语中出现，所以人们一般不会注意到这是同一字的文白两种形式，而以为是两个不同的字，这种情况倒反而有利于白读的保留。

2. 白进文退

这种情况与前面相反,是由于取消了文读音,文白对立消失了。虽然在大多数情况下,文读音的势力总要超过白读,但有一定历史的文读如果不符合语言发展的潮流也会被抛弃。如《无锡市志》中所列的这些文读音在80岁以下的人口中已难觅踪迹,只在一些地方戏曲中还有所保留。

表2-19　部分旧文读音与普通话比较

假摄			止摄			咸摄		
例字	旧文读	普通话	例字	旧文读	普通话	例字	旧文读	普通话
家	[ɕtɕiou]	[tɕia55]	嘴	[ɕtse]	[tsui214]	答	[təʔɔ]	[ta35]
下	[ɕiouɔ]	[ɕia51]	吹	[ɕtsʰe]	[tʂʰui55]	伯	[pəʔɔ]	[po35]
夏	[iouɔ]	[ɕia51]	水	[ɕse]	[ʂui214]	宕摄		
嘉	[ɕtɕiou]	[tɕia55]	泪	[leɔ]	[lei51]	例字	旧文读	普通话
厦	[iouɔ]	[ɕia51]				让	[zãɔ]	[zɑŋ51]

旧的文读音大概就是和当时的标准语差距太大,而本身又是口语常用字,白读音占了上风,从语言经济的角度出发而被历史遗弃的。一般来说,文白竞争的总趋势是文读音节节胜利,白读音节节败退,所以从文白对峙到白胜文退,这是一种倒退的音变。这种现象是层次的消失,与残存的白读音一样对语言史的研究有重要意义。

二、文白对峙

这种情况出现在文白竞争的中间阶段,双方势均力敌,文读音正不断扩大自己的所辖范围,而白读也奋力对抗。但不同类型的文白读竞争的趋势和速度还是不一样的。结合表2-18可以看到,首先"鱼、吴、五"和日母字的白读音最稳定,新老差别不大,甚至青年的白读音比老年人还多,很多老的文读,年轻人都不知道了。其次,二等见组字和奉微母字的白读情况也比较稳定,青年组念文读的稍多一点。第三,曾梗摄、假开二知庄组青年念文读音的数量明显多于老年人。

可见随着普通话的大力推广,与普通话近似的文读音的势头强劲,正通过词汇扩散的方式逐渐取代白读音。表2-18的序列也可以看作各音类白读势力由强到弱的连续统。为什么不同音类文白两种形式在竞争中胜败的结果和速度是不一样的呢?虽然我们知道这是由两种读音形式的力量决定的,但具体是哪些因素起作用呢?笔者认为这取决于3个条件:一是白读形式所辖字数的多少;二是空间分布区域的大小;三是文读形式是否与当前的权威方言保持一致。

止摄合口三等见组字(贵、鬼、龟、柜、亏)和山曾摄喻母字(越、阅、悦、域)之所以白读消失得快,就是其白读形式所辖的字数太少,只在有限的范围内出现,所以它对抗文读的力量就很小,比较容易受到冲击,在不同年龄段的人之间表现出明显的区别。而二等见组字声母白读念舌根音,涉及的字很多,有上百个,自然对抗文读的力量就很强大,败退得也较慢。

由于语言的接触不可能只发生在一个点,同类的方言必定有类似的文白异读现象。"白读形式空间分布的广度也与文白竞争的速度有密切的关系。"(徐通锵,1996:356)比如"鱼、吴、五"的文白读在整个吴语区都有相同的表现,所以尽管有普通话的影响,尽管这类字不多,但白读音的地位依然稳固。

与此相反的是山曾摄喻母字"越、阅、悦",据《现代吴语的研究》记载,在北部吴语区很多地方与"穴"读音一样,不存在文白对立,如下表:

表 2-20　北部吴语区"越"与"血"读音对比

	宜	溧	坛	丹	靖	阴	常	锡	苏	熟	昆	上	松	宝
越	[yaʔ]	[yɑʔ]	[yEʔ]	[yʔ]	[yøʔ]	[ioʔ]	[yeʔ]	[yaʔ]	[yʔ]	[iuʔ]	[yɜʔ]	[yøʔ]	[yəʔ]	[ioʔ]
血	[yeʔ]	[yeʔ]						[yɔʔ]					[yθʔ]	

所以这类字由于本身字数少,加上这种文白在空间上不具有代表性,所以很快消失了。

止合三见组字在北部吴语的苏沪嘉小片,包括无锡,白读为[y],文读为[ue],但常州小片不分文白,一律念带[u]介音的合口呼,且声母为舌根音。无锡方言正处在此过渡地带,在普通话的影响下,逐渐放弃白读形式,和常州小片趋于一致了。

所以,字数的多寡尽管有影响,但白读所覆盖的空间区域的大小也有决定性的作用。

白读地位的稳固除了与上述两个因素有关外,还与相对应的文读形式的力量有关。由于文读形式是向权威方言借入的,不同的方言之间地位并不平等,在历史上也互有消长,地位的变迁自然也会给"权威方言"带来影响,所以文读形式不是一成不变的。如果原来的文读形式与新的权威方言不一致,那它冲击白读的力量也就被削弱,甚至因为白读使用范围大,频率高而被白读形式取代,如表2-19所举的"嘴、水、让、泪"等字的文读。

三、新的文白对立出现

音类中各字文白读音在竞争过程中的情况不一,是语用造成的结果,而权威方言的更替也会在方言的借入过程中留下痕迹。"文读形式本身的地位并不是一成不变的,随着社会条件的改变、文化中心的转移和权威方言的更替,语言中可能会出现新的文读形式。"(徐通锵,1996:365)因此,即使是同一个方言,其文读音的来源也有地域和时间上的差异。20世纪50、60年代以来,随着广播电视等新闻媒体的普及,以及国家大力推广普通话,普通话以前所未有的速度迅速向方言区推广和渗透,从而在方言区产生了一种接近北京音的新文读。新文读音的传入一般从年轻人开始,存在一个逐步接受的过程,但老年人也不完全保证没有新文读,因为很多新文读是和新事物一起渗透到我们生活中的。新文读的产生使同一字具有3种甚至更多的读音,根据语言经济原则,必然会产生新一轮的文白竞争。结果就导致即使是同一个方言,具有相同音韵地位的一类字,不同年龄段的人对文白的认知和界定也会不同,展现出无锡方言文白异读的历时发展。具体可分三种情况。

1. 出现不同的文白叠置

假摄开口二等见组字大多有3个读音,如"家"可以念成[ₒku]、[ₒka]、[ₒtɕia]。当地人一般都认为[ₒku]是比较老的说法,一是多用于当地土语"做人家节约""一房家生家具""女人家子",二是老人多用[ₒku]。但很多60岁以上的老人也并不排斥[ₒka],在部分人口中,[ₒku]、[ₒka]是自由变体,类似情况的还有"牙、芽、价、架、假"等一系列字。从文白异读的系统性来看,无锡话古见组二等字的文白区别就在于是否有[i]介音,并且看声母是否腭化读舌面音,这种对立不仅仅限于假摄,其他二等见组字也是如此。同时,假摄开口二等字读[u]的是白读,读[a]的是文读,因此假开二等见组字就有了两种文白读。从传统的文白异读定义来看,[ₒku]是白读,因为它的声母和韵母都属于白读;[ₒtɕia]是文读,因为它的声韵母都是属于文读。但是[ka]声母是白读,韵母却是文读,如果按音节为单位来考察的话,很难确定它的归属是文读还是白读。如果我们以一个音节中的声韵调为单位来考察它的文白异读的话,层次就很清楚了。来看"家"字的声韵调的文白异读。

表 2-21　"家"字的声韵调的文白异读

例字	声母		韵母		声调
家	白读	文读	白读	文读	阴平
	k	tɕ	u	(i)a	

从文白异读的层次性来看的话,假摄二等见组字的声母有文白两个层次,韵母也有文白两个层次,声调只有一个层次。之所以有三个读音,是两种文白异读在共时音系中的重叠,"各个重叠着的音系代表不同的时间层次,也可代表不同的方言系统"(王洪君,1992)。

假开二等见组字韵母白读和帮组一样,念圆唇的[u]是比较老的,因为帮组字的韵母原先也只有圆唇的[u]一读,邻近点的方言都是如此(见表2-22)。由于语言的接触不可能只发生在一个点,同类的方言必定有类似的文白异读现象,苏州和常州还没有看到有关假开二帮组字有文白对立的情况,因此我们可以推断帮组字原来是没有文读音的,韵母文读念[a]大概也是受普通话影响才出现的。在笔者的调查中,60岁以上的人这类字很少有念[a]韵的,一般只有[u]韵一种读法。因此,"家"念[₋ka]声母是白读,韵母是文读,它是随着假摄帮组字文读音的出现而出现的,既然文读音不是与生俱来的,那么可以肯定"家"念[₋ka]比念[₋ku]要晚。这种声母和韵母的文白错杂的配合形式在无锡方言中相当活跃,尤其在年轻人中相当自由,这种现象正好说明这两种文白交替的现象还处于积极的、上升的发展阶段,而且这种文白相配的错杂形式还透露出语言发展状态过渡的一些重要信息。

无锡话中假摄二等见组字文白区别在于韵母主要元音不同的现象同常州话,苏州话文白的区别在于韵母有无[i]介音和声母是否腭化,这种情况在无锡话中也能找到。

因此,一个方言中,界定某些字的文白读法,不仅要看它是否有文白读音,还应该参考本方言与邻近方言文白异读的系统性来判定这个音是属于文读还是白读。无锡方言的这种双重文白叠置的现象,也反映了它处于常州和苏州之间的过渡性特征。

表 2-22　无锡、常州、苏州方言部分假摄字文白读比较

古音	例字	常州	无锡	苏州
假摄帮组韵母	巴爬麻	[o]	[u]	[u]
假摄见组白读	大家	[ko]	[ku]/[ka]	[ka]
假摄见组文读	家庭	[tɕia]	[tɕia]	[tɕia]

因为出现了不同文白读音的叠置,根据语言的经济原则,这 3 个读音必定展开竞争。对比不同年龄段人的情况,我们可以看到他们的选择是不一样的:

表 2-23　假摄二等见组字在各年龄段的文读比例

例　字	老年	中年	青年	例　字	老年	中年	青年
家文[˪tɕia]—白[˪ku]	75%	50%	25%	家文[˪tɕia]—白[˪ka]	25%	50%	75%
假文[˪tɕia]—白[˪ku]	37.5%	12.5%	0	假文[˪tɕia]—白[˪ka]	62.5%	87.5%	100%
价文[tɕia˩]—白[ku˩]	12.5%	0	0	价文[tɕia˩]—白[ka˩]	87.5%	100%	100%
牙文[˪ia]—白[˪ŋu]	87.5%	62.5%	12.5%	牙文[˪ia]—白[˪ŋa]	12.5%	37.5%	87.5%

从 2-23 可以推测,在不久的将来,假摄二等见组字的文白读将与苏州的情况趋于一致,即主要元音相同的文白对立将取代主要元音不同的文白对立,最终只有一种文白异读的情况。

2. 新文读的产生使得同一个字可能有 3 种不同的读音

根据文白异读的竞争机制和语言的经济原则,这种三音共存的状况不会持续太久,文白读音叠置只是过渡阶段,或者是白读被挤掉,让旧文读和新文读构成新的文白异读;或者旧文读被取消,由白读和新文读构成新的文白异读。调查的结果已经显示,有些字已是文白两读或只剩下一种读音了。

表 2-24　文白读音叠置发展成新的文白异读的途径

		薇				舰				岩				魄		
	微母	白	旧	新	咸摄	白	旧	新	疑母	白	旧	新		白	旧	新
老		˪bi	˪vi			kʰɛ	tɕʰɪ˩			˪ŋɛ	˪ŋɪ	˪ɪ		pʰaʔ	pʰəʔ	
中		˪bi	˪vi	˪ue		kʰɛ		tɕɪ		˪ŋɛ	˪ŋɪ	˪ɪ		pʰaʔ	pʰəʔ	pʰoʔ
青			˪vi	˪ue		kʰɛ		tɕɪ		˪ŋɛ		˪ɪ				pʰoʔ

竞争的大致趋势是,如果这个字可以单用,或含有这个字的词语是常用词,白读易保留,旧文读容易被挤掉,如"岩",在生活中"花岗岩"是常见的建筑材料,因此白读被保留了;反之,如果不常用,一般保留旧文读,如"薇"念[vi],此"花"常带有锯蜂、介壳虫、蚜虫以及焦叶病等病虫害,现在城市里很少有人种这

种花,再说也没有地方可种了。而跟它字形类似的字大多念唇齿音,如"微",所以现在的年轻人很少知道它旧白读的说法了。

3. 新文读音与非异读音构成文白异读

这种情况是指老年人的语音系统中本来不存在这类文白异读,即它们只有一种读法,但在青年人的语音系统中具有相同音韵地位的一类字内部开始出现分化,有的字在不同的词组或者不同的交际场合使用两种读音,一种读音是原来的旧读,另一种是接近普通话的读音。因此,这也是一种文白异读。主要有以下几种情况:

(1) 文读声母为舌尖音,白读声母为舌面音,这类字限于尤韵的知章组,如:

手: 文[ˈsei]手段/白[ˈɕiəu]汰手

收: 文[ˈsei]丰收/白[ˈɕiəu]收衣服

(2) 有些字由于和同类的其他字发展途径不同,被认为是"误读",其实"误"只是与普通话相悖,实际上是符合古音演变规律的,但由于普通话影响越来越大,接受过普通话训练的人不约而同地纠正"错误",首先从新词语、书面语开始。这类字原来是没有文白读的差别的,但由于受到普通话的影响,在年轻人中也出现了类似文白异读的现象。

溪: 文[ɕi]溪水/白[ˈtɕʰi]梁溪大桥

秘: 文[miᵔ]秘书/白[piᵔ]秘方

雀: 文[tsʰiaʔ˒]雀斑/白[tsiaʔ˒]捏黄雀

侧: 文[tsʰəʔ˒]右侧/白[tsəʔ˒]侧转

四、结论

从上文可见文白读音通过竞争,或是文读音取代口语音,成为字音中唯一的读音,这种情况和一般语音演变的结果是一样的。但问题是文白读音竞争的结果也有可能是读书音被放弃,口语音恢复为字音中唯一的读音。"从语音演变的角度来说,这是一种回转。由于一般演变中的语音变化都只向前演进,不回转,因此文白异读的竞争和一般的语音演变,结果是可能不同的。"(王福堂,2009:2)不管怎样,这两种情况的结果都是层次的消失。

复杂的情况是层次的叠置。这是因为方言在不同时期陆续借入读书音,早期借入的文读音在后来借入的文读音的推挤下可能会进入口语的领域,变成口语音。如奉微母的"微、薇"等,原来的唇齿音声母从旧文读变成了白读。假摄见组二等字的三种读音,也是由假摄字新增一组文白层次导致的,这也是文白各读音间相互竞争的结果。

根据文白竞争的机制,随着时间的推移和普通话的进一步渗透,上述的这些文白叠置现象还会有新的发展,原来的白读音会继续消失,新的文读也会不断产生,最终使得无锡方言的声韵系统逐渐向普通话靠拢。

第五节 以尖团变化为例考察影响方言变异的因素

从分尖团到不分尖团,已是汉语方言发展演变的大趋势。无锡方言目前出现部分字不分尖团的现象,表明它正处在由分到混的初始阶段。因此,它所体现出来的这种参差不齐的语音现象,正是我们考察这一发展进程的活化石,本小节将采取社会语言学的调查手段,结合变项规则分析法来考察与无锡市区方言尖团变化相关的语言因素和社会因素,研究变项在不同人群、不同场合、不同词汇内部的变化情况,从而显示出方言在和普通话接触之下演变的复杂性。

一、无锡及周边地区区分尖团音的现状

北部吴语分尖团的表现是古代"精清从心邪"五母的字和"见溪群晓匣"五母的字在细音前声母不一样,前者念舌尖前音,后者念舌面音。无锡周边的城市如苏州、常州、上海原本都是分尖团的,但在20世纪50年代左右,"不约而同"纷纷出现了不分尖团的趋势,"上海话'二变'阶段中的尖团音合并,大约经历了二三十年,现在已在中年人语音中全部完成"(钱乃荣,2003:199)。在苏州"即便是五十岁上下的人,很多已不能很有把握地正确区分尖团"(杨佶,2004:2)。在常州,"分尖团已有'乡下人'之嫌,可见常州大约在20世纪50年代开始不分尖团"(汪平,2003:139)。

而在无锡城区,到处都可以听到被上述城市的中青年视为"乡下音"的尖音。在普通话以前所未有的广度和深度影响人们工作和生活的今天,在周边大城市强势方言纷纷开始不分尖团的今天,无锡方言能保持分尖团的传统,不能不说是一个奇迹。但仔细观察,其实还是有相当一部分字在悄悄往团音的阵营里跑。更有意思的是,部分见组字以很高的概率被读成尖音。以下是在40名

15～30岁的青少年中调查的结果:

休[sei⁵⁵]息 94%　　倾[tsʰin⁵⁵]斜 80%　　派遣[tsʰɿ³²³]78%

宝剑[tsɿ³⁴]100%　　香[siã⁵⁵]蕉 42%　　幸[sin³⁴]运 82%

这种混读现象,是否意味着无锡也将完全不分尖团呢? 影响无锡方言尖团合流速度的因素又有哪些? 无锡方言尖团音这种似分又混的现象无疑成了我们研究方言演变的活化石。

二、调查方法和分析方法

(一) 调查方法

本小节主要采用五种调查方法。分别是传统的方言调查法、问卷调查、快速隐匿调查法、不侵入调查法、访谈法。

前两种方法可以在短时间内获得大量的调查数据,而且结果便于定量分析,后三者耗时比较长,所以笔者把前两种方法取得的结果作为主要论据,而把其他三种方法的结果作为辅助论据。

(二) 分析方法

本小节打算采用社会语言学常用的变项规则分析法①来分析无锡方言目前这种尖团变化的现象。我们已经知道,一次尖音读成团音或团音读成尖音会受到多种因素的制约,有语言内部的,如语音、词汇等;也有语言外部的,包括年龄、性别、教育背景、地域来源等。研究如此多的构成语言变项的诸因素之间的关系,都可以运用变项规则分析法,因为变项规则分析法最终的统计结果是一系列的概率数字,表示某种条件下某个变式实现的概率,利用这些概率值的大小来估算语言变项和社会变项的相关关系,数值越大相关程度越高,越能代表变异项受语言内外因素的影响程度。

除此之外,变项规则分析法的一个优点还在于它能提供变异范围的比较。根据变项规则分析法原理设计的统计软件 goldvarb② 算出来的是一组环境的作用值,这些作用值一方面说明了它们对被制约项的影响力,同时一组作用值之间的差即变异范围还是比较各组因素影响力强弱的重要参照。

---

① 徐大明,陶红印,谢天蔚. 当代社会语言学[M]. 北京:中国社会科学出版社,1997:102-103.
② 调查结果采用根据变项规则分析法原理设计的统计软件 Goldvarb 统计。

三、影响尖团变化的语言因素

社会语言学认为变异不但不是自由的,而且是有规律的,是语言系统内部和系统外部共同作用的结果。"语言变化首先是由社会因素引发的,但是,这些社会因素利用了语言结构中已存在的裂痕和空隙。"(简·爱切生,1997:277)研究异质语言肯定不能舍弃语言内部的因素于不顾。因此,我们先从语言内部结构的角来考察影响方言发生变异的因素。

本小节选取的语言因素有 7 项,goldvarb 筛选掉的是当前音节是否为入声字,其余 6 项对该变项的作用值见表 2-25。

表 2-25 影响无锡方言尖团变化的语言因素

相邻音节声母	当前音节介音	当前音节声母	常用度	位置	语体
舌面音 0.680	齐齿呼 0.424	精母 0.433	常用 0.180	首字 0.584	口语 0.345
唇音 0.556		清母 0.667	比较常用 0.208		
舌根音 0.645		从母 0.254	一般 0.482	非首字 0.434	
舌尖音 0.439	撮口呼 0.734	心母 0.711	不太常用 0.630		书面语 0.516
零声母 0.566		邪母 0.055	几乎不用 0.892		
范围:0.251	范围:0.310	范围:0.665	范围:0.712	范围:0.150	范围:0.161

说明:表 2-25 里面的数值代表环境变项影响尖音变异的作用值,说明两者之间的相关关系。变项规则分析统计出来的回归系数应该在[0,1]这个区间范围内波动,如果接近于零则说明因变量和自变量之间没有什么相关关系,如果接近于 1 则说明两者高度相关;而数值 0.5 是个分界线,大于它则自变量为有利条件,小于这个数值,则表明自变量对因变量为不利条件。

对照这个标准,我们来看各组语言环境对尖团变化存在着怎样的约束力。

(一)相邻音节的影响

相邻音节指的是和当前音节结合最紧密的那个音节,在切分语流时它们应分在一个层次上,比如"吉祥桥","祥"的音变受到"吉"的影响较大,而不太可能受到"桥"的影响,因此在转写时只记录和当前音节结合紧密的那个音节的情况。通过 Goldvarb 的统计,我们看到声母为唇音、舌面音、舌根音、零声母时的作用值都大于 0.5,说明利于尖音变读团音,尤其是相邻音节的声母为舌面音时;而前后音节的声母如果是舌尖音时,作用值只有 0.439,小于 0.5。可见舌尖声母不利于尖音变读团音,对尖音变异有抑制作用,换句话说,就是对当前音节保持尖音有积极影响。尤其是相邻音节也读尖音时,如"青椒、迹象、相信"在调查中出现变异的情况只占4.9%,这说明在该项音变中异化的情况不多见。

有个有趣的现象:当尖音字相邻音节的声母为舌面音时,前后两字变异的情况非常活跃。大致分为3种情况:一是换位,即尖音字读成团音字,或团音字读成尖音字,如"经济[tɕin₃₂ tsi₂₃]"读成[tsin₃₂ tɕi₂₃]。二是同化,即两字都念成团音,如"积极[tsiəʔ₅ dʑiəʔ₅]"读成[tɕiəʔ₅ dʑiəʔ₅],或两字都念成尖音,如"倾斜[tɕʰin₃₂ zia₂₃]"读成[tsʰin₃₂ zia₂₃]。这两种音变也是无锡方言中团音字变读尖音的原因之一。三是异化。发生异化的一般在前后两个都是尖音字的情况下,为了避免拗口,其中一个会变成团音,没有规律可循。"相同或相似的音在语流中接近时,发音容易拗口,于是产生了异化作用,变得发音不同或不相似。"(林焘,王理嘉,1992:154)

表2-26　无锡方言尖团音变化类型百分比

举例	同化(%)		换位(%)	异化(%)
	都读尖音	都读团音		
后西溪	18	40	0	-
吉祥桥	32	0	0	-
积极	2	20	0	-
借鉴	18	4	2	-
经济	0	20	14	-
消遣	54	0	4	-
喜鹊	10	22	6	-
香蕉	2	14	6	-
倾斜	46	0	0	-
迹象	-	-	-	10
青椒	-	-	-	4
相信	-	-	-	2

从表2-26可以看到,当相邻的两个字中一个是尖音字,一个是团音字时,两者同化的概率比换位高。

过去一般的看法是把语音变异当作一种语流音变的现象,那很可能是受到前后音节的影响所致,徐大明(1999)也认为这"显然是对自主音段音系学思想的一个支撑:鼻化作用的单位不仅超出一个音段,还可能超出一个音节"。表2-

26 证实了这个一般性的看法。换句话说,经常有成双成对的音节容易同时念尖音,或同时念团音。至于同化为尖音还是团音,似乎也从另一个侧面反映出哪个字在这个字组中的势力更强,另一个字则趋附于它。

(二) 介音的影响

从表 2-25 中可以看到撮口呼的字比齐齿呼的字更容易尖团不分。如"趣"的变率达到 51.6%,"需"的变率更是达到 69.4%。一方面,普通话念撮口呼的团音字与对应的无锡话的尖音字不仅声母不同,而且介音也不一样;另一方面,无锡话中本来就有撮口呼的韵母,精组字在变读团音后,可以在无锡话的声韵系统中找到对应的撮口呼韵母,如"趣"会读如"区","需"读如"虚","醛"读如"圈"。如果这个字在生活中不太常用,那么发音人受普通话的影响将其念成团音。

(三) **声母清浊的影响**

根据表 2-25 的统计结果,来源于古浊声母的字对变异有抑制作用,如从母字的作用值为 0.254,邪母字为 0.055,换句话说浊声母相对而言比较容易保持尖音特征。这不难理解。来自精清心三母的 [ts]、[tsʰ]、[s] 变成团音后为 [tɕ]、[tɕʰ]、[ɕ],与普通话中的读音一致。因此,精清心三母的不分尖团的概率比较高;而从母字变读团音后的 [dz] 不管是与普通话对应的 [tɕ] 还是 [tɕʰ],发音都相距甚远,不容易受普通话影响而变成团音。邪母字在苏州话中是尖团不分概率较大的一个声母,完全变成团音的邪母字占邪母字总数的 62%(杨佶,2004:6)。因为在苏州话中邪母变成团音后发音为摩擦音 [ʑ],与普通话对应的 [ɕ] 仅清浊不同,摩擦辅音的清浊从发音方法上来说差别较小,故在普通话影响下向团音发展。而在无锡话中邪母却反而是最不利于变成团音的一个声母。这是因为无锡话中还没有出现浊擦音 [ʑ]。如果邪母字不读尖音的话,一般读成零声母。如"吉祥桥"的"祥",109 个被试中读 [ɕ] 的一个也没有,只有两个人念 [ia223]。而零声母与舌面擦音不管是发音方法还是发音部位都相差太大,所以邪母字在无锡话中是最不容易发生变异的。

当然清浊对尖团变化的影响是在相同的条件下才能显示出差别的,并不是绝对的。只是在同样的常用度情况下,浊声母字比较容易保留尖音特征,像"无锡"的"锡""线"等常用字在笔者调查中变读的概率为零。这就涉及下面的使用频率问题。

(四) 使用频率的影响

使用频率也是影响尖团变化的一个重要因素,其变异范围达到 0.71。由于没有一个无锡话的字频统计表,我们只能暂凭印象来观察字词的常用度,所以我们的观察是不严密的,肤浅的,只能得到一些大概的印象。从表 2-25 中可以看到最常用的字是最不容易发生变异的,而不常用的字比较容易尖团不分。这并不难理解,口语中常用的词,大多通过口耳相传习得,多数在人们孩童时代就已经固定下来,说得多了,也就自然有了"正音"的标准,而这个标准就是方音。对于那些不常用的字,人们往往会照着字典上注的音来读,或者模仿广播、电视等媒体的发音,于是就加快了这些字尖团不分的进程。由于当今 60 岁以下的人接受的都是普通话教育,因此对这种变异不太敏感,甚至根本没有意识到这是变异,以为本来就是这样的。即使是无锡话说得比较好的人,也对非常用字的变异持有更多的包容。

(五) 构词方式的影响

由于汉语是单音节语素,所以音变在词汇中的扩散,就有两个层次,即需要考察某个音在字(语素)中未变还是已变,还要考察它在字组中是未变还是已变。在调查中发现,这两者往往呈现相异的现象(钱乃荣,2003:190)。譬如"洗"单用时,读团音的概率较高,而在字组"洗衣机"中,基本不变。可见在字组中,语音成分的结合更加紧密,更容易保留原来的读音。

我们还发现同一个字在不同的字组中变异的速度也不一样。Goldvarb 的统计结果显示首字位置的作用值是 0.596,非首字位置是 0.423。这种差异说明一个字是否发生音变,是以它在字组中所处的位置为依据的。

这种现象的成因,杨佶(2004)和陈建伟(2008)都认为与说话人的关注度有关。一般来讲,说话人对单字和字组中首字的发音比较注意,便容易受到普通话正音等因素的干扰,而在字组的后字位置上时,心理关注度相对低些,更容易保留原始读音。

但是我们也发现变异范围并不大。从表 2-27 可看到,有的字在不同位置上变成团音的概率相差较大,如"积极"和"累积","剂量"和"药剂师";而有的组合相差并不大,比如"椒盐"和"青椒"。这是由于这两个词常用度情况差不多,所以尽管"椒"的位置不同,但变异的概率都比较低。这也是导致构成方式不能成为不分尖团的显著相关因素的原因之一。

表 2-27　同一个尖音字在不同位置上变成团音的概率比较

例字	积极	累积	剂量	药剂师	椒盐	青椒
变异百分比	38%	8%	36%	8%	6%	4%

（六）语体色彩的影响

从上文可以看到古精组所辖的一组字变化速度不完全相同,不仅体现为在不同的字组内读音不同,而且使用场合不同读音也不同。此处用"口语词"和"非口语词"来区别。在一个言语社团里双语人的语言使用中,口语词要符合两个语言系统的口语表达,非口语词同样也要符合两个系统书面语的表达。但实际情况并非如此简单(见表 2-28)。

表 2-28　语体色彩对尖团音的影响

无锡话	普通话	例字
口语	口语	西
非口语	非口语	践
口语	非口语	俏
非口语	口语	洗

更重要的是口语词和非口语词的界限越来越模糊。按理口语词比书面语常用,但随着人们文化水平的提高,一些书面语也逐渐渗透到人们日常口头交流中,使书面语和口语的界限开始模糊,并不完全与使用频率相对应。笔者在设计调查表选词的时候也觉得很难区分哪些是口语词,哪些是非口语词。同时,有些原本口语中常用的词,随着社会的发展,使用频率变低,也有可能出现音变。

由于本研究是考察方言的变异,为了便于统计,笔者判断口语词和非口语词以方言的语感为主,只要是方言口语中常用的就是口语词,反之是非口语词。即使在普通话中是口语词,只要方言中不常用,就定为非口语词。本来以为语体色彩会是影响语言变异很显著的一个因素,但从 Goldvarb 统计的结果来看,语体色彩的影响远不如常用度,其变异范围只有 0.1 左右。下面就举一些个案来详细分析。

(1)在无锡话和普通话中是非口语词,由于使用频率不同,变读的差异很大,以"践"和"沁"为例。

"实践"和"践踏"都是书面语,但是在实际生活中,"实践"使用得越来越多,学校和社会都很重视"实践经验"。而"践踏"依然很少用。两者变读的概率之比为6∶37。可见,同一个字在不同的字组中,变异的程度是不同的。

(2)在无锡话和普通话中都是口语常用词,变读的比例也不同。大部分口语常用词目前保留尖音,但也有个别例外的情况,如"西"。

"西"是个方位词,方位词属于封闭类词,变化相对比较缓慢。但"后西溪"这个词中的"西"的变化很特别(见表2-29)。

表2-29 "后西溪"中"西"在不同年龄组中念团音的比例

年龄段	10~19	20~29	30~39	40~49	50~59
团音比例	75%	70%	52.3%	27%	21%

传统方言学和地名学都认为地名比较保守,不会受影响而变化,常保留了古音。而在这个词中,却有超过一半的人把"西"念成团音,甚至包括一些中年人。而同样有名的"西门""汽车西站"就几乎没人会说成团音。所以笔者认为"西"在这个地名中被念成团音,与构词方式也有关系。"西门""西站"的"西"是修饰成分,起限制词根的作用,在语义上很重要。"后西溪"所在地以前为行舟楫之便,有一南一北两条溪流流经此地,直通古运河:南称前西溪,北称后西溪。在新中国成立后的城市建设中,前、后西溪被填埋,现在成了主城区里的两条次干道。在这个地名中,"前、后"是起主要的修饰作用的,"西"不是。词根是"溪",是该词的核心,无疑会对前字"西"产生干扰,而"溪"是见组词,在普通话中"西""溪"的读音又是一样的,听起来就是个叠音词,ABB式的结构给人的印象更深刻。所以在笔者的调查中发现,能按古音念对的人只占40%,剩下40%的人把"西"念成团音,跟"溪"同音,20%的人把"溪"误念成尖音,跟"西"同音,属于矫枉过正。可见,同一个字在不同的字组中变异的情况是不一样的。

(3)在无锡话中是口语词,在普通话中却是非口语词。这类词在随机调查中变读比例也比较高。这里又可以分3种情况。

①由于汉语形音差距比较大,因此已经开始出现字形和读音脱离的现象。调查问卷中有一句话是"㿽笪转则身体坐"。"笪[tsia³²³]",是"斜"的意思,在无锡话中经常可以听到,但普通话中这个词很少见。很多发音人没有明白意思的时候多表示不知道怎么读,或者读成[tɕʰia³²³]。经提醒后很快就反应过来,并能举出"他就住勒我笪对过"之类的例子。

②普通话中常见,但没有对应的义项。如调查问卷中有"触祭"这个词,在无锡话中是"吃"的另一个说法,在不满的情绪下常用。但写在纸上一般人感觉很陌生,多表示不知道怎么说,或按普通话发成团音。另一个字"趣",在"兴

趣"中"趣"念团音的人不算多,但在带有方言特色的"趣道"中大多会发成团音,主要也是一下子没理解这个词的意思。

出现上述两个情况是由于发生了字形和读音的脱离。一些带地方色彩的方言词一旦落在纸上,给人感觉陌生,甚至不知所云。由于现在都是接受普通话教育,最先反映的是普通话,所以很少联想到方言里的这个词。这也是为什么在隐匿调查中保留尖音比随机问卷调查中要多的重要原因之一。

③有些原本是无锡人口语中常用的词,随着社会的发展,使用频率变低,也有可能出现音变。如"俏""骚俏",原来形容特别爱打扮的人,带有贬义,由于历史原因,在新中国成立后很长的一段时间内,人们的审美观以朴素含蓄为美,所以对于特别注重穿戴的人带有歧视和偏见,多与"不正派"联系在一起。而如今,生活水平提高了,社会也越来越兼容并蓄,人们对生活品质的追求越来越高,对于爱美也更宽容。所以,认为爱美就是不正派、不好的思想也淡出历史舞台了。因此,尽管"骚俏"以前是口语词,但很多人,尤其是新生代们很少会用这样的词去评价别人,有的人甚至都没听过这样的说法,所以很多人把其中的"俏"念成团音,究其原因还是因为不常用。

④在普通话中是口语词,可在无锡话中不常用,这类词的变读比例也比较高。比如"洗",无锡人很少单独使用这个词,一般用"汰"。因此"洗"的变读比例比较高。这说明方言中的非口语词若不常用,又多出现在普通话场合,其变化就非常快。

四、影响尖团变化的非语言因素

联系社会来研究语言在当代中国社会语言学界几乎已经没有任何争议了。在社会环境中研究语言,使人们有可能更深入地认识语言的本质。从社会角度来诠释语言变异和变化已然成为变异社会语言学模式的代称。下面就来考察社会环境中非语言因素如说话的人、说话的环境等跟尖音变异有何相关关系。表2-30是相关的非语言因素及统计结果:

表2-30 影响无锡方言尖团变化的非语言因素

年龄		学历		职业		性别
10～19岁	0.632	中学生	0.631	学生	0.658	男 0.553
20～29岁	0.418	初中	0.259	商业	0.322	
30～39岁	0.309	高中	0.314	教师	0.301	
40～49岁	0.208	大学	0.569	公务员	0.317	

续表

年龄		学历	职业		性别
50～59 岁	0.142	研究生 0.628	工人	0.189	女 0.439
			专业技术人员	0.616	
范围:0.490		范围:0.372	范围:0.369		范围:0.094

（一）年龄因素

年龄是影响尖团变化的一个重要因素,变异范围达到0.490。由于在某个时间点上不同年龄段的人语言变异处于一种共时态的分布,这种分布根据年龄会呈现出一个时间序列的层级,通过研究不同年龄段的人的不同语言行为,可以据此推测语言的变化。

从表2-30可以看到分尖团的情况与年龄呈显著的相关关系。年龄越大不分尖团的概率越低,年龄越小则相反。

在这组统计数字中,我们还可以看到50～59岁年龄组的人要比其他年龄组的人更能区分尖团,产生变异的概率很小,可见推广普通话工作虽然开始于20世纪50年代,但真正起效则是从20世纪60、70年代开始。而生于20世纪80年代的人要比三四十岁的人受普通话影响更大一些,其间相差0.109和0.210,生于20世纪90年代的人最容易把尖音念成团音。

（二）性别因素

通过统计发现,在这个样本中,整体上男性比女性更倾向于不分尖团。

性别范畴是影响尖团变化的一个因素,这个发现应该说是"合乎常理"的。高元音加上齿音听感尤为尖细,给人柔弱的感觉。而舌面音的能量集中区比较低,给人感觉比较低沉。高调跟细小亲密之间的一种生物学上的关系,或者说是天然关系,不但是跨语言的,甚至可以说是跨物种的（朱晓农,2004:193-222）。

把舌面音念成舌尖音最典型的是北京女孩的"女国音",胡明扬（1987）认为"'女国音'不是方言或舞台语言影响的结果,而是一种女性爱美心理对语言的影响"（胡明扬,1988:31）。北部吴语的尖音字具有这种特点,但能否区分尖团和"女国音"是两回事。从图中2-17我们可以看到并不是每个年龄段的女性都比男性更能区分尖团,而且每个年龄段里男女不分尖团的比例也相差很大。20世纪50年代到70年代出生的人中,男性不分尖团的情况要比女性多一半,当然,50、60年代出生的人尖团变化概率总体要比70年代出生的人小得多。而80年代出生的男女不分尖团的比例比较接近,为7:6,90年代出生的男性甚至比女性使用的尖音更多一点,其中还包括了矫枉过正,将有些团音字也念成尖音字。出现这种变化也不是偶然,有其社会原因。

一是受社会环境的影响,20世纪80年代和90年代出生的孩子绝大部分是独生子女,长辈们的过度溺爱,以及我国幼儿园和中小学在教育方式、教学实施过程、教师喜好和师资配备等方面的不足,使得现在社会中的一些男孩缺少男性的典型气质,但是这种现象等到他们步入成年之后,可能会有所改变。二是年龄小的人不管男女从小接受普通话教育,"标准方言"的"标准"变得模糊,分不分尖团显得很随机,其中不排除矫枉过正的现象。本小节小规模的研究由于不是自然语言中采集并且受到笔者选词的限制,也有可能实际受其他社会范畴的影响。

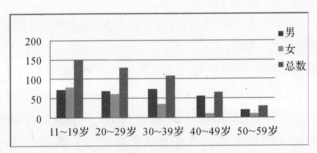

图2-17　各年龄段男女尖团变化的比较

(三) 教育因素

社会阶层因素不适用于中国的情况,更多地体现在文化教育程度的差异对语言变异的影响上。《中国语言文字使用情况调查资料》显示普通话的习用效率和受教育程度保持着一种密切的关系。从表2-30可见文化程度越高,把尖音发成团音的可能性越大。大学生和研究生的被试存在一定的一致性,相对而言比初高中组的被试更有可能不分尖团。需要指出的是,11～20岁年龄组,尽管他们也是初高中的文化水平,但由于年龄最小,受到普通话的影响最大,所以他们尖团不分的字比同级文化水平的成人组多,甚至超过学历最高的大学组。

表2-31　影响无锡方言尖团变化的教育因素

	中学生	初中	高中	大学	研究生
最大值	32	11	21	26	18
最小值	14	0	1	2	14
均值	20.4	4.7	8.7	11.9	16

但是从社团内部来看,也存在着不均衡性。并不是所有年龄组低学历的被试就一定比高学历的人更能区分尖团。比如我们预期30多岁和40多岁的人

中,初中文化的人比高中文化的人分尖团的字多,可实际上,情况却相反。这是由于文化程度低的人在社会交往中,往往存在着"语言不安全感",怕自己的语言使用情况和听话人不一致,显得缺少文化,所以为了达到更好的交际效果,说话人一遇到拿不准的发音,往往就参照普通话的发音,出现矫枉过正的现象。

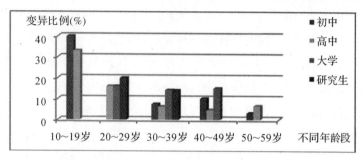

图2-18 各年龄段被试的文化程度与尖团变化的关系

(四)职业因素

不同职业对任职者的教育程度、工作技能等方面的要求是不一样的。从表2-30可见不同职业的被试在分尖团的问题上表现不同。其中,学生和专业技术人员不分尖团的比较多,其次是商业人员、公务员和教师,变异概率最小的是工人。工人大多作为体力劳动者,他们的受教育程度普遍比较低,接触面窄,平时工作生活中使用方言居多,所以大多能分尖团。公务员和商业人员由于职业的关系,他们交际的面比较宽广,需要和各类人等打交道,而开放性的交际网有可能会促进语言变化。教师因工作性质普通话水平普遍比一般人高,平时的工作语言又多用普通话,所以其方言易受影响。尖团不分最严重的是学生和专业技术人员,尤其是学生。在实际生活中,我们看到即使在幼儿园,老师也只跟学生说普通话,所以孩子从小就接受普通话教育,甚至有的学校还把说方言作为惩罚的条件,让孩子感到只有普通话才是正统的语言,于是在家里也要和父母说普通话。此次调查的20个中学生中,平时普通话用得比方言多的有17个。于是他们毫无悬念地成了向普通话靠拢的主力军,不分尖团也就不难理解了。专业技术人员因为所受教育很高,所在单位外地人比较多,平时的工作语言几乎都是普通话,不分尖团的字便比较多。

除了上述这些用 Goldvarb 软件统计的相关因素外,还有两项因素对语言的变异有重要影响。

(五)认同度的影响

认同(identity)是影响语言变异与变化的又一个重要的社会因素。随着全球化和城市化进程的加快,人口流动成为当今社会的典型特征之一,认同问题就是人口流动背景下的产物。

认同无非就是对"自我"和"他者"进行界定,而在这一界定过程中,语言起着重要作用。这是因为"一方面,语言被视为一种外在行为,人们据此来识别群体成员。另一方面,语言是自我认同的工具"(徐大明,2006:226)。

语言体现一种社会关系,也体现一种社会结构,语言认同无疑是社会认同、文化认同的一种表现。Jenkins(2007)认为,语言认同是一个复杂现象,不能与语言态度和语言意识、语言权势(linguistic power)等分离而论,尤其是在后现代社会中,语言认同与语言态度和意识等现象之间的关系变得更加复杂。

在上海,从20世纪60、70年代开始,很多念齐齿呼的精组字变读撮口呼了。陈忠敏(1995)曾撰文表示这是早期苏北腔上海话的渗透影响。20世纪30年代左右,大量的苏北籍移民(主要来自盐城、扬州地区)进入上海市区。苏北移民及他们的子女改操上海市区话时,难免会把自己母语的一些语音特征带进所习得的市区话里。由于苏北移民人多势众,逐渐形成一种很具特色的苏北腔上海话,其中"全、选、宣、旋"等字韵母读[yø],就是早期苏北腔上海话的一种特征。新中国成立以后普通话对上海市区话也有强烈的影响,而普通话上述字的拼合规律跟苏北腔上海话是一致的,这样就为苏北腔上海话的这一特征在上海市区迅速扩散开来起了一个推波助澜的作用。

在苏州,普通话普及以前,苏州话的威信很高,说老派苏州话的人会认为,不分尖团是外地人(主要是苏北人)口音,让人瞧不起。而随着普通话作为共同语的地位加强,苏州话在与普通话的接触中相对成为弱势语言而发生了语言趋附现象,再加上附近的上海话率先完成了尖团合流,20世纪60年代后期以来,尖团差别的现象在苏州方言中迅速减少。现在的部分年轻人,会认为分尖团的都是郊县口音,非常土气,尖音必然受到他们语音系统的排斥(杨佶,2004:6)。从瞧不起不分尖团到瞧不起分尖团,这正证明了认同不是单一的,而是多元的;不是静止的,而是不断变化的。

在周边强势方言纷纷取消尖团对立之后,无锡方言分尖团的特点完全有濒临消失的危险。语言或方言濒危,既有社会的因素,也有使用者的因素。无锡方言是继续保存还是放弃这一特点,我们不妨可从人们对其的认同度去考察。杨荣华(2010)认为,一个讲话人对一种语言/方言的认同包含着三个要素:①讲话人具体使用该种语言/方言,即语言使用;②讲话人对该种语言/方言与其他语言/方言本体特征及其所承载的政治、经济和文化价值的认知,即语言意识;③讲话人对该种语言/方言的情感性和功能性评价,即语言态度。笔者以此考察无锡人对分尖团的认同情况,语言态度和语言意识的考察采用问卷调查和访谈的方式,共调查200人,其中无锡本地人109人,外地人91人,发放问卷200份,回收有效问卷183份。

1. 语言使用

笔者用杨佶(2004)论文中的尖音字表,请3名21～25岁的发音人试读,调查结果说明在不分尖团的进程上,无锡远远落后于苏州,属于比较"顽固"的保持尖团对立的方言。

表2-32　无锡、苏州不分尖团的进程比较

阶段 城市	U 未变	V 共时变异	C 已变
无锡	99	43	21
	60.5%	26.5%	13%
苏州	7	35	121
	5%	21%	74%

2. 语言态度

语言态度主要涉及无锡人对无锡话尖音的情感、认知和功能等方面的评价。我们采用李科特五度量表(likert scale)对语言态度进行了测量。测量结果如下表:

表2-33　对于尖音的语言态度

量级 级差	情感性评价				认知性评价		功能性评价	
	亲切		好听		容易学		有影响力	
	无锡人	外地人	无锡人	外地人	无锡人	外地人	无锡人	外地人
非常	64.2%	2.8%	50.4%	13.5%	62.4%	8.1%	53.2%	13.7%
比较	23%	5.4%	18.3%	16.2%	18.3%	10.8%	17.4%	16.2%
没感觉	12.8%	35%	16.5%	27%	8.3%	23%	16.5%	27%
不太	0	27%	10.2%	29.8%	9.17%	12.2%	8.3%	24.3%
很不	0	29.8%	4.6%	13.5%	1.83%	45.9%	4.6%	18.8%

表2-33显示,无锡人对尖音的情感评价较高,有87.2%的人在"亲切"变项上给予了积极评价,68.7%表示尖音好听,这就和苏州、常州中青年人的感觉很

不一样。外地人对于尖音的情感性评价不太高,大部分外地人的方言里没有尖音,但有30%的人觉得尖音好听。按理说,母语的习得是自然的,因为习惯,母语者一般会认为自己的方言容易学,但我们发现有三成以上的无锡人觉得尖音也没那么容易学。一方面,从儿童习得语言的情况来看,舌尖前擦音、塞擦音是较晚习得的,一般要到3周岁才能发清楚,之前他们用舌面音来代替,"就发音部位而言,被试对双唇音、舌根音、舌尖中音和舌面音的掌握强于唇齿音、舌尖前音"(徐亮,2010:66);另一方面,受普通话影响,在某些尖音字的确认上存在困惑,外地人大多认为无锡的尖音很难学,他们可以把声调模仿得很地道,也会用具有无锡特色的词汇,甚至知道入声(有些方言入声舒化有一定规律),但如果他的方言不分尖团,那尖团字的判断和习得是非常难的。在尖音的影响力方面,70%的无锡人认为分尖团是无锡话的特色,可显得人伶牙俐齿,若尖团不分,就好像短了一截舌头,口齿不清,甚至有些年纪大的人觉得把尖音字发成舌面辅音是"北方闲话"。但也有将近三成的人认为分尖团不是很有必要,持这种观点的主要以年轻人为主。70%的外地人认为分尖团的重要性没那么大,他们或者根本没注意到无锡话分尖团,或者认为不分尖团也不会妨碍他们理解或用无锡话表达。

总体上,无锡人对无锡话分尖团这一特点的情感评价较高,而在功能评价上,对分尖团的地位和影响力开始有所让步。而外地人不管是从情感上还是认知角度或功能方面都比较排斥分尖团。

3. 语言意识

Kroskrity等(2000)认为,"语言形式作为日常生活的一部分可以标识社会认同和讲话人的典型行为。发话人(和听话人)会注意到、推理并判断这些标识项,从而创造不同的语言意识来帮助解释语言之间的差异及其意义所在"(转引自杨荣华,2010:397)。这个过程包含认同建构的过程。

笔者将一位来锡多年无锡话说得比较标准,但不分尖团的中年女性的无锡话录音分别给109位被试听,请他们评价这位女士的无锡话是否标准,以此来考察被试对分尖团的语言意识。现将结果整理如图2-19:

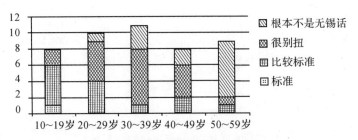

图 2-19　不同年龄的人对尖团不分现象的评价

由图 2-19 可见，整体上，认为不分尖团很别扭，甚至否认是无锡话的，占了调查总数的七成以上，这说明目前无锡人对于尖团还是非常敏感的。即使是十几岁的被试也认为这样的"无锡话"比较别扭或很别扭，109 个被试中认为"标准"的只有 4 人。而尽管很多人认为不分尖团很别扭，但大多只认为发音人有发音缺陷，即无锡话说的"笃舌头"，或者"舌头短落一段"，而并不否认她说的是无锡话。只有 50 岁以上的被试认为是北方口音，或明确指出是"江北话"。这说明，年龄越大的人，对于分尖团的意识越强，年龄越小对于分尖团意识越弱。

（六）不同语境的影响

Labov 提到在社会语言学的研究中社会因素和风格（stylistic）因素都影响着语言的变化，风格的变化是使用语言的人在不同的语境下表现出来的语言变化。他把语境分为正式和非正式两种。本文根据调查方法将语境相应细分为 4 种。

表 2-34　影响尖团音变化的 4 种语境

随机调查		快速隐匿	不侵入调查
比字	读字组	问路	旁听
最正式	正式	随意	最随意

1. 随机调查

随机调查的第一部分是让被试朗读含有尖音字的字组，有的甚至配以例句说明。第二部分是比较在普通话中同音，在无锡话中仅声母不同，韵母和声调都相同的古精组字与见组字，出现的都是最小对立。相对第二部分的调查，调查字组时发音人的心情会轻松很多，态度也稍显随意些。

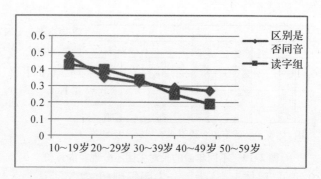

图 2-20　两种随机调查方法中尖团变化指数的对比

一般来说,语境越正式,发音人越紧张,变项指数也越高。按照我们的预判,最小对立往往会引起最大的关注,第二部分区别同音字的变项指数应该会比第一部分读字组的高。实际上不同年龄段的人表现并不完全一样。在正式的语境下,发音人面对一个个孤立的汉字,尤其是没有上下文时,第一反应是普通话,说无锡话时表达不太自然,比如有些中年人说出来的居然是夹杂普通话语音特点的"洋泾浜"无锡话。而且大部分中年人因为工作、家事繁忙对待调查不是很有耐心,或者对调查者的出题思路不是很清楚,也会对调查结果造成一定的影响。而 20 多岁的年轻人一般都是调查者的后辈,在调查时比较耐心,能充分领会调查的意义,所以在辨别是否为同音字的时候,会努力搜索记忆中的一些不同的读音、保守的读音,因此反而表现得比较传统(见图 2-20)。这种"反弹"现象说明无锡话实际使用的面貌和记忆中的无锡话是不同的。20 世纪 90 年代后出生的人年纪比较小,长期使用普通话,即使在家里,老人也都尽量操着不太标准的普通话跟他们交流,由于使用方言的机会太少,缺乏足够的比较,就没有出现这样的现象。

2. 隐身调查

快速匿名调查法,是调查人在发音人不知情的状态下,面对陌生人来使用无锡话,调查人的语言会对发音人的语言使用有所干预,语境比较自然随意。不侵入调查是在说话人完全对调查无意识的情况下进行的,因为发音人根本不知道有人在记录他们的谈话,在这种调查方式下,最自然地显示他们说话的真实面貌,语境是最随意的。前者相对后者略微正式。

由于两种调查方式的结果不是由调查人控制的,能用于调查的词非常有限。而且无锡人尖团混读的现象还不是太明显,太常用的词变异的可能性不会很大,在不同调查法中结果不会有什么差别。因此,笔者选择了"蕉"这样一个不是特别口语化的词进行快速匿名调查,"蕉"出现的语境有"香蕉",无锡市中心有一家有名的泰国饭店"蕉叶餐厅",其附近有无锡最大的 KTV,对面是喜洋洋饭店,笔者以询问这些餐厅和娱乐场所为由,尽量让他们指出最近的参照物——"蕉叶餐厅"。不侵入调查是通过在公共场所听无锡人交谈,记录无锡尖团不分的情况。由于这两种方法无法获得被调查者确切的年龄、职业、文化程度方面的信息,因此调查结果是粗略的。但从统计结果还是能看出这两种调查法是有差别的,即在非正式的语境下,越随意越不正式,普通话渗透程度越高。

这种现象出现的原因,笔者认为与发音人对无锡话的"关注度"有关。不侵入调查是发音人在无意识的时候使用无锡话,因为是与熟悉的人聊天或为了达到一定目的(如争论、吵架),只要能表达明确的意思就可以,无须注意自己所使用的语言是否"纯正"。而快速隐身调查时发音人在路上或商场里面对陌生的无锡人提问,心理上有需要说无锡话的意识,就会使用他认为比较标准的无锡话以显示本地人的身份,相对于不侵入调查法,发音人的交际压力会大很多,他们努力地在记忆中搜索比较保守的读音。结果造成了不侵入调查中读音发生变异的人数比快速隐身调查的多的现象。不过和随机调查相比,阅读文字材料受到普通话的干扰会更多。4 种调查方法中尖音字变异的情况如表 2-35 所示:

表 2-35　4 种调查方法中尖音变异情况

调查方法	随机调查		隐身调查	
	问卷	问卷	快速隐匿	不侵入调查
	比字	读字表	问路	旁听
语境	最正式	正式	随意	最随意
平均指数	0.37	0.33	0.10	0.21

五、结论

无锡方言部分字出现尖团不分的情况充分表明其已经处于尖团变化的初始阶段,通过分析我们看到,即使在同一条件下,每个字的变化也是有先后的,甚至两个同音字在变化上也是有先后的;即使是同一个字,它在发生音变时,也不是所有场合中读变读,原读消失,它总是在某些组合中读变读,然后逐渐扩大变读的使用范围,这充分符合词汇扩散论的观点。在影响尖音变异的各种语言因素中,声母的古音来源尽管是和变异相关的一个重要因素,但两者相辅相成,也许等无锡话尖团合流的发展比较深入后,也会新生一个浊擦音[z]。

影响最大的还是使用频率。之所以在语言变异的初始阶段,非常用字变得比常用字相对快一些,一方面是由于受普通话的影响,对于非常用字人们常以普通话来正音;另一面是由于人们对常用字的变读通常比较敏感。人们对非常用词和外来事物、新生事物中尖音字的变读大多比较宽容,可见人们对尖团的区分已经不像以前那么严格了。

通过上文分析可以看到,无锡话尖团合流的速度要慢于周边强势方言。语音演变是一个过程,不可能发生"突变"的现象,变化速度的快慢既有与外部语言接触的因素,也有结构的条件,但是语言毕竟是人类说话思维的载体,离开人的因素谈语言变化的机制几乎是不可能的。因此,语言演变的速度和方向与人们的语言意识和语言态度不无关系,不同的人对于分尖团的认同和保持都是不一样的。一种音变如果一旦为该语言大多数使用者所接受,则进展就快;如果受到一定的抵制,进展就慢。同时我们也发现,不同的语境也会影响变异的程度,这是处于方言新老交替阶段的正常表现。这些都说明了语言演变的复杂性,多种因素往往既独立发展又互相影响,共同决定着语言的发展方向。

第 三 章

无锡口音普通话的语音问题

普通话是以"北京语音为标准音,以北方话为基础方言,以典范的现代白话文著作为语法规范的"(黄伯荣,廖序东,1991:4-5)。但实际上,自推广普通话工作开展半个多世纪以来,能说标准普通话的人是不多的,大多数人说的是介于方言和普通话之间的带有方言口音的普通话。它是由普通话和方言中的语言因素集合而成的,是普通话和当地方言接触变异的产物之一,相对独立和自足。这种语言系统在语音、词汇、语法等方面既不同于方言,也不同于普通话,而是一种向普通话的标准形式逐渐靠拢的动态发展变化的系统。但是这与方言向普通话靠拢是两码事。"汉语方言向普通话靠拢是方言的演变问题。'地方普通话'则是方言区的人学习非母方言的共同语(即普通话)的过程中产生的中介语现象。"(陈亚川,1991:13)所以我们可以通过各种措施提高地方普通话的水平,但方言向普通话靠拢则是全民性的、缓慢的演变,不以人的意志为转移。

方言口音普通话其归根到底是归属于目的语普通话系统的。只不过是方言区的人习惯用母语的思维去学习和使用普通话,而让其带上了或轻或重的方言色彩。其出发点和归宿自始至终都是目的语"普通话"。

过去一直强调研究纯的语言,认为像带有方言口音的普通话这种非标准体,是言语的东西,带有许多个人因素,没有规律性可言,远不如标准的普通话和方言那样成系统。即使为了推广普通话,人们也只重视研究普通话和纯方言这两个极端,认为两者的差异是方言区人学习普通话的难点。但现在看来,这种观点是不全面的。首先,两者的差异不一定就是学习的难点。因为"差异"属于语言学问题,而"难度"是心理学问题,语言差异和心理上感到难易不能简单地画等号。其次,方言口音普通话作为一种特定的语言系统,它有自己的一套语音、词汇、语法、语用等规则,这些规则与标准普通话的规则相比肯定会存在不同,但这些不同是有规律可循的,而不是杂乱无章的,不同于偶然发生的语言偏误,如口误或文化修养造成的偏误,这在说母语或母方言也可能产生,无规律可循,比如有些无锡人把"束缚[soʔ⁵boʔ⁵]"说成"[soʔ⁵poʔ⁵]"就是根据字形相似去推测的读音。第三,同一地域的口音普通话具有明显的相似性。这就为我们调查研究和描写这种语言现象提供了一种可能性。

本章打算通过对普通话和无锡话接触的产物——"无锡口音的普通话"的研究分析,揭示在语言接触过程中无锡话是如何对普通话语音产生影响的。

第一节 调查方法和语料搜集

一、调查方法

方言口音的普通话不像方言那么定型,由于使用者的家庭背景、年龄、学历以及语言能力等因素,个体差异较大,不同的人说的普通话或者接近标准普通话或者接近方言。即使同一个人在不同场合,面对不同的对象、在不同的情景下说的普通话也可能有较大的差别。所以必须搜集不同程度、不同类型的人的语言材料才能看出非标准体是怎样向标准靠拢的。

在调查方法上,最好采取不公开的录音方式,以便获得自然状态下的语料。监控条件下的语言输出与自然条件下的语言输出有很大的差别,比如说话者在他人(观众、测试员或是老师)的监控下朗读或是背诵现成的标准的普通话书面材料,与用普通话自由交谈,会呈现不同的风格。如果用普通话自由聊天、争论时需要把注意力集中在组织语言的思维上,于是大大小小的各种问题就会暴露无遗,而这种语料恰恰才是反映说话者真实语言能力和语言面貌的语料。Ellis(1985)认为"正是这种未事先准备的随意的谈话中,第二语言发展的自然轨迹才得以发现"。Labov(1970)认为随便体的语言材料是最稳定的,因为它代表了说话者最真实的语言。因此,自然生活中的语料应作为调查中介语的主要依据。

但由于时间和人力的限制,要想在较短的时间内获得所需语料,尤其是考察地方普通话和标准普通话的音值差异,就不得不采取其他辅助的调查手段。笔者主要采用两种调查方式。

第一种是朗读。具体分为朗读字表和文章。字表中读单字部分由于语音字字落实,与朗读文章和说话相比,发音基本不受连读变调、轻声儿化、逻辑重音等因素的影响,以此作为定量分析的数据来源较为可信。朗读文章则是为了某种需要给语音项目在语流和单念时做对比分析用的。

第二种是不侵入调查。主要是笔者作为第三者旁听获得的谈话录音材料。

二、语料来源和处理

研究无锡口音的普通话的语料主要通过以上方法进行搜集,调查对象的母语必须为无锡话并能使用普通话,年龄在23~65岁之间。同时被调查者自己需确认其使用的是"普通话"。

语料分为朗读材料和自然口语两种。朗读材料包括字表和语篇。语篇统一采用《中国语言有声资源数据库》的朗读材料。字表根据笔者自省和摸底调查,确定不符合标准普通话音值的声、韵、调,选字时也考虑到方言和普通话音类的对应关系,兼顾不同发音部位、发音方法。

自然口语语料主要是笔者作为第三者旁听的谈话录音材料。谈话地点包括语言生活中的所有可能使用普通话的场景。最后实际搜集的语料包括家中与非无锡籍朋友打电话或聊天的语料、父母给子女讲故事或聊天的语料、学校里老师讲课的语料、课后与学生谈话的语料、各工作场所的办公和会议发言的语料、各种公共场所(营业员介绍商品、医院医生问诊、广场活动、电台主持、新闻采访以及社区工作人员与居民对话等)的语料,共计32组,约350分钟。具体信息见表3-1。

(一)朗读材料发音人资料

1. 无锡口音的普通话发音人

表3-1 调查中朗读材料发音人信息资料

发音人	性别	年龄	职业	文化程度	普通话水平
丁某	女	62岁	工人	初中	重度口音
宿某	男	69岁	工人	初中	重度口音
王某	男	69岁	农民	初中	重度口音
王某	女	53岁	工人	高中	重度口音

发音人	性别	年龄	职业	文化程度	普通话水平
蒋某	女	22岁	学生	大学	中度口音
万某	女	42岁	工人	高中	中度口音
周某	男	35岁	职员	高中	中度口音
管某	男	34岁	公务员	大学	中度口音
翟某	男	22岁	学生	大学	轻度口音
姜某	男	30岁	教师	大学	轻度口音
曹某	女	34岁	教师	研究生	轻度口音
沈某	女	34岁	教师	大学	轻度口音

2. 北京话发音人

张男　35岁,北京人,教师　　　　王女　23岁,河北承德人,学生

(二) 口语语料发音人资料及相关语域条件

表3-2　调查中口语语料发音人信息及相关语域条件

职业	性别	年龄	地点	职业	性别	年龄	地点
公务员	男	30～39岁	行政中心	大学生	男	20～29岁	校园
股评师	男	40～49岁	采访室	大学生	女	20～29岁	家庭
警察	男	30～39岁	派出所	政府干部	女	40～49岁	会议室
医生	女	40～49岁	儿童医院	政府干部	男	40～49岁	会议室
医生	男	40～49岁	人民医院	*超市经理	女	50～59岁	家里
*主持人	女	20～29岁	电台	店员	女	30～39岁	药店
销售	男	30～39岁	家里	社区干部	女	40～49岁	社区
主持人	男	20～29岁	电视台	社区干部	男	60～69岁	社区
*退休工人	女	50～59岁	电视台	*店员	男	30～39岁	商场
*退休工人	男	50～59岁	家里	*店员	男	20～29岁	商场
退休工人	男	50～59岁	电视台	*店员	女	30～39岁	药店
*退休工人	男	50～59岁	电视台	工人	男	50～59岁	传达室
教师	男	50～59岁	课堂	专家	男	50～59岁	讲座
*教师	男	20～29岁	课堂	家长	女	30～39岁	家庭
*教师	女	30～39岁	课堂	修理工	男	20～29岁	某汽修厂
*教师	女	40～49岁	家长会	*教师	男	40～49岁	课堂

注:带"*"的为重点分析语料。

（三）语料的分类和整理

普通话的作用主要是用来沟通各方言区人的交际活动，如果人人都能说一口标准的普通话固然很好，但在实际生活中，像电台、电视台播音员那样可将普通话说得规范标准、流畅自然的是不多见的，如果没有特殊需要，大多数人学到大致可以交际的程度一般就止步不前。这种"可以交际"的程度是非常模糊的。有的方言成分多一点，有的方言成分少一点，可谓五花八门，参差不齐。那么如何对这些语料进行分类整理呢？

首先要区分地方口音的普通话与方言语料。关于这一点江燕（2008）介绍了国内学者提出的几种主要判定方法并加以讨论，最终得出的结论是"调查时区分两者唯一的标准就是'被调查者的自述'"。不论旁人如何判断，也不论水平如何，"被调查者是根据自己当时所处的语域、面对的对象和谈论的话题等综合因素选用合适的语言"，"只有说话者自己主观最明白在说什么话"。笔者认同她的观点，此处不再赘述。本研究也是根据这一原则搜集语料的。

其次是如何将语料分层。普通话中介语是一个内部差异很大、构成相当复杂的系统，我们可以把它看作是位于标准普通话和方言两极之间的无数个点，其范围和内涵之广，很难以数值量化。有些学者认为给方言口音的普通话执行量化标准，都将是一种徒劳。因为普通话和方言标准本身就是模糊不确定的，并且不断地在发生变化。"使用等级量化界定地方口音的普通话"的做法其实犯了一个"先入为主"的错误，即认为先有一个"地方口音的普通话"标准在那里，再把所有的语料跟这个标准对照，符合的是，不符合的则不是。方言口音的普通话五花八门，参差不齐，"不同个体有不同的个体特征，不同群体有不同的群体特征，可以从中归纳出总体特征，却无法归纳出一个数值区间的量化标准"（江燕，2008）。

这种观点过分强调了方言口音的普通话的过渡性和动态特性，对中介语系统是如何发展变化的，显然是不关心的。因此这一理论上的缺陷导致对方言口音的普通话的研究止步于静态的分析，例如，一般方言口音的普通话研究只报告偏误的项目和类型，而没能将偏误放到中介音发展的过程中对偏误发生的阶段、频度及范围、偏误持续时间等开展系统的动态考察（宋欣桥，2004）。实际上根据中介语理论，发展是有阶段性的，每一个阶段都构成一个相对独立的语言系统；中介语的各个发展阶段形成一个必然的系列，阶段的进程可以加快，但顺序不能颠倒（于根元，1999）。学习过程中某些语音偏误会固定下来，发生"化石化"，导致学习者语音能力发展进程中断，其普通话水平就停留在某个阶段上不再进步,所以任何中介语都应该表现出一组系统性的特征。因此,李宇明(2002)指出,普通话本身是不能分等级的,PSC可以划分等级,就是因为中介语具有不同的阶段,三级六等反映的是普通话学习进程的不同阶段。处于不同水平的方言口音的普通话就代表了普通话中介音发展的不同阶段。本章希望以无锡口音的普通话为例,尝试对中介音的发展过程进行动态分析。

32个样本取自自然生活的口语语料而非PSC现场录音,主要也是为了能比较真实地反映出发音人的普通话语音面貌和语言能力,避免环境监控对发音人的影响。但发音人的个人信息标识不是非常精确。笔者只能确定大多数发音人的谈话语域及其大概的年龄段和职业。发音人也不一定参加过PSC,而且PSC所测定的二级、三级普通话只是中介语向普通话靠近的某两个阶段,实际上,还有很多不入级的普通话也大量存在着。那如何对这些语料进行分层归类呢?我们知道任何中介都应该表现出一组系统性的特征,而且呈现为一个动态的、变化的发展过程。不同程度的无锡口音的普通话其实就是其母方言(无锡话)特征逐渐减少,偏误范围缩小,数量减少,标准语(普通话)特征逐渐清晰的过程,由语音偏误体现。衡量一个人普通话水平的高低不仅要看偏误覆盖率,也要看偏误率。本章朗读材料的发音人通过两名国家测试员的审听,基本可以确定其普通话等级。其余的语料主要依据偏误覆盖率R确定。R是偏误项数量与语音项数量的比值,R值越高说明偏误出现的范围越广,涉及的语音项越多。某一语音项只要出现一次偏误,该语音项即计为有偏误,这样统计出的是绝对偏误覆盖率R_1。这种方法比较简单省力却又能反映中介音如何向普通话动态发展的过程。但人说话时难免发生口误,零星偶发的偏误往往不能说明什么问题,因此我们把偏误率高于5%(临界点)的语音项定义为显著偏误项,由此统计出显著偏误覆盖率R_2。R_2较R_1更能反映中介音的发展变化。叶军(2009)对上海话—普通话中介音语料库总计90个上海籍PSC样本进行统计,就R_2变化趋势看,各等级之间偏误发生面并不均衡,三甲至二乙至二甲区间的下降幅度明显大于其他区间的下降幅度。六个等级可分为三个层次:

第一层次:一甲一乙二甲

第二层次:二乙

第三层次:三甲三乙

这种分类与我们主观上对口音轻重的判断基本是一致的,下面引用叶军的统计结果:

第三章 无锡口音普通话的语音问题

表 3-3 上海话—普通话中介语料样本偏误覆盖率

中介音等级	语音项	偏误项	显著偏误项	R_1	R_2
三级乙等	67	66	46	98.51%	68.66%
三级甲等	67	66	43	98.51%	64.18%
二级乙等	67	55	22	82.09%	32.84%
二级甲等	67	39	10	58.21%	14.93%
一级乙等	67	41	6	61.19%	8.96%
一级甲等	67	19	3	28.36%	4.48%

所以尽管我们没有被试的 PSC 成绩，但通过参考无锡口音的普通话中显著偏误项的比例，也可以将搜集到的自然生活语料分为三个层次：轻度、中度和重度。即显著偏误项低于 15% 的为轻度口音，大于 15% 小于 33% 的为中度口音，大于 33% 的为重度口音。32 个自然口语样本和朗读样本中，重度口音的占 23%，中度口音的占 65%，轻度口音的占 22%。

第二节　无锡口音普通话的音类偏误

方言对普通话的影响可以是各个层面的，有语音的，也有词汇的，还有语法的，但以语音最易被人感知，因为一张嘴，语音中的偏误或缺陷就会暴露无遗，而语法和词汇问题并不是每次都会出现，而且即使要用，也可以采用交际策略进行转换或回避。同时语音也最"顽固"，学习母语、母方言以外的第二语言，达到十分纯正是不容易的，国外的"约瑟夫·孔拉德现象"①就是例证。更何况大多数人如果没有特殊需要，学到大致可以交际的程度一般就止步不前，出现"僵化"，僵化后的中介语可能成为学习者的终生水平，要打破这种僵化，需要较强的力量，这就是中介语的顽固性。正是中介语的这种特性为我们对方言口音普通话的等级划分和描写提供了理论依据和可操作性。

我们把方言口音普通话的语音问题归为两种：语音偏误和语音缺陷。语音偏误包括音类偏误和音值偏误。所谓音类偏误包括两种：一是由于方言和普通话发展有差异而造成的音类归并上的不同而造成的偏误，如平翘舌不分，前后鼻音不

---

① 英籍波兰作家约瑟夫·孔拉德的英语被公认为在语法上达到了与英语本族语者一样的水平，但其在语音上却始终保持着波兰口音。这一现象说明第二语言习得永远不会达到全局性最终状态，相反会出现石化现象，即局部发展永久性停滞。

分;二是归类上并没有错,但发音人将目标音念成目的语中其他的音。如无锡人常将普通话的[ʐ̩]念成[l],而普通话的[ʐ̩]和方言的[l]并没有对应关系。所以音类问题需要站在普通话的角度,看弄错的音是否是普通话的另一个音位。音值偏误也是发音人将甲音念成乙音,但不是因为方言和普通话发展有差异而造成的音类归并上的不同,而是发音人在音值上"图省力"采用了方言中的音,比如鼻音声母在齐齿呼和撮口呼韵母前,无锡人常用舌面鼻音[ȵ]代替舌尖鼻音[n],这在归类上并没有错,只是音值不对,用了方言中的声母。音值缺陷则是嘴巴发音的问题,因发音时模仿得不准确而造成的音值上的缺陷,不管在普通话里还是方言中都找不到相似的音,只能通过描写来说明。本节主要讨论音类偏误。

一、不同程度无锡口音普通话的音类偏误

(一) 重度口音的音类偏误

1. 声母

表 3-4　重度无锡口音普通话声母音类偏误表

编号	偏误类型	普通话	锡普	举例
1	平翘舌不分	tʂ、tʂʰ、ʂ	ts、tsʰ、s	支持[tsɿ⁵⁵ tsʰɿ³⁵]、主动[tsu²¹ doŋ⁴⁴]
		ts、tsʰ、s	tʂ、tʂʰ、ʂ	责任[tʂɿ³⁵ ʐən⁵³]、似乎[ʂɿ⁵³ hu⁵⁵]
2	[ʐ̩]读成边音[l]	ʐ̩	l	主人[tsɿ²¹ lən³⁴]、忽然[hʉ⁵¹ lan³⁵]
3	舌尖后音读作舌面音	tʂ、tʂʰ、ʂ	tɕ、tɕʰ、ɕ	吃饭[tɕʰiəʔ⁵ van⁵³]、手绢[ɕiɤɯ²¹ tɕyan⁵⁵]
4	浊音清流	pʰ、tʰ、kʰ、tɕʰ、tsʰ	p、t、k、tɕ、ts	电筒[tiɛn⁵³ toŋ⁵¹]、懒婆[lɛn²¹ pu⁵¹]
5	见系二等字声母念舌根音	tɕ、tɕʰ、ɕ	k、kʰ、h	通江[tʰoŋ⁵⁵ kuaŋ⁵⁵]、恰巧[kʰaʔ⁵ tɕʰiɑʌ²¹]
6	零声母读成其他声母	∅	x	小魏[ɕiɑʌ²¹ xuei³]
			ȵ	营业[in³⁴ ȵiəʔ⁵]、经验[tɕin⁵⁵ ȵien⁵³]
7	舌根擦音变读零声母	x	∅	村委会[tsʰən⁵⁵ uei⁵⁵ uei²¹]、玉皇[y⁵ uãŋ³⁵]
8	舌面擦音变读零声母	ɕ	∅	形成[in³⁵ tsʰən⁵⁵]、协会[ie³⁴ uei⁵³]
9	x 与 k 组相混	x	kʰ	环境[kʰuan³⁵ tɕin⁵⁵]、环顾[kʰuan²¹ ku⁵⁵]
		kʰ	x	情况[tɕʰin³⁵ xuõ⁵³]
10	kʰ 与 k 相混	kʰ	k	会计学[kuei⁴⁴ tɕi⁴⁴ ɕioʔ⁵]、包括[pɑʌ⁵⁵ kuaʔ⁵]

注:编号 9 和 10 所举例是具体字的来历不同,不是成规律的音类归并错误。

2. 韵母

表 3-5　重度无锡口音的普通话韵母音类偏误表

编号	偏误类型	普通话	锡普	举例
1	舌尖后不圆唇元音读成舌尖前不圆唇元音	ʅ	ɿ	走势[tsəɯ²¹sɿ⁵³]、支持[tsɿ⁵⁵tsʰɿ⁵⁵]
2	舌尖前不圆唇元音读成舌尖后不圆唇元音	ɿ	ʅ	似乎[ʂʅ⁵³hu⁵⁵]、思考[ʂʅ⁵⁵kʰɑʌ²¹⁴]
3	复韵母读成单韵母	ai	a	金钗[tɕin⁵⁵tsʰa⁵⁵]、癞痢头[la⁵⁵li³⁵tʰəɯ³⁵]
		ei	i	非常[fi⁵⁵zaŋ⁵⁵]、飞机[fi⁵⁵tɕi⁵³]
		uo	ɤ	通过[tʰuŋ⁵⁵kɤ⁵⁵]、果然[kɤ²¹lan³⁵]
4	开口度变小	uai	uei	会计[kʰuei⁵¹tɕi²¹]、一块儿走[i⁵kʰuei⁵⁵tsəɯ²¹²]
		(u)o	u	波浪[pu⁵⁵laŋ⁵³]、左侧[tsu⁵⁵tsʰəʔ⁵]
		iɛ	i	谢谢[ɕi⁵³ɕi⁵⁵]、爷爷[i³⁵i³⁵]、夜里[i⁵¹li²¹⁴]
5	开口度变大	ie	ia	外界[uɛi³¹tɕia⁴²]、也[ia²⁴]
6	合口呼念成撮口呼	uŋ	yŋ	农村[ȵyŋ³⁵tsʰən⁵⁵]，绒线[ȵyŋ³⁵ɕien⁵³]
7	撮口呼读成齐齿呼	y	i	趋势[tɕʰi⁵⁵sɿ⁵³]、去世[tɕʰi²¹sɿ⁵⁵]
		yɛ	iɛ	喜鹊[ɕi²¹tɕʰiɛ⁵³]、觉得[tɕiɛ³⁵tə³⁵]
		yɛn	iɛn	癣[ɕiɛn²¹⁴]、选择[ɕiɛn²¹tsəʔ⁵]
8	开口呼读成合口呼	ei	uei	眼泪[iɛn²¹luei⁵³]、累[luei⁵³]
		an	uan	囡囡[nuan⁵⁵nuan²¹]、发展[faʔ⁵tsuan²¹⁴]
		aŋ	uaŋ	脏死了[tsuaŋ⁵⁵sɿ²¹lə⁴⁴]，通江[tʰoŋ⁵⁵kuaŋ⁵⁵]
		əŋ	uŋ	风[fuŋ⁵⁵]、托梦[tʰoʔ⁵muŋ⁵³]
9	合口呼读成开口呼	uei	ei	推开门[tʰei⁵⁵kʰæ⁵⁵mən²¹⁴]、对[tei⁵³]
		uən	ən	准备[tsən²¹be⁵⁵]、山村[san⁵⁵tsʰən⁵⁵]
		uan	an	赚钱[tsan⁵³tɕʰiɛn²¹³]
10	[uəŋ]丢失主要元音	uəŋ	uŋ	老翁[lɑʌ²¹uŋ⁵³]、瓮头[uŋ⁵⁵tʰəɯ³⁵]
12	前后鼻韵尾不分	iŋ	in	应该[in⁵⁵kai⁵³]、请客[tɕʰin²¹kʰa⁵³]
		əŋ	ən	胜利[sən⁵⁵li⁵³]、平衡[pʰin⁵⁵hən²¹³]

3. 声调

重度口音普通话的声调因人而异，显得很没有规律。除了归类错误外，还有很多是调值的问题，有时是两种情况同时存在。本章第四节音值缺陷部分将进行详细说明。

表 3-6　重度无锡口音的普通话声调调类偏误表

编号	普通话	锡普	举例
1	阴平 55	35	积极[tɕi³⁵tɕi³⁵]、饭钵[fan⁵¹po³⁵]、豁嘴[huo³⁵tsui²¹⁴]
		214	曲折[tɕʰy²¹tsə³⁵]、倾向[tɕʰin²¹ɕiaŋ⁵¹]
		51	生发油[ʂən⁵¹fa⁵¹iəu³⁵]、八妹[pa⁵¹mei⁵⁵]
2	阳平 35	55	仍然[ʐən⁵⁵lan³⁵]、啄[tsuo⁵⁵]
		51	懒婆[lɛn²¹pu⁵¹]、原来[yuan⁵¹lai³⁴]
		214	小于[y²¹⁴]、鸣[min²¹⁴]笛、手电筒[ʂəu²¹tiɛn⁵³toŋ⁵¹]
3	上声 214	55	扭[ɲiəu⁵⁵]、每年[mei⁵⁵niɛn²¹]、眨[tʂa⁵⁵]
4	去声 51	55	轧[ia⁵⁵]棉花、蹩脚[pie⁵⁵tɕiaʌ²¹⁴]、龌龊[uo⁵⁵tʂʰuo⁵⁵]
		35	地洞[ti⁵¹tʰoŋ³⁵]、电视[tiɛn⁵¹ʂʅ³⁵]、跺脚[tuo³⁵tɕiaʌ²¹⁴]
		214	载歌载舞[tsɛi²¹kɤ⁵⁵tsɛi³⁵u²¹⁴]、暂时[tsan²¹ʂʅ³⁵]、混杂[xuən²¹tsa³⁵]

（二）中度口音的音类偏误

1. 声母

表 3-7　中度无锡口音的普通话声母音类偏误表

编号	偏误类型	普通话	无锡口音的普通话	举例
1	平翘舌不分	tʂ、tʂʰ、ʂ	ts、tsʰ、s	这时[tsəʔ⁵ʂʅ³⁵]、中秋[tsoŋ⁵⁵tɕʰiəu⁵⁵]
		ts、tsʰ、s	tʂ、tʂʰ、ʂ	风俗[fuŋ⁵⁵ʂu³⁵]、村边[tʂʰuən⁵⁵pian⁵⁵]
2	[ʐ]、[l]混读	ʐ	l	成人[tsʰən³⁵lən³⁵]、融合[loŋ³⁵hə³⁵]
		l	ʐ	卵[ʐuan³¹³]、栾[ʐuan³¹³]
3	零声母字误读	∅	ɲ	语文[ɲy²¹uən³⁵]、严重[ɲiæn³⁴tsoŋ⁵³]

2. 韵母

表 3-8　中度无锡口音的普通话韵母音类偏误表

编号	偏误类型	普通话	无锡口音的普通话	举例
1	舌尖后不圆唇元音读成舌尖前不圆唇元音	ʅ	ɿ	暂时[tsuan²¹sɿ³⁵]、总是[tsuŋ²¹sɿ⁵¹]
2	舌尖前不圆唇元音读成舌尖后不圆唇元音	ɿ	ʅ	似乎[ʂʅ⁵³xu⁵⁵]、似的[ʂʅ⁵³tə²¹]
3	开口呼读成合口呼	əŋ	uŋ	清风[tɕʰin⁵⁵fuŋ⁵⁵]、梦中[muŋ⁵³tsuŋ⁵⁵]
4	前后鼻韵尾不分	iŋ	in	经历[tɕin⁵⁵liə⁵]、请客[tɕʰin²¹kʰa⁵³]
		əŋ	ən	挣钱[tsən⁵³tɕʰiɛn³⁵]、平衡[pʰin⁵⁵hən²¹³]
5	[uəŋ]丢失主要元音	uəŋ	uŋ	老翁[laʌ²¹uŋ⁵⁵]、嗡嗡叫[uŋ⁵⁵uŋ⁵⁵tɕiɑu⁵¹]

3. 声调

表3-9 中度无锡口音的普通话声调调类偏误表

编号	普通话	无锡口音的普通话	举例
1	阴平55	35	啄[tʂuo³⁵]、拙劣[tʂuo³⁵lie⁵¹]
		214	鸦片[ia²¹pʰian⁵¹]、倾向[tɕʰin²¹ɕiaŋ⁵¹]、曲线[tɕʰy²¹⁴ɕian⁵¹]
		51	嗤[tʂʰɿ⁵¹]之以鼻、殚[tan⁵¹]精竭虑
2	阳平35	55	不合[hə⁵⁵]时[ʂɿ⁵⁵]宜、实事求是[ʂɿ⁵⁵ʂɿ⁵²tɕʰiəu³⁵ʂɿ⁵¹]
		214	小于[ɕiʌ³⁵y²¹⁴]、雪白[ɕyɛ²¹paɪ²¹⁴]
		51	炸油条[tʂa⁵¹iəu³⁵tʰiɑu³⁵]、识时务[ʂɿ⁵¹ʂɿ³⁵u⁵¹]
3	上声214	55	倚[i⁵⁵]老卖老、眨[tʂa⁵⁵]眼睛、口渴[kʰou²¹kʰə⁵⁵]
		35	聪颖[tsʰoŋ⁵⁵in³⁵]、百褶裙[pai²¹tʂə³⁵tɕʰyn³⁵]
		51	数落[ʂu⁵¹luo⁵¹]、松散[suŋ⁵⁵san⁵¹]、涨潮[tsaŋ⁵¹tsʰɑʌ³⁴]
4	去声51	55	揠苗[ia⁵⁵miɑu³⁵]、郁结[y⁵⁵tɕie³⁵]、晕船[yən⁵⁵tʂʰuan³⁵]
		35	束缚[ʂu⁵¹fu³⁵]、畏怯[uei⁵¹tɕʰie³⁵]
		214	发质[fa²¹tʂɿ⁵¹]、流血[liəu³⁵ɕyɛ²¹⁴]
5	该念轻声而不念轻声		由不得[35-51-35]、衙役[35-51]、胭脂[55-214]、冤枉[55-51]
	不该念轻声而念轻声		鸳鸯[55-0]、月季[51-0]、乐器[51-0]、硕士[51-0]、速度[51-0]

（三）轻度口音的音类偏误

1. 声母

表3-10 轻度无锡口音的普通话声母音类偏误表

编号	偏误类型	普通话	无锡口音的普通话	举例
1	平翘舌不分	tʂ、tʂʰ、ʂ	ts、tsʰ、s	流窜[liəu³⁵tsʰuan⁵¹]、蝉[tsʰan³⁵]、束缚[su⁵¹fu³⁵]
		ts、tsʰ、s	tʂ、tʂʰ、ʂ	钻研[tʂuan⁵⁵iɛn³⁵]、暂时[tʂan⁵³ʂɿ³⁵]
2	z̩、l混读	z̩	l	阮[luan²¹⁴]、乳[lu²¹⁴]、扰乱[lɑu²¹luan⁵¹]
		l	z̩	孪生[z̩uan³⁵ʂən⁵⁵]、卵[z̩uan²¹⁴]

2. 韵母

表 3-11　轻度无锡口音的普通话韵母音类偏误表

偏误类型	普通话	无锡口音的普通话	举例
前后鼻音不分	əŋ	ən	更加[kən⁵¹tɕia⁵⁵]、生活[ʂən⁵⁵xuo³⁵]
	ən	əŋ	根本[kəŋ⁵⁵pəŋ²¹³]、深浅[ʂəŋ⁵⁵tɕʰiɛn²¹³]
	iŋ	in	应该[in⁵⁵kai⁵⁵]、镜子[tɕin⁵¹tsʅ]
	in	iŋ	印象[iŋ⁵¹ɕiɑŋ²¹]、声音[ʂən⁵⁵iŋ⁵⁵]

3. 声调

表 3-12　轻度无锡口音的普通话声调音类偏误表

编号	普通话	无锡口音的普通话	举例
1	阴平 55	35	拙文[tʂuo³⁵uən³⁵]
		214	透迤[uei²¹i³⁵]、脂肪[tʂʅ²¹faŋ³⁵]
		51	沾[tʂan⁵¹]、豁[xuo⁵¹]、拾掇[tuo⁵¹]
2	35	214	惩罚[tʂʰəŋ²¹fa³⁵]、匀速[yn²¹su⁵¹]
3	214	55	萎靡[uei⁵⁵mi³⁵]、侮辱[u⁵⁵ʐu²¹⁴]
		51	处理[tʂʰu⁵¹li²¹⁴]、枉然[uɑŋ⁵¹ʐan³⁵]
4	去声 51	214	妄自菲薄[uəŋ²¹⁴tsʅ⁵¹fei²¹⁴po³⁵]、押解[ia⁵⁵tɕie²¹⁴]、运载[yn⁵¹tsæi²¹⁴]
		35	目眩[mu⁵¹ɕuan³⁵]、压轴[ia⁵⁵tʂəu³⁵]
		55	握手[uo⁵⁵ʂəu²¹⁴]、轧[ia⁵⁵]、压根儿[ia⁵⁵kən⁵⁵]、幼儿园[iəu⁵⁵ɚ⁵⁵yuan³⁵]、晕车[yn⁵⁵tʂʰɤ⁵⁵]、木屑[ɕie⁵⁵]
5	该念轻声而不念轻声		疏忽[55-55]、窝囊[55-51]、稀罕[55-51]、熟识[35-35]、顺当[51-55]
	不该念轻声而念轻声		窝头[55-0]、目的[51-0]、误会[51-0]、龌龊[55-0]、诱惑[51-0]

二、从方言和普通话的音类差异考察音类偏误产生的原因

方言口音的普通话中绝大多数偏误都是由音类差异造成的。从以上不同程度的无锡口音的普通话的音类偏误中,我们发现人们对普通话的音类基本是可以区分的,但是方言中哪个音应该对应到普通话哪个音却分不清楚,这是由于普通话和无锡话在音类对应上并不是简单的一对一关系。下面我们在第一章的基础上从声、韵、调等方面对无锡话和普通话的音类对应关系进行总结。

（一）无锡话和普通话声韵调类对应关系

1. 声母对应

无锡话原来有30个声母（包括零声母在内）；普通话有22个声母（包括零声母在内）。无锡话中的[b]、[d]、[g]、[z]、[dʑ]、[ŋ]、[v]、[n̠]8个声母是普通话中没有的，同时随着语言的变化和发展，原本有的[tʂ、tʂʰ、ʂ、ʐ]逐渐消失了，于是相比普通话就多了8个声母，又少了4个声母，其余声母和普通话完全相同，但对应关系比较复杂。具体可参见表3-13。

表3-13 无锡话和普通话声母音类对应关系表

无锡话	普通话	条件	例字	备注
p	p		八本爸班	
b		阳上阳去阳入	抱备拔	普通话阳平去声
	pʰ	阳平	皮爬排跑	普通话阳平上声
pʰ			披片坡撒	
m	m		米麻门猫	
v	∅	微母白读	味蚊问网	
		微母喻母文读	无文务唯	
	f	阳平阳上阳去	扶房犯饭	普通话阳平去声
f	f		风分翻飞	
t	t		对店丹滴	
d		阳入阳上阳去	叠稻段电	普通话阳平去声
	tʰ	阳平	条团田头	普通话阳平
tʰ			态舔天踢	
n	n	开口呼、合口呼	能难男暖	
l	l		来流理老	
ts	ts		早再总足	
	tʂ		渣盏蘸缀	
	tɕ	精组字	剪睛尖接	普通话团音
tsʰ	tsʰ		草粗餐菜	
	tʂʰ		撑初车窗	
	tɕʰ	精组字	清浅枪七	普通话团音

续表

无锡话	普通话	条件	例字	备注
s	s		寺三森缩	
	ʂ		陕山师使	
z	ɕ	精组字	仙西醒雪	普通话团音
			斜邪谢旋	
	ts/tʂ	阳上阳去阳入	造皂座赵	普通话阳平去声
	tsʰ/tʂʰ	阳平	潮曹才馋	普通话阳平
tʂ	tʂ		主折汁专	
tʂʰ	tʂʰ		穿春猖出	
ʂ	ʂ		生说世室	
ʐ	ʐ	阳平阳上阳去阳入	时社任人	普通话阳平去声
tɕ	tɕ		经机叫激	
	k	白读	贵鬼	普通话韵母念 uei
			跪柜	
dʑ	tɕ	阳去阳入	忌及	
	tɕʰ	阳平	奇棋拳茄文	
tɕʰ			去气轻屈	
	kʰ	白读	亏	普通话韵母念 uei
ɕ	ɕ		稀喜虚晓	
ŋ̍	n	细音前	泥女年牛	
	∅	疑母齐齿呼撮口呼	疑原娱语	
		日母白读	儿二耳	
	ʐ	日母白读	绕软让染	
k	tɕ	二等白读	街界涧江	普通话读齐撮呼
	k		公过观国	
g		阳上阳去	共搞	
	kʰ	阳平	葵狂	
kʰ			课宽口刻	
	tɕʰ	二等白读	壳嵌铅掐	普通话读齐撮呼

第三章 无锡口音普通话的语音问题

续表

无锡话	普通话	条件	例字	备注
h	x		花好欢黑	
	ɕ	二等白读	吓瞎蟹虾	普通话读齐撮呼
∅			形鞋感匣	普通话读齐撮呼
	x		会慧合黄	
	ʐ		荣容融蓉	
∅		阳平阳去阳入	云有欲王	
			暗英冤恶	
ŋ		疑母开口合口呼	藕昂碍牙	

2. 韵母对应

无锡话有49个韵母（包括自成音节的 m̩、ŋ̍），普通话有39个韵母，其中有16个韵母是两者共有的。无锡话有而普通话无的韵母有32个：ɿ、e、ue、ɛ、uɛ、ʌ、iʌ、mɯ、iəɯ、ʊ、yʊ、ɪ、ã、iã、uã、õ、iõ、uõ、aʔ、ɑʔ、iaʔ、iɑʔ、uaʔ、yaʔ、əʔ、iəʔ、uəʔ、yəʔ、oʔ、ioʔ、m̩、ŋ̍；普通话有而无锡话无的有18个：o、ɤ、ai、uai、uei、uo、au、iau、an、iɛn、uan、yɛn、ɑŋ、iɑŋ、uɑŋ、əŋ、iŋ、uəŋ。其余韵母相同，但对应关系却比较复杂，比如无锡话和普通话都有韵母［ei］，但来源不一样，没有对应关系，声韵搭配也不一样。下表为无锡话与普通话的韵母对应表。

表3-14 无锡话与普通话的韵母音类对应关系表

无锡话	普通话	条件	例字	备注
ɿ	ɿ		紫词寺四	
	ʅ		使士是柿	
	ʅ		志支脂智	
ʮ	u		注输橱鼠	
	uei		槌水吹嘴	
y	y		居区具羽	
	uei	tɕ组白读	贵鬼跪喂	
u	u		古跨付库	
	a	白读	疤怕爬扒	
	ua、ia	k组白读	瓜画丫哑	

续表

无锡话	普通话	条件	例字	备注
i	i		批皮眯币	
	(u)ei	p 组字	味眉飞维	
	y		吕聚徐去	
	ɚ	白读,ŋ 声母	二贰耳	
a	a	p、ts 二组声母文读	把渣哈卡	
	ai		拜债赖带	
	ia	白读,k 组声母	家假加牙	
	ie	白读,k 组声母	界街戒茄番~	
	ɤ	ts 组字	者扯蛇惹	
ia	ie	t、ts、tɕ 三组声母	爹姐介屉	
	ia	文读,tɕ 组声母	夏假家恰	
ua	ua	k 组文读	瓜挂化画	
	uai		乖怪快坏	
ʌ	au		宝讨扫搞	
	iau	k 组白读	交敲绞咬	
iʌ			表小吊叫	
	au	ŋ 声母白读	绕饶	
ʊ	an	p 组全部,t、ts、k 组部分	盘干惨探	
	uan	t、ts、k 组部分	段乱算管	
yʊ	yan		卷权轩远	
ɪ	ian		变天尖见	
	yan		全选泉旋	普通话读撮口呼
e	ei	p 组全部,t 组部分	备配霉类	
	uei	t、ts 组部分	对推最岁	
	ai	t、ts 组部分,k 组全部	抬菜改海	
ue	uei		归亏灰为	
	uai	少数字	块	
ɛ	an		班谈产三	
	ian	k 组声母白读	监铅咸限	普通话读 tɕ 组声母

续表

无锡话	普通话	条件	例字	备注
uɛ	uan	k 组部分	关环弯惯	
ei	əu		谋豆口守	
	iəu		留修就锈	
əɯ	o	p 组部分	菠叵破磨	
	u	p、t、ts 组部分	布幕肚组	
	uo	t、ts、k 组部分	多罗做货	
	ɤ	k 组部分	歌课饿和	
iəɯ	iəu	tɕ 组全部	九球朽忧	
ou	a	ts 组部分白读	渣叉榨沙	
iou	yɛ	少数字	靴	
ã	ɑŋ		浜张厂上	
	əŋ		猛冷生羹	
	iŋ	k 组声母少数字	硬行杏樱	普通话 tɕ 组声母
iã	iaŋ		量枪姜养	
uã	uɑŋ	少数字	光 横	
ɒ̃	ɑŋ		榜汤刚桑	
	iɑŋ	k 组声母白读	巷项讲江	
	uɑŋ	ts 组声母部分	撞窗霜装	
uɒ̃	uɑŋ	k 组声母全部	光况皇汪	
iɒ̃		一个字	旺	
əŋ	ən		本针身根	
	uən		吞春吨损	
	əŋ		等能胜衡	
in	in		宾亲进音	
	iŋ		病零清应	
	yn	精组字	寻俊迅训	普通话 tɕ 组声母
	ən	ȵ 声母白读	人认韧仁	
uən	uən	一个字	闰	
		k 组声母全部	滚困混温	

续表

无锡话	普通话	条件	例字	备注
yən	yən	tɕ组声母全部	君群训晕	
uŋ	əŋ	p组声母	捧风梦崩	
	uŋ		东笼中空	
	uəŋ	零声母字	翁嗡瓮	
yŋ	yŋ		迥穷兄用	
	uŋ	少数n、零声母字	绒农蓉荣	普通话读 ʐ、n 声母
aʔ	a		答八辣察	
	ia	k组声母白读	掐压恰鸭	
	ɤ		盒喝	
ɑʔ	ɤ		格客策射	
	ai		拍麦拆摘	
	ʅ		尺赤匙石	
	o		泊脉陌魄	
	uo		若弱酌	
	au		焯勺芍	
iaʔ	ia	tɕ组声母文读	洽峡夹里	
	ie		且捏怯	
	yɛ		悦阅穴越ᵪ	
iɑʔ	yɛ		掠雀虐约	
	iau		嚼药钥脚	
uaʔ	ua		刮划挖滑	
	uo		括豁捆	
yaʔ	yɛ		悦阅穴越	
əʔ	ɤ	大部分字	德折割合	
	u	少数字	弗突出物	
	o	p组字	泼钵墨佛	
	uo	t、ts组部分字	脱夺说拙	
	a		钠	
	ʅ		织失十值	
	ei	少数字	肋勒贼黑	

续表

无锡话	普通话	条件	例字	备注
iəʔ	i		笔力七一	
	ie		憋贴歇叶	
	y	少数字	律率	
	ɿ、ʅ	少数字	渍吃拾日	
yəʔ	ye		雪绝薛	
			缺决月血	
uəʔ	u		骨囫	
	uo		国阔活或	
oʔ	o	p 组声母	博剥膜卜	
	u		木秃叔屋	
	uo	p 组声母除外	托捉戳握	
	ɤ	k 组声母	各搁壳恶	
	yɛ	k 组声母白读	学觉岳	
ioʔ	yɛ	tɕ 组声母	确掘觉了	
	y		曲局欲菊	
ɚ	ər	日母文读	而尔耳二	
ŋ	y	白读	鱼	
	u	白读	五吴	
m		白读	姆亩呒	
	a	白读	骂码麻马	老派读 u 韵

3. 声调对应

无锡方言声调有 7 个调值,阳平和阳去调值老派略有区别,新派已非常接近,但是由于在连读中表现不同,故还是分为 8 个调类。与普通话的对应关系如下表所示:

表 3-15 无锡话与普通话的声调对应表

普通话	无锡话	条件	例字
阴平 55	阴平:老派 53/55,新派 55	古清平	高、车、新、师
		部分次浊上声	捞、扭、鲁、每
	阴入 5	古清入	接、笃、剥、积

续表

普通话	无锡话	条件	例字
阳平 35	阳平:老派 223/213,新派 213	古浊平	斜、王、蓝、逃
	阴入 5	古清入	答、足、国、德
	阳入 23	古全浊入	白、别、及、昨
上声 214	阴上 323	古清上	好、早、水、少
	阳上:老派 142,新派 14	次浊上(部分)	五、女、老、买
	阴入 5	古清入	笔、曲、塔、甲
去声 51	阳去 213	古浊去	洞、盗、谢、用
	阳上老派 142,新派 14	古全浊上	动、近、厚、是
	阳入 23	古次浊入	麦、辣、袜、药
	阴入 5	古清入	泄、撒、阔、质

(二)由音类差异造成的错误

根据表 3-13、表 3-14 和表 3-15 的比较,我们发现下列音类偏误是由普通话和无锡话之间的音类差异直接造成的。"—"左边为标准普通话,右边为无锡口音的普通话。

表 3-16 普通话和无锡话的音类差异

声母	tʂ 组—ts 组	ts 组—tʂ 组	ʐ,l	tɕ 组—k 组	tʂ 组—tɕ 组	
	∅—x	x—∅	ɕ—∅	∅—n	kh—x/h	x—k 组
韵母	ʅ—ɿ	ʅ—ɿ	ai—a	ei—i	uo—ɤ	ɤ—ʅ
	uai—uei	y—i	yɛ—iɛ	yɛn—iɜn	yn—in	ə—uo
	ei—uei	an—uan	ɑŋ—uɑŋ	əŋ—uə	uo/o—u	ie—ia
	uei—ei	uən—ən	iŋ—ĩ	əŋ—ən	uəŋ—uŋ	ua—a
声调	55—35	55—51	55—214	35—214	35—55	35—51
	214—55	214—35	214—51	51—55	51—35	51—214

三、从中古音发展演变的角度考察音类偏误产生的原因

方言和普通话之间存在这种错综复杂的关系的根本原因是中古音系在普通话中和在无锡话中的发展是不一致、不平衡的,有些语言成分是普通话发展得快,如入声消失、浊声母清化、尖团合并、声调简化等,有的却是方言发展得比普通话快,比如平翘舌不分、韵尾的脱落和鼻化等,这些快慢的差异导致不同的

方言在同一音类的演变上不尽相同。下面就从中古音发展演变的角度来考察无锡口音的普通话音类偏误产生的原因。

1. 声母

（1）[tʂ]组和[ts]组声母，与普通话也存在一定差别。首先，音值上，无锡话的[tʂ]、[tʂʰ]、[ʂ]比普通话的[tʂ]、[tʂʰ]、[ʂ]舌头靠前，卷舌程度不如普通话的那么厉害，"舌头平伸，用舌叶抵住上齿龈，嘴唇圆撮"[①]。其次，中古知、庄、章三组字的发展与普通话不同。相比普通话，无锡话只在一定程度上区分平翘舌。古庄组字北京话大多读翘舌音，而无锡话一般读平舌音。知组字有的读[ts]组声母，有的读[tʂ]组声母。其中三等知组多读翘舌音，二等知组字多读平舌音，大概是二等跟庄组字走，三等跟章组字走，但也有例外，显示出一定的不稳定性。章组的止开三脂韵大部分字都是读[tʂ]组声母，但"是、屎、视、示、侍、齿"等声母却归入[ts]组。而到了60岁以下的无锡人那里已经基本不能区分平翘舌了，知庄章组与精组相混，都读作[ts]，在实际话语中，舌尖后音和舌尖前音的比例大致是4：1。哪些字该发舌尖后音，哪些字该发舌尖前音，无锡人必须死记，这样难免会把一些舌尖后音发成舌尖前音，因为人们已经比较习惯听这种江浙普通话了。更糟的是舌尖前音往往被发成舌尖后音，听起来就很不自然，这种矫枉过正的情况往往出现在那些普通话程度比较高的女性身上。

（2）[ʐ]—[l]、[l]—[ʐ]：无锡方言日母字文读声母为[z]或[ʐ]，但随着平翘舌音的合流，[ʐ]逐渐消失了。这个音与边音[l]本没有对应关系。发此音时舌头需指向齿龈后，无锡方言中只有边音需要将舌头向上翘起，但发舌尖边音时，舌头只需指向上齿背和齿龈之间，没有舌尖后浊擦音那么靠后。有这两个音位的方言区的人觉得音色差别比较大，但在无锡人看来，[ʐ]和[l]此前是没有什么差别的。而且由于大多数人没有舌尖后这样的发音习惯，所以[ʐ]被发成了[l]。到中度口音，有些人还是用边音[l]来代替[ʐ]，但由于中度口音发音人能感知[ʐ]和[l]的差别，所以有时也会将个别念[l]的字读成[ʐ]。随着普通话水平的提高和对普通话语音熟悉程度的增加，这两个音差别逐渐被人们所意识，因此这个偏误到轻度口音就比较少了

（3）[tɕ]—[k]、[tɕʰ]—[kʰ]：见系二等字在无锡话中文白读的声母不一样，文读念舌面音，跟普通话一样，白读念舌根音。该偏误仅见于重度口音。

---

① 无锡市地方志编纂委员会.无锡市志·方言[M].南京：江苏人民出版社，1995：2919.

(4) [ø]—[ŋ]:无锡方言中疑母字声母多念鼻辅音,普通话中疑母字大多念零声母字。该偏误见于重度口音,中度口音就比较少见。

(5) [x]—[ø]、[ɕ]—[ø]、[ø]—[x]:匣母字在普通话中位于洪音前念舌根擦音,位于细音前念舌面擦音,而在无锡话中匣母字混入喻母字,与影母字仅声调高低不同,非起首位置上三者已经合并了,因此在无锡话中"小黄=小王=小汪"。[ø]读如[x]偏误的方向相反,属于矫枉过正现象。此类偏误仅见于重度口音。

(6) tʂ组—tɕ组:古流摄的知章组字在无锡话中混入见系字。由于方言也受到普通话影响,该摄的知章组字的声母出现两读,并且舌尖塞擦音声母逐渐显现出优势,所以此类偏误比较少见,仅见于重度口音。

以下的音类偏误不具有普遍性,主要是由于北京话和其他方言中的读音不符合古今演变规律,但在无锡话里却符合规律,但对于现代多数方言来说却反而成了例外。在方言口音的普通话中,尤其是重度口音的普通话中出现的概率却比较高。

(7) [x]—[kʰ]、[kʰ]—[x]:无锡话的匣母字大部分和影母字一样读零声母,仅以声调区分,但有个别字,如"厚[gei¹³]、环[guɛ²²³]"读舌根浊塞音。晓母字在无锡话中大多和普通话一样念舌根擦音或舌面擦音,但有个别字在普通话中念舌根塞音,如"况",无锡则保留古音读法。这些属于个别字因来历不同而造成的误读,不属于成规律的将甲音念成乙音,但由于在重度阶段出现的概率比较高,故列在此。

(8) [kʰ]—[k]:见母字一般念不送气音,但是"括、会"在普通话中念送气音,无锡话保留古音。

2. 韵母

(1) [ʅ]—[ɿ]:无锡话没有舌尖后不圆唇元音,只有舌尖前不圆唇元音。因为止摄的精组字和庄组字在无锡话中同韵,而普通话中是分的,所以会将普通话中舌尖后的[ʅ]念成舌尖前的[ɿ]。这两个韵的区分是无锡人学习普通话的难点,一直要持续到轻度口音。而将[ɿ]念成[ʅ],则属于矫枉过正,其根本原因还是因为分不清哪些字读[ɿ],哪些字读[ʅ]。

(2) [ai]—[a]:蟹摄开口一二等字在普通话中同韵都念[ai],但是在无锡话不同韵,一等字开口小,大多念[e],二等字大多念[a],都为单韵母。该韵的主要偏误在于音值,音类上的偏误仅限于重度口音。

(3)［ei］—［i］：蟹止摄非组合口三等字在普通话中念开口呼，而在无锡话中念齐齿呼。由于发音方法和听感差别太大，此类偏误一般仅限于重度口音。

(4)［iɛ］—［ia］：假开二等见组文读的韵母和三等精组见组的韵母在普通话中不一样，前者为开口度大的［ia］韵，后者为开口度略小的［iɛ］韵。但是在无锡话中两者没有区别，都念开口度大的［ia］韵，且无锡话里没有［iɛ］韵。蟹摄开口二等见组皆韵和佳韵的情况与此类似。

(5)［y］—［i］：无锡话遇摄的泥精组字只与齐齿呼［i］相拼，不拼撮口呼。

(6)［əŋ］—［uŋ］：普通话唇音声母除了［u］以外，不拼合口呼，所以通摄帮组非组字的韵母在普通话里和其他声母后面的韵母不一样，念开口呼［əŋ］，而不是合口的［uŋ］。但在无锡话中通摄字的韵母都是［uŋ］。此类偏误一直持续到中度口音。

(7)［uən］—［ən］、［yn］—［in］：无锡话中合口呼、撮口呼的字很少。臻摄合口一等端泥精见组字以及合口三等的知章组字在普通话中同韵，都念合口的［uən］。但是在无锡话中，合口一等的见系字念合口，其余声母都念开口。合口三等的精组和见组字在普通话中都念撮口呼［yn］，但在无锡话中分尖团，精组字念齐齿呼［in］，见组字念撮口呼［yn］，音类分合与普通话不一样。

(8)［iŋ］—［in］、［əŋ］—［ən］：无锡方言里曾摄梗摄的部分韵母和深摄臻摄的所有韵母相混，同为［ən］或［in］，所以无锡话里没有前后鼻音的区别。

(9)［uəŋ］—［uŋ］：普通话念［uəŋ］韵的字很少，常用的只有"翁、瓮、嗡"几个字。这类字来自古通摄字，无锡话念［uŋ］，此类偏误一直持续到中度口音。

(10)［uŋ］—［yŋ］：无锡话中通摄字韵母都是［uŋ］，日母字、泥母字在无锡话里念撮口呼，如"农［n̩yŋ²²³］、绒［n̩yŋ²²³］"，此类错误仅见于重度口音。

3．声调

(1) 35—51、51—35：无锡话阳平和阳去单字调渐趋合而不分，无锡人在说普通话时，阳平阳去容易相混，有时会将阳平念成去声，也会将部分去声字念成阳平。另外，由于受浊音清化规律的影响，凡是把阳平错发成去声的，声母的送气也相应地改变为不送气，如把"筒"说成"洞"；去声错读成阳平的，声母的不送气改变为送气，如"洞"说成"铜"。

(2) 214—55：普通话中有部分次浊上声字在无锡话中归入阴平，如"美、扭、每、捞"，这类偏误也应该是调类和调值归入了无锡话，当然无锡话和普通话的阴平调值一致。

(3) 51—214：普通话的部分去声字在无锡话归入阳上，这类偏误也是归入了无锡话的调类而使用了普通话的调值。

(4) 55—35、55—214、55—51、35—55、214—55、51—55、51—35、51—214等音类偏误可能是由入声字的归类错误造成的。

(5) 轻声问题：无锡话没有轻声，因此重度口音基本没有轻声的意识，很多该念轻声的不念轻声；到了中度和轻度阶段，由于普通话语音知识的增加，人们有了轻声的意识，但对于哪些词该念轻声、哪些词不该念轻声还是掌握得不好。

（三）新出现的归类

上述音类偏误基本可以在普通话和方言的对应关系中找到形成原因。但是我们也发现在锡普中出现的音类偏误有些没法从不同语言历时演变的差异中找到原因。大致可以分为三类：

1. 由声母误读造成的偏误

（1）[ɤ]—[ɿ]：[ɤ]和[ɿ]在无锡话和普通话中没有任何对应关系。该偏误是发音人误把平舌音念成翘舌音，舌头来不及往后缩，就带出了同部位的舌尖元音。如"责任"的"责"[tsɤ³⁵]发成[tʂɿ³⁵]。该偏误在重度口音中出现较多。

（2）[ə]—[uo]：这个偏误主要集中在动态助词"着"上。无锡话表进行和持续义的动态助词不是"着"，口音重的发音人会把动词后的"着"套用方言里动词"着"的读音[zaʔ²³]（火着着火），或者误用普通话中动词"着"的读音[tʂuo³⁵]，该偏误在重度口音中出现频率较高。

（3）35—214、51—214：普通话中念214的字主要对应于无锡方言中的阴上字，而无锡方言的阴上与阳平、阳去并没有对应关系。有人将阳平和去声念成上声，除了入声归类的错误外，很可能是由于重度口音阶段声母有时还保留浊辅音，所以声调容易受其影响使用方言中的相应的阳调类调值。而无锡方言阳平、阳去调值213与普通话上声调值214比较接近，但阳平、阳去和阴上无锡人完全能区分，把普通话阳平、阳去念成214，显然归入了无锡话的调类而采用了普通话的调值。

2. 介音偏误

（1）丢失u介音。

[uei]—[ei]：由于无锡话合口呼字比普通话少，很多在普通话中念合口呼的字在无锡话中念开口呼，受其影响，有的无锡人在念普通话时，丢失介音，造

成偏误。如蟹摄合口端组和精组字在普通话中念合口的三合元音[uei]，但是在无锡话中念单元音[e]，所以口音很重的人通常就用无锡话的韵母代替普通话韵母了。将"对、会、最"等字韵母[uei]念成[ei]，虽然比起把[uei]念成[e]，向普通话靠近了一大步，已经注意到韵尾，但仍属于音类偏误。类似的偏误还有将[uən]念成[ən]（如：[tsən²¹pe⁵⁵]），将[uan]念成[an]（如：赚钱[tsan⁵³tɕʰiɛn²¹³]），将[ua]念成[aʔ]（如：雨刷[y²¹saʔ⁵]）。

（2）撮口呼念成齐齿呼。

[yɛ]—[iɛ]、[yɛn]—[iɛn]：无锡话分尖团，撮口呼字相对更少。受方言影响，重度口音发音人会将"鹊、绝"等字的普通话韵母[yɛ]念成[iɛ]，将"全、选"等字的普通话韵母[yɛn]念成[iɛn]。这与前面提到的将 y 念成 i 不同，[iɛ]和[iɛn]都是新出现的音，无锡话中没有。[yɛ]和[iɛ]，[yɛn]和[iɛn]并不能直接反映普通话和无锡话对应的关系。虽然[iɛ]和[iɛn]与普通话韵母的形式接近，但显然念这些字时问题不在主要元音，而在介音。

（3）开口呼念成合口呼。

[ei]—[uei]：普通话中 l 声母是不与[uei]相拼的。口音重的发音人经常会把"类累泪雷"等字韵母发成[uei]。这既不是普通话的音，也不是方言中的音。韵腹和韵尾没问题，多了一个[u]介音。我们发现这些字主要来自蟹摄合口一等，普通话中除了来母字和帮组字外，其余都念合口呼的[uei]，如"堆、催、灰"，由于[uei]韵在蟹摄合口一等字的普通话读音中占主流，而方言中蟹摄合口一等字韵母又都一样，所以普通话不好的人误以为它们在普通话中也一样，这是由于类推导致的偏误。

[an]—[uan]：普通话中 ʂ、ʐ 不与合口韵[uan]相拼，可口音重的发音人却经常会把"闪、占、善、扇、然"等字念成[uan]韵，这既不是普通话的音，也不是方言中的音。这些字来自咸山摄开口三等字，与同韵的精组字见组字一样，在无锡话中都念[ʊ]韵，该元音的特点是嘴唇圆撮，开口度比[u]略大。更主要的是同韵的其他声母的字在普通话中都念合口呼[uan]，所以受方言影响，再加上错误的类推，在说普通话时，加上一个圆唇的介音。

[ɑŋ]—[uɑŋ]："脏、丧、仓、桑、葬"等字来自宕摄开口一等，无锡话念[õ]韵，该韵与普通话 ang 的主要元音[ɑ]不一样，是舌面后低圆唇元音，所以发音人遇到这些字时受到方言影响，会加上一个圆唇的介音。

3. 开口度的原因

（1）[uo]—[u]：[u]和[o]都是后元音仅开口度不同，用普通话念[uo]

时,应从后高元音[u]开始,舌位滑向后、半高元音[o]止。无锡话无此音,发音人将[uo]发成[u],是没有掌握好复韵母开口度的变化,把复韵母发成了单韵母。

(2) [o]—[u]:[o]发成[u]也是同样的道理,普通话的[o]主要出现在唇音声母后面,虽然汉语拼音写成 bo、po、mo、fo,其实嘴唇有一个由闭到开、逐渐变大的过程,和[uo]的发音方法和动程是一样的,把[o]发成[u],同样是开口度不够的问题。

(3) [iɛ]—[i]:[i]和[ɛ]都是前元音,仅开口度不同,用普通话念[iɛ]时,从前高元音[i]开始,舌位滑向前、半低元音[ɛ]止,嘴逐渐张开。有些重度口音发音人没有掌握好复韵母开口度的变化,会把普通话复韵母[iɛ]发成单韵母[i],尽管有些假摄字在无锡话念单元音,如"姐[tsi^{313}]、些[si^{55}]",但无锡话韵母为[ia]的"爷、夜、谢"等常用字也有这样的问题,应该不是受方言影响。

(4) [uai]读成[uei]:无锡话没有三合韵母,把"外"等字[uai]念成[uei],是因为发音人开口度不够大,音色不标准,采用了普通话的音值。

4. 方言中连读变调的影响

有些读错的声调并不是调类归并上的错误,很可能是受到方言中连调的影响,而且口音越重,越容易受到方言连调的影响。比如在《中国语言有声资源数据库》无锡点的调查中,地普三是口音相对最重的一个人,其普通话接近方言。在他的语料中我们可以很容易听到无锡话连调的调型。"( )"里的是无锡话连读调的调型和调值。这类偏误又可分为两种:

(1) 直接套用方言连读调型:

卫生[uɛ^{21} sən^{55}](21-55)　　　　怀柔[huer^{35} zəɯ^{21}](14-21)

老领导[lɑʌ^{21} lin^{55} tɑʌ^{21}](21-55-21)　　又是[iəɯ^{55} sʅ^{21}](55-21)

人家[lən^{35} tɕia^{21}](14-21)　　　　而且[ə^{21} tɕʰia^{5}](21-5)

愉快[y^{21} kʰue^{35}](21-23)　　　　镇上[tʂən^{55} saŋ^{21}](55-21)

也是[ia^{35} ʂʅ^{21}](14-21)　　　　农村[noŋ^{35} tsʰən^{21}](14-21)

突然[tʰə^{21} luan^{55}](21-55)　　看上去[kʰan^{44} saŋ^{55} tɕhy^{55}](33-44-44)

位于[uei^{21} y^{55}](21-55)　　　　需要[ɕy^{21} iaʌ^{35}](21-23)

这类偏误的原因是直接套用方言的连读调型,占到所有调类偏误的一半左右。尽管方言连调式中某个字的调值与普通话的具体调值可能存在差异,如

"14"和"35"、"44"和"55",但整个两字组的调型是非常接近方言的。所以 35-55、51-35、51-55、35-21(4)这样的音类偏误也可能是连调引起的。

（2）方言声调和普通话声调杂糅：

打扫[tɑ²¹sʌ⁴⁴]（33-44）　　　小伙子[ɕiʌ²¹xɤ⁵⁵tsʅ²¹]（55-55-21）

管理[kuɛn²¹li⁵⁵]（33-44）　　环境[kʰuɛn²¹tɕin²¹]（14-21）

上半年[ʂaŋ²¹pan⁵⁵niɛn⁵⁵]（21-55-21）　准备[tsən²¹pe⁵⁵]（33-44）

这类偏误不是直接套用方言的连调调型,而是将普通话调型和方言调型杂糅到一起,一般来说前字使用普通话调型,后字使用方言调型。这类偏误随着普通话水平的提高会有所增加。但到中度口音会基本消失。

第三节 音值偏误

在带有地方口音的普通话中,语音偏误除了音类偏误外,还有音值偏误。这也是发音人将甲音念成乙音,但不是因为方言和普通话发展有差异而造成的音类归并上的不同,而是发音人在音值上"图省力"采用了方言中的音,比如鼻音声母在齐齿呼和撮口呼韵母前,无锡人常用舌面鼻音[ɲ]代替舌尖鼻音[n],这在归类上并没有错,只是音值不对,用了方言中的声母。这种情况我们称之为"音值偏误"。音值偏误不仅在三种程度的无锡口音普通话中都存在,而且体现在声韵调各个层面。

一、不同程度无锡口音普通话的音值偏误

（一）重度口音的音值偏误

表3-17　重度无锡口音普通话音值偏误表

项目	编号	普通话	锡普	例字
声母	1	n	ɲ	每年[mer²¹ɲien⁵⁵]、捏住[ɲie⁵⁵tsʅ⁵³]
	2	ʐ	z	进入[tɕin²¹zəʔ⁵]、忍耐[zən²¹nɛr⁵⁵]
	3	p组、t组、ts组、tʂ组、tɕ组、k组、f	b、d、z、dz、g、v	旁边[baŋ²¹piɛn⁵⁵]、准备[tsən²¹bei⁴⁴]、自己[zi²¹tɕi²¹]、介绍[tɕie²¹zʌ⁴⁴]、读[du²ʔ⁵]、字条[tsʅ²¹diɑʌ³⁴]、吃饭[tɕʰiəʔ⁵van⁵³]、三份[vən⁵⁵]、鹊桥[tsʰiəʔ⁵dziɑʌ³⁴]、一群[iəʔ⁵dzyən²¹]
	4	∅	v	武松[vu²¹soŋ⁵⁵]、任务[lən²¹vu⁵⁵]

续表

项目	编号	普通话	锡普	例字
韵母	5	∅	ŋ	阻碍[tsu²¹ ŋe⁵³]、河岸[hə³⁵ ŋan⁵¹]
	6	tɕ 组	ts 组	整齐[tsən²¹ tsʰi³⁵]、经济[tɕin⁵⁵ tsi⁵³]
	7	u	ʉ	古代[kʉ²¹ tɛi⁵³]、姑姑[kʉ²¹ kʉ³⁵]
	8	A	a	把[pa²¹³]、发[fa⁵⁵]
	9	ɿ	ʮ	之间[tsʮ⁵⁵ tɕian⁵⁵]、去世[tɕʰi²¹ sʮ⁵⁵]
	10	ɤ	əɯ	开车[kʰe⁵⁵ tsʰəɯ⁵⁵]、和[xəɯ⁵⁵]
	11	u	əɯ	最初[tse²¹ tsʰəɯ⁵⁵]、组长[tsəɯ²¹ tsã⁵⁵]、
	12	uo		左侧[tsəɯ⁵⁵ tsʰəʔ⁵]、果然[kəɯ²¹ lã³⁵]
	13	əu	əɯ	销售[ɕiɑʌ⁵⁵ səɯ⁵⁵]、瘦[səɯ⁵¹]
	14	ai	e	还有[xe³⁴ iəɯ²¹]、来[le²¹³]
	15	ei	e	准备[tsən²¹ be⁵⁵]、梅园[me³⁵ yɛn⁵⁵]
	16	uei		对[te⁵⁵]、最初[tse²¹ tsʰəɯ⁵⁵]
	17	uei	ue	小魏[ɕiɑʌ²¹ ue⁵³]、因为[in²¹ uei⁵⁵]
	18	uai		愉快[y²¹ kʰue²⁴]、会计[kue⁵⁵ tɕi⁵³]
	19	ai	ã	还是[hã³⁵ sʮ⁵³]、还有[hã³⁵ iəɯ²¹⁴]
	20	əŋ	ã	陌生[mei⁵³ sã⁵⁵]、火坑[hu²¹ kʰã]
	21 保留入声韵	ɿ	əʔ	老实[lʌ²² ʂəʔ²⁴]、职业[tsəʔ³⁵ ie⁵⁵]
		u	oʔ	哭[kʰo⁵³]、录音机[lo⁵³ in⁵⁵ tɕi⁵⁵]
			əʔ	出[tʂʰəʔ²¹]、突然[tʰəʔ²¹ lan⁵⁵]
			oʔ	快乐[kʰuai⁵³ loʔ⁵]、搁下[koʔ⁵ ɕia⁵²]
		ɤ	əʔ	这个[tsəʔ⁵ kəʔ⁵]、资格[tsʮ²² kəʔ⁵]、责任[tsəʔ⁵ zən⁵³]
			aʔ	天各一方[tʰien⁵⁵ kaʔ⁵ iəʔ⁵ faŋ⁵⁵]
		a	aʔ	发展[faʔ⁵ tsuan²¹⁴]、八十三[paʔ⁵ ʂəʔ⁵ san⁵⁵]
		o	əʔ	周末[tsəɯ⁴⁴ məʔ²]、泡沫[pʰɑʌ⁵¹ məʔ⁵]
		uo	oʔ	说完[soʔ⁵ uan²¹³]、托梦[tʰoʔ⁵ moŋ⁵²¹]
		i	iəʔ	立即[liəʔ² tɕiəʔ⁵]、攻击[koŋ⁵⁵ tɕiəʔ⁵]
		iɛ		别人[piəʔ⁵ zən²⁴]、毕业[piəʔ⁵ iəʔ⁵]
		yɛ	ioʔ	准确[tsən²¹ tɕyəʔ⁵]、会计学[kʰuei⁵⁵ tɕi⁵⁵ ɕioʔ⁵]
			yəʔ	大学[tɑ³⁵ ɕyəʔ⁵]、月亮[yəʔ²¹ liaŋ⁵³]

续表

项目	编号	普通话	锡普	例字
		a	əʔ	那个[nəʔ⁵kəʔ⁵]、那么[nəʔ⁵məʔ⁵]
		ua	aʔ	雨刷[y²¹saʔ⁵⁵]
		iau	ioʔ	牛角[ȵiɤɯ³⁵tɕioʔ²¹]、洗脚[ɕi²¹tɕioʔ⁵]
		ə	aʔ	哭着[kʰoʔ⁵zaʔ⁵]
声调	22	55	5	雨刷[y²¹saʔ⁵]、发现[faʔ⁵ɕien⁵¹]
	23	55	53	哭[kʰo⁵³]、很黑[xən²¹xei⁵³]
	24	35	21	离[li²¹]、从[tsʰoŋ²¹]
	25	35	5	隔[kaʔ⁵]、觉得[tɕyəʔ⁵təʔ⁵]
	26	214	14(2)	老领导[lɑʌ¹⁴lin²¹tɑʌ⁵⁵]、有[iɤɯ¹⁴]
	27	214	5	洗脚[ɕi²¹tɕioʔ⁵]、一笔[iəʔ⁵piəʔ⁵]
	28	51	5	一声[iʔ⁵sən⁵]、左侧[tsu⁵⁵tsʰəʔ⁵]
	29	51	14(2)	主动[tsu²¹doŋ¹⁴]、建造[tɕien²¹tsɑʌ¹⁴²]

（二）中度口音的音值偏误

表 3-18　中度无锡口音普通话音值偏误表

项目	编号	普通话	锡普	例子	项目	编号	普通话	锡普	例子
声母	1	n	ȵ	牛郎[ȵiɤɯ³⁵lɑŋ³⁵]	韵母 4 入声问题		iɛ	iəʔ	别[piəʔ⁵]的、毕业[piəʔ⁵]
	2	u	ʉ	客户[kʰə⁵³xʉ⁵³]			a	əʔ	那个[nəʔ⁵kəʔ⁵]
	3	A	a	把[pa²¹³]			ia	iaʔ	电压[tien⁵³iaʔ⁵]
韵母 4 入声问题		ɤ	əʔ	这个[tsəʔ⁵kəʔ⁵]			uo	uoʔ	说说[suoʔ⁵suoʔ⁵]
		u	uʔ	出现[tsʰuʔ⁵ɕiɛn⁵³]	声调	5	55	53	很黑[xən²¹xei⁵³]
		a	aʔ	发展[faʔ⁵tsuan²¹⁴]		6	35	5	年级[tɕiəʔ⁵]、结[tɕieʔ⁵]果
		i	iəʔ	激化[tɕiəʔ⁵hua⁵³]、		7	51	5	力[liəʔ⁵]气、作[tsuoʔ⁵]文
		ua	uaʔ	划片[huaʔ²³pʰian⁵¹]		8	55	5	七[tɕʰiəʔ⁵]、歇[ɕiəʔ⁵]

（三）轻度口音的音值偏误

表 3-19　轻度无锡口音普通话音值偏误表

项目	编号	普通话	锡普	例子
声母	1	n	ȵ	每年[mei²¹ȵien⁵⁵]
韵母	2	u	ʉ	看书[kʰan⁵¹ʂʉ⁵⁵]
	3	A	a	爸爸[pa⁵¹pa³]

二、从无锡方言和普通话的声韵调对应关系考察音值偏误产生的原因

(1) [n]—[ȵ]:无锡方言泥母字在细音前读作舌面鼻音,无锡人在说普通话时遇到齐齿呼、撮口呼的韵母常用舌面鼻音代替舌尖鼻音,这一偏误一直延续到轻度口音。

(2) [ʐ]—[z]:普通话的[ʐ]声母主要来自日母字和部分喻母字。无锡话日母字文读声母为[z]或[ʐ],白读声母为[ȵ],所以有混入澄、从、邪、船、禅、崇母的情况,也有混入疑母字的情况。该偏误只在重度口音中出现,中度口音已经很少出现。

(3) p组—[b]、ts组—[z]、tʂ组—[z]、t组—[d]、k组—[g]、[f]—[v]、tɕ组—[dʑ]:全浊声母在普通话中已经清化,但是在无锡话中还保留着。该偏误只在重度口音中出现,中度口音已经很少出现。

(4) [∅]—[ȵ]/[ŋ]:无锡方言中疑母字声母多念鼻辅音,如"咬[ŋʌ¹⁴²]、藕[ŋei¹⁴²]、严[ȵiɪ²²³]"。普通话中疑母字大多念零声母字。

(5) [∅]—[v]:无锡方言中某些微母字和喻母字念唇齿浊擦音[v],如"唯[vi²²³]、微[vi⁵⁵]、万[vɛ²¹³]、务[vu²¹³]"等。但由于有的字声韵配合规律和普通话不一样,所以此类偏误到中度口音就消失了。

(6) tɕ组—ts组:普通话不分尖团音,细音前的精组字声母混入见组字,ts组声母不拼齐齿呼,而无锡方言仍区分尖团,声韵拼合规律与普通话不同。该偏误仅见于重度口音。

(7) [u]—[ʉ]:无锡方言中有类似普通话[u]的韵母,但舌位没有普通话那么后,比较靠中间,甚至舌尖可以碰到下齿龈。嘴唇既不圆撮也不展开。因此无锡人在发普通话的单韵母u时,常用央高元音[ʉ]来代替。这种偏误甚至延续到个别轻度口音中。

(8) [ʌ]—[a]:无锡方言的单韵母[a]比较靠前,舌头贴下齿背,普通话单韵母应该是央元音,舌头不靠下齿背。无锡人常用前[a]代替央[ʌ]。这种偏误延续到轻度口音。

(9) [ʅ]—[ɿ]:普通话中读[ʅ]韵的字主要来自止摄知庄章组,该摄的知章组字在无锡话中大多念成圆唇元音,老派念成舌尖后圆唇元音[ʯ],新派因为声母不分平翘舌,所以念成舌尖前圆唇元音[ɥ]。因为圆唇元音和不圆唇元音从发音方法和听感上差别较大,所以此类偏误仅限于重度口音,且出现概率

第三章 无锡口音普通话的语音问题

不高。

(10) [u]—[ʮ]:遇摄合口三等知章组字在普通话中韵母为[u],无锡方言里为圆唇的舌尖元音[ʮ],该偏误仅见于重度口音。

(11) [ɤ]—[əɯ]:普通话念[ɤ]韵的字主要来自果摄,也有部分来自假摄,如"车"。无锡话没有[ɤ]韵,这些字在无锡话中念[əɯ]韵或者其他韵母。遇摄庄组字也念[əɯ]韵,所以不是一一对应的关系。普通话学得不好的人会用方言中的音去代替普通话中的音。

(12) [(i)əu]—[(i)əɯ]:普通话的复韵母[əu]发音时开口度变小,嘴唇从不圆到圆,无锡人发此音时,只有开口度变化,嘴唇并不变圆,因为无锡方言流摄字念[əɯ]韵,嘴唇是不圆的。所以无锡人常用[əɯ]代替[əu]。由于韵尾有圆唇和不圆唇的差别,音色差异比较明显,所以这种偏误到中度口音就已经消失了。

(13) [ei]/[ai]—[e]:蟹摄合口一等字和开口一等字在普通话中不同韵,前者为[ei],后者为[ai],但是在无锡话中不管开合口都为[e]。该韵的主要问题也在于音值。

(14) [uei]—[e]:无锡话合口呼的字很少,蟹摄合口端组和精组字在普通话中念合口的三合元音,但是在无锡话中念单元音[e],跟开口一等字的读法一样。受其影响,口音重的人会将[e]代替[uei]。由于差别较大,此类偏误一般仅限于重度口音。

(15) [uo]—[əɯ]/[ə]:普通话的[uo]韵主要来自果摄,无锡话没有这个韵,凡是普通话念[uo]韵的字无锡话都念成[əɯ],重度口音直接套用方言音[əɯ],或因缩减动程,念成[ə]。由于这两个韵与普通话差别较大,此偏误仅见于重度口音。

(16) [uei]—[ue]:蟹摄合口和止摄合口见组字在无锡话中念合口的[ue],口音很重的人通常就套用无锡话的韵母。

(17) [uan]—[ue]:咸山摄字在普通话中念闭音节,保留前鼻音韵尾,但是无锡话中念开音节。随着方言自身的演变发展,新派山摄合口二等见组字与蟹摄合口一三等及止摄合口三等见组字同韵,即"归、关"都念[kue55]。

(18) [əŋ]—[ã]:普通话的[əŋ]韵主要来自曾摄和梗摄,但是梗摄开口二等字(彭冷撑杏棚),还有少数曾摄字(朋剩)在无锡话中念[ã]韵,与宕摄字混读。口音重的人会把"陌生"的"生"念成"[sã]"。

（19）无锡话里有的入声韵与普通话的韵母比较接近，如普通话念[a]韵的古入声字一部分来自咸山摄，在无锡话里念[aʔ]，主要元音相同，仅仅是有无喉塞韵尾和元音长短的差别。无锡人说普通话时，不需要做太大的改动，因此此类入声喉塞韵尾一般不容易改掉。常见的有"一""不""这"等字，即使到中度口音这些特征也很难改变。

有些入声字既容易改，又不容易改。因为其方言音值与普通话相差比较大，在说普通话时，不改变音值在听感上别扭，而只要改变韵母，就容易将入声特征去掉。如"窄""白""勺"。这些字无锡人说普通话时一般不发成入声。但是由于无锡话入声字在韵母和声调上跟普通话对应比较复杂（详见表3-14），因此即使改掉了入声特征，也可能出现一些归类上的偏误。有些是韵母的偏误，如把"责"说成"职"，把"陌"说成"昧"，把"刷"说成"煞"；有些是调类上的偏误，如把"积极"说成"极极"，把"里脊肉"说成"里肌肉"。

（20）无锡口音普通话中阴平、阳平、上声和去声都有读成5的情况，这应该是保留阴入造成的。从前面韵母的分析我们已经知道入声韵不仅在重度口音中存在，某些常用字的入声韵一直持续到中度口音，如"个、一、不、这、那"等。阳平字和去声字还有个别念低促调23的情况，这应该是无锡话阳入的调值。相比而言，阴入在锡普中出现频率比阳入高。

（21）51—142：古全浊上声字在普通话中和去声字合而不分，但在无锡话中有单独的调类，这类偏误也应该是调类和调值归入了无锡话。

（22）214—142：古次浊上声在普通话中和清上一起念上声214，但是在无锡话中次浊上声和全浊上声一起，念阳上，调类归并不同。所以把214念成14（2），说明调类和调值都归入了无锡话。

（23）有些锡普中不合标准的音是折合方言和普通话的特点而成的。如"角[tɕiɑu²¹⁴]"被念成"[tɕio²¹⁴]"，既不是方言中的音，也不是普通话的音。"角"来自通摄合口一等，在无锡话里念[koʔ⁵]，口音重的人在说普通话时采用了普通话的声母和介音，但保留了方言中的主要元音。这样的情况在来源于古入声的字中出现得比较多。原因如前文所述，当古入声字其方言音值与普通话相差比较大时，若不改变音值在听感上会别扭，由于无锡话入声字在韵母和声调上跟普通话对应比较复杂，因此即使改掉了入声特征，也可能出现音值上的偏误。

第四节 音值缺陷

对于"语音偏误"的判定,应该说从理论到实际操作都不会有什么问题。就如黑与白、大与小、正与反、对与错,处在事物的两极,一目了然,易于把握。而对于"语音缺陷",把握起来就有相当的难度了。其实所谓"语音缺陷"并不是发音人把甲念成乙,在音类归并上也没有错误,只是由于受到方言的影响,说出的普通话音值上与标准普通话存在差异,因为不到位而带有口音。比如无锡方言中没有前响复韵母,一般都念单韵母,所以遇到前响复韵母,动程不明显,或者发不到位,使人从听感上觉得发音人的发音不纯正,这属于"音值缺陷"。《普通话水平测试大纲》对"语音缺陷"有列举式的说明,如"读翘舌音声母时舌尖接触或接近上腭的位置过于靠前或靠后","合口呼、撮口呼韵母圆唇度明显不够,语感差",等等。乍看起来,描写十分详细,但仔细地琢磨之后就会发现这些描写带有一定的模糊色彩。所以需要通过声学分析进行更为细致的说明,使我们对方言口音普通话中的缺陷有更加直观和理性的认识,而不仅仅停留在听感的层次上。

一、实验方法

"共振峰频率是元音声学特性的表现,我们听到的元音音色则是听觉的感知结果。"(林焘,王理嘉,1992:57)为了更直观地说明听觉感知和发音原理,我们利用语音实验测得元音的共振峰频率,还可以绘制声学元音图。我们选取元音的第一共振峰(F_1)的频率为 y 轴坐标,第二共振峰(F_2)的频率为 x 轴坐标。由于"频率单位和听觉的音高单位之间,是存在着一定的换算关系的,用这种换算关系来表现元音的频率,更能符合我们对元音的听感,也更接近于我们对元音舌位的认识"(林焘,王理嘉,1992:57)。所以为了接近实际的听感距离,本研究对 x 轴用对数标度,y 轴用线性标度,并把坐标的零点设在右上角。这种根据元音的 F_1 和 F_2 频率画出来的元音分布图就是 Ladefoged 型声学元音图(吴宗济,林茂灿,1989:89)。因为单元音的舌位和声腔形状保持不变,所以每一个单元音都可以在图上得出一个代表点。复合元音的发音特点是从一个元音的发音动作迅速向另一个元音的发音动作过渡,舌位和声腔都有变化。其中二合元音是一条联结两个端点的近似直线。

针对音值缺陷的调查表中包括 24 个含有[a]、[o]、[ɤ]、[i]、[u]、[y]及 6 个包含[ɿ]、[ʅ]的 CV 结构单音节字,卷舌元音的单音节字"二"、16 个含有[ai]、[ei]、[ou]、[ɑu]的 CVV 结构和 16 个含有[an]、[ian]、[ɑŋ]、[iɑŋ]的 C(V)VN 结构的单音节字(见附录 4)。利用 Praat 语音分析软件作声学对比,在宽带语图上(分析范围:频率下限为 75Hz,频率上限一般为男子 5000Hz,女子 5500Hz。当遇到低频区共振峰合并或交错时,依据个人情况进行调整)分别测量各个单元音的前三个共振峰 F_1、F_2、F_3 中间位置的目标值,并按照性别和不同程度的锡普分别计算出平均值。然后通过制作共振峰模式图和声学元音舌位图,与普通话进行比较。对于复韵母和鼻韵母的做法是在语图中选取模式段,然后对此段语音等分为 10 个点,采集等分点上的 F_1、F_2 的频率数据,再对测量所得的数据进行归一插值,目的在于使得不同发音人发的相同的音可以比较,并尽可能描绘各共振峰的轨迹。再将同一阶段同一个韵母的偏误音数据计算平均值,画出共振峰模式图和声学元音图。从而直观地展现出无锡人在习得普通话过程中产生的韵母偏误问题在各阶段的分布特点,以及不同程度口音普通话韵母偏误的群体特征、偏离标准音的程度和趋势,从而反映出这一地区普通话学习者习得普通话韵母系统的动态发展过程。

二、单韵母

普通话的单韵母主要包括 6 个舌面单元音[a]、[u]、[o]、[ɤ]、[y]、[i]和两个舌尖元音[ɿ]、[ʅ],一个卷舌元音[ɚ]。对于这些元音的语音性质和确切的发音方法,语音学家们早已有了定量与定性的描述(周殿福,吴宗济,1963;罗常培,王均,1957;徐云扬,2001)。即使对于一直存有争议的 e[ɤ]和 o[ʊ],其复韵母的性质目前也已得到了证实(林焘,1992:57)。可以说,我们对于普通话的元音系统已经有了一个较全面的认识。但是由于许多方言本身的声韵系统与普通话的声韵系统相差甚远,因此方言区的人学说普通话时,或多或少会受其自身的方音影响,这种影响在元音系统上表现的最明显,而且也最难以消除。本节以重度、中度、轻度无锡口音普通话为考察对象,通过对包含这 9 个单元音的(C)V 结构单音节字的声学测量及分析,对方言口音的普通话和标准普通话的元音系统进行对比研究,从而探讨不同程度口音的地方普通话在音段上的差异及相关规律。

我们将普通话的9个单韵母中的舌面元音[a]、[i]、[u]、[y]、[o]、[ɤ]分为一组,舌尖元音[ɿ]、[ʅ]分为一组,卷舌元音[ɚ]为一组。

(一) 舌面单韵母

1. 无锡口音普通话舌面单韵母的音值

笔者采集了重度、中度、轻度各4位男女发音人的单韵母录音文件,用praat语音分析软件获取共振峰数据,通过excel计算出平均值列在下表中。作为参照对象的男女标准普通话单韵母的共振峰值,笔者采用林焘《语音学教程》中的统计数据。

表3-20　男女标准普通话单韵母的共振峰值

共振峰	发音人	i	y	u	a	o	ɤ
F_1	重度口音女	268	263	576	1079	685	730
	标准口音女	320	320	420	1280	720	750
F_2	重度口音女	2407	2094	1184	1603	1333	1466
	标准口音女	2800	2580	650	1350	930	1220
F_1	重度口音男	362	409	465	739	658	503
	标准口音男	290	290	380	1000	530	540
F_2	重度口音男	1829	1652	1149	1464	1403	1316
	标准口音男	2360	2160	440	1160	670	1040

根据以上数据绘制出6个舌面单元音的共振峰模式图。我们首先要考虑同一程度的普通话单韵母音值男女之间是否有差异。因此,先分别比较标准男女普通话舌面元音和重度口音男女普通话舌面元音的音值。

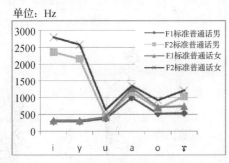
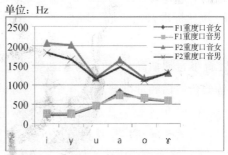

图3-1-1　标准普通话男女舌面元音声学图　图3-1-1　重度口音男女舌面元音声学图

从上图可以看到标准普通话和重度口音的普通话的F_1、F_2的相对关系差别比较大。但同一程度方言口音的普通话男女在声学元音图上的表现与标准普通话男女大体相同。标准普通话男子和女子单韵母的F_1比较接近,发[a]、

[o]、[ɤ]时女子舌位比男子稍低一些。女子单韵母的F_2普遍稍高于男生,也就是舌位比男子偏前,尤其是[i]、[y]。重度口音 男子的F_1值跟女子也比较接近,除了[a]和[ɤ]稍高,说明这两个音位女子舌位比男子低,这与男女的标准普通话一样。F_2男女除了[i]、[y]外,其他基本一致,这与标准普通话男女之间的差异也一样。值得注意的是,重度口音男女的两个后元音[u]、[o]比较靠前。既然重度口音男女的F_1、F_2值之间的相对关系与标准口音男女类似(图形接近),那么接下来在中度、轻度口音中我们主要考察女子之间的比较,男子如无特殊情况,默认与女子一样。

下面是标准口音女子和重度口音女子单韵母的共振峰模式图。

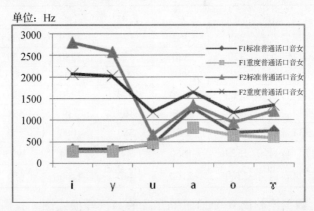

图 3-2　标准口音女子和重度口音女子单韵母发音共振峰模式图

从图 3-2 可以看出,重度无锡口音的普通话的 6 个舌面单韵母与普通话在音值上都存在一定的差异。具体而言,[i]、[y]的F_1比标准普通话稍低,[a]的F_1也比标准普通话低,其他三个元音的F_1与标准普通话的数值差别基本一致,也就是说重度无锡口音的普通话的前高元音舌位比标准普通话高,前低元音也比标准普通话高,而后元音在舌位高低上差别不大。相比较而言,重度无锡口音的普通话和标准普通话 6 个单韵母的F_2值相差比较大。具体表现为[u]和[o]的F_2值比标准普通话高很多,都超过了 1000Hz,舌位明显偏前。由此可见发音人的普通话还是受到了其母方言很大的影响。因为在无锡话中发[u]元音时,舌尖甚至可以贴着下齿龈,有些唇鼻音[m]带[u]韵母的字新派读为自成音节辅音[m̩],如"马、骂、麻"等,这些都说明无锡话中[u]元音舌位比较靠前,严格标音的话应记为[ʉ]。除了[u]和[o]的F_2值比标准普通话高很多外,[a]、[ɤ]的F_2值也高出标准普通话,说明其舌位也比较靠前。无锡话的[a]是个典型的前元音,发音时舌头紧贴下齿背。而普通话的单韵母 a 实际上是个央元音

[A]，舌头不靠下齿背。无锡话中没有舌面后半高不圆唇元音，只有一个央[ə]出现在入声韵中，所以受其影响，无锡人在念[ɤ]时很容易用[ə]代替，毕竟普通话里的单韵母 e[ɤ]也比较靠中间。

前元音[i]、[y]的 F_2 都比标准普通话低，说明无锡口音的普通话发这两个前高元音时没有普通话那么前。在无锡方言里发[i]、[y]时，舌面中部比较靠近硬腭，带有略微的摩擦，严格标音可记为[ji][ɥy]。

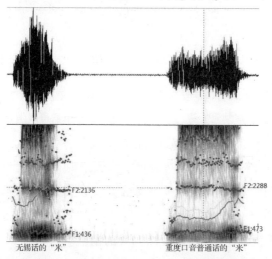

图 3-3　无锡话的"米"和重度口音普通话的"米"

总体而言，重度无锡口音的普通话的 6 个舌面元音呈现出向中间聚拢的趋势。前元音靠后（除[a]），后元音偏前。

为了更直观地表现这一特点，我们画出与听感相似的声学语音图。下图是经过 praat 处理过的二维频率坐标图，以 F_1 为纵坐标，方向朝下，对应于舌位的高低，以 F_2 为横坐标，方向朝左，对应于舌位的前后，零点放在右上角。共振峰频率的个人差异很大，每个人的元音频率图在坐标图上的位置都不相同，但是图的构形基本上都是一样的。下图是无锡方言（女）、重度口音普通话（女）和标准普通话（女）舌面元音的声学元音图，其中无锡方言女子少一个元音[o]。

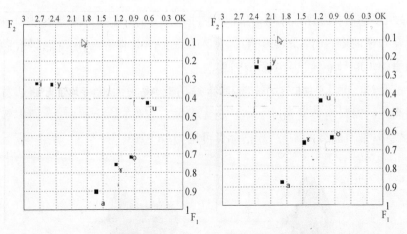

图 3-4-1　标准普通话女子　　　图 3-4-2　重度无锡口音的普通话
　　单韵母声学元音图　　　　　　　女子单韵母声学元音图

从上图可以看出,重度无锡口音的普通话(女)单韵母的分布在开口度上比标准普通话松散,在前后空间上相对聚集。一般来说,一种语言的元音系统越丰富,其声学元音图就越具趋散性。比如上海普通话男子的声学元音图更具趋散性,更向外扩散(于珏,2004:68)。"重度长沙方言口音普通话的 6 个稳定元音呈现出前元音舌位偏前,后元音舌位偏后的情况。"(傅灵,2008:53)无锡方言的元音系统显然比普通话复杂,大多数单韵母都比较靠前,因此在开口度方面比前后区分明显,发音部位偏高偏前(如图 3-5 所示)。所以受到母语方言的影响,无锡方言口音的普通话单韵母也有偏高、偏前的趋势。

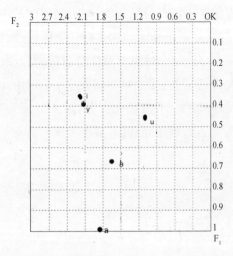

图 3-5　无锡方言女子舌面单韵母声学元音图

2. 纵向考察重度、中度和轻度口音普通话单韵母音值的变化趋势

为便于描写不同程度口音普通话单韵母的音值变化趋势,我们将重、中、轻三种口音普通话的 F_1、F_2 平均值列表如下:

表3-21　无锡口音的普通话和标准普通话单韵母共振峰平均值比较

	发音人 韵母	i	y	u	a	o	ɤ
F_1	标准普通话女	320	320	420	1280	720	750
	重度口音女	268	263	547	819	632	594
	中度口音女	317	317	468	1079	577	559
	轻度口音女	317	328	453	1149	819	709
F_2	标准普通话女	2800	2580	650	1350	930	1220
	重度口音女	2078	2033	1184	1644	1173	1357
	中度口音女	2534	2016	973	1616	1099	1388
	轻度口音女	2828	2357	942	1631	1239	1305

我们将标准普通话的 F_1、F_2 设为0,将三种口音的共振峰值与其比较,数值越大说明与标准普通话的差距越大,图3-6中柱形从左至右,分别为重度口音、中度口音、轻度口音。左区为 F_1,右区为 F_2:

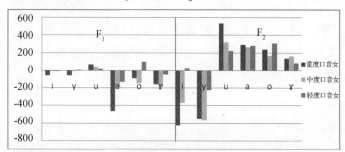

图3-6　无锡口音的普通话与标准普通话的共振峰值比较图

从图3-6来看,无锡口音的普通话的 F_2 与标准普通话的距离明显大于 F_1。这说明就单元音格局而言,无锡口音的普通话与标准普通话的差异更多地体现在舌位的前后上。具体而言,重度口音高元音和低元音都偏高。到了中度和轻度,这一状况明显有所改善,尤其是[i]、[y],基本与普通话一致。但是[a]偏高这一现象即使到轻度口音也没有完全改善,可见方言的影响也难以完全意识并克服。[o]、[ɤ]是后半高元音,标准普通话实际发音略低。而中度、重度口音的这两个音偏高,唇较闭。轻度口音[u]的 F_1 比重度和中度均大,F_2 比重度和中度小,说明发音人已意识到舌头应该后缩,由于我们的口腔后面纵向距离比前面短,再加上舌头肌肉组织所起的牵制作用,所以舌位的高低和前后的关系互相影响,一般来说元音舌位靠后的话,受到舌头后缩的影响,舌位高度下降。再加上圆唇的动作使得脸颊内收,致使舌高点下降,所以轻度口音的 F_1 大。受方言影响,轻度口音发音人两唇也没有合拢成小圆孔,唇部肌肉较松弛,圆唇度不够,使得开口较大,因此舌位比标准低。作为比[u]开口度大一级的[o]自然也相应地比标准低。

在舌位前后问题上,不管是何种程度的无锡口音的普通话,普遍存在的问题是前高元音[i],[y]舌位偏后,但[a]舌位偏前,后元音[u]、[o]、[ɤ]舌位偏前。所以整个单韵母格局整体上开口度差距偏大,位置也靠前。大多数情况下,轻度口音都会明显好于重度口音和中度口音,但同时我们也发现音值的变化并不一定随着口音的提高而改善,没有一定的规律,有些反而加重了,如[a]、[o];有些改善不明显,如[u]。笔者认为这主要是因为无锡话和普通话有相似的元音,在听感上差别不是特别明显,在某些情况下,人们更愿意用自己最熟悉和最常用的音去代替普通话中差别不大的音。

(二) 舌尖元音

舌尖元音是普通话语音的特点之一,常跟在同部位的塞擦音 zh、ch、z、c 和擦音 sh、s 后面。因此,普通话中这两组塞擦音和擦音的发音部位与这两个元音的音色有直接的联系。但是关于这两组声母的发音部位,各家的分析不一致。下面略引几家的说明。

黄伯荣和廖序东主编的《现代汉语》是这样描写的:"舌尖抵住(按指 z 和 c)或接近(指 s)上齿背,阻碍气流……气流从舌尖和上齿背的窄缝中擦出而成声。"胡裕树的《现代汉语》(1979):"z 组声母和 zh 组声母的主要区别在于:发 z 组时舌头前伸到下齿背,舌尖略后的部分对着上齿背;发 zh 组时舌的前端上举,对着硬腭。"徐世荣(1980)的《普通话语音知识》:"z——舌尖向前平伸,顶住上门齿背后……发音时上齿掩住下齿,没有距离;舌尖下部也接近下齿背……c——舌尖前伸、上下齿情况,和 z 相同……s——舌尖向前平伸,和上门齿背后接近……上下齿间距离和 z、c 相同。""zh——舌尖翘起,顶住上牙床后面硬腭的前端。这时,上下齿之间稍稍离开,如果对镜观察,可以看得见翘起的舌尖的底面……ch——舌尖翘起,上下齿距离和 zh 相同……sh——舌尖翘起,和上牙床后面的硬腭前端接近。"叶蜚声和徐通锵的《语言学纲要》(1997)称"如果舌尖抵住上齿龈,就可以发出舌尖前音。例如北京话的 d、t、n、l、z、c、s 都是这一类音"。

以上几种说法各不相同,有的比较模糊,有的甚至不符合事实。其中主要的分歧体现在两个地方:一是发音的主动器官是舌尖还是舌尖前端;二是接触的部位在哪里。

先看 z、c、s。周殿福《国际音标自学手册》(1985)中说:"发舌尖前音,舌尖可以抵到上齿龈,舌尖和上齿龈相阻;也可以把舌尖抵到下齿背,用舌叶和齿龈后相阻。从表面上看,发音部位有所不同了,实际上是一样的。因为舌尖和上齿龈相阻,并不真正是舌尖,而主要是舌叶,因此它和用舌叶和齿龈后相阻发出的声音相同。"可见节制气流的部位与舌尖无关,至少关系不大。起作用的是舌尖靠后的部分,即舌叶。胡裕树先生说的"舌的前端"和"舌尖略后的部分"也应该就是舌叶的部位。我们可以从发音生理学的角度验证一下。用舌尖先抵上齿背,然后再抵上齿龈。比较的结果是,前者发出的是齿音,后者发出的才是普通话的 z、c、s。罗常培和王均(1981)也指出,"舌头平伸,舌尖夹在上下齿之间,或者只向上齿靠拢(听起来一样)"(P101)。Alan Cruttenden (2001)在描写英语的[tθ]和[θ]时说:"舌尖轻触上门齿的齿端和齿背……气流从舌前部与上齿之间流出造成摩擦。有些人发音时舌尖在上下齿之间。"可见,舌尖抵上齿背和舌尖在上下齿之间所发出的都是齿音[tθ]与[θ]。而普通话的 z、c、s 与这种齿音在音色上根本不同。这组声母应该是舌叶接触上齿龈。罗常培和王均(1981)还说,有些人把 z、c、s 读成[tθ][θ],"一般认为这是发音上的缺陷,管它叫'大舌头'"(p91)。

再看 zh、ch、sh。周殿福的描写是这样的:"舌尖后音也叫翘舌音,如果真的把舌尖翘起来发音,舌尖的肌肉就会变薄,发出的声音就像有生理缺陷的'大舌头'。必须纠正的是,发这类音的舌尖状态不是挑起,也不是钩回,而是卷缩回来的。要是用 X 光从侧面观察,舌头缩到齿龈后发音,并没有卷的现象。练习这类辅音时,应该在发[ts]类音的基础上后缩舌身,舌前部和前硬腭贴紧,使舌头两边感到紧张,便可发出[tʂ]类辅音。千万不能挑舌尖,必须是缩舌头。"(《国际音标自学手册》P39)

据王希哲(2003)调查,老北京人的节制点更靠后些,在前硬腭。发音时舌尖向上、向后探,所以叫"卷舌音"。新派则偏前一些,在后齿龈,即所谓"翘舌音"。徐世荣曾指出,"翘舌本不是卷舌","发音时舌尖翘起,对着上腭的最前端,即上门齿背后上牙床稍后的部位"(徐世荣,1980:73—77)。董少文(李荣)说:"成阻的时候舌尖对着前硬腭或者齿龈与硬腭之间",也可以略靠前到"舌尖对后齿龈的部位"(董少文,1956:59)。因此,这组声母正确的发音部位应该是舌尖对着后齿龈。

接下来我们重新回到元音的问题上。舌尖元音的舌形特点受前面声母很大的影响,分为舌尖前元音和舌尖后元音。舌面形状分两类:一类是舌面中部下凹、两头上翘,成为鞍形;另一类舌面基本上是平的。"这种差别可能反映了 X 光照相时所选择的时间差异","选择的时刻靠前,就拍到了马鞍型;选择的时刻靠后,得到的是平面型。我们认为从马鞍型过渡到平面型反映了舌尖元音真实的舌位"(吴宗济,1989:79)。如果按照马鞍型,[ɿ]的舌尖位置比[ʅ]偏前,而从舌面后部(或舌根)的位置看,[ɿ]比[ʅ]后。舌尖元音的这种舌位特点可称为双高点(或双焦点)。即使在平面舌形中,由于上颚呈圆弧状,于是在齿龈和软腭部位形成了两个"狭窄点",所以"双高点"的说法对平面型舌尖元音也是合适的。

下面我们就来比较地方普通话和标准普通话中[ɿ][ʅ]这两个元音。F_1、F_2对舌位的影响前面已经提到,这里要增加对 F_3 的测量,F_3 和元音舌位的关系虽不十分密切,但是受舌尖活动的影响,当舌尖抬高卷起发音时,F_3 的频率就明显下降。所以 F_3 与卷舌色彩的浓厚密切联系。尽管前面已经证明普通话舌尖后音不是真正的卷舌音,但由于方言口音的普通话会带有各种各样的缺陷,其中不乏有人发音时会将舌头卷起,用舌头背面去接触固定部位,音色上会有明显的不同。因此我们对每个舌尖元音都考察三个共振峰。

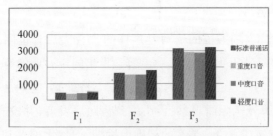

图 3-7 舌尖前元音的共振峰

图 3-7 为不同程度方言口音的普通话和标准普通话舌尖前元音的头 3 个共振峰频率的比较。不同程度口音的普通话的舌尖前元音与标准差距比较小。因为无锡方言里也有舌尖前不圆唇元音。稍微比较明显的区别是第二和第三个共振峰重度口音与中度口音小于标准普通话,相差 200Hz 左右。舌尖更平,更靠前,听感上差别不大。

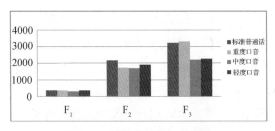

图3-8 舌尖后元音的共振峰

舌尖后元音的分歧就比较大了。目前无锡方言里60岁以下的人中都不分平翘舌音了,即使分平翘舌音的老无锡话里也没有舌尖后不圆唇元音,至多是舌尖后圆唇元音[ʮ]。所以这个元音的习得对无锡人来说很难。不仅体现在音类的分合上和普通话不一样,即使归类准确,音色上也和普通话有明显的差别。图3-8是各种程度口音普通话和标准普通话的共振峰比较。我们发现F_1相对比较接近。锡普略小于标普,说明舌位稍高,这与前高元音[i]、[y]的情况类似。F_2和F_3的差别很大。其中锡普F_2都比标普小很多,说明舌位普遍靠后,轻度口音略好。F_3重度口音与标普最接近,中度口音和轻度口音反而比标普低很多。前面说过"舌尖抬高卷起发音时,F_3的频率就明显下降",这说明中度和轻度口音发音人的舌尖后元音带有卷舌色彩。无锡人常说讲普通话就是要"卷起则舌头","北京人讲闲话侪是大舌头"。可见有人能分清这两个元音,但是并不知道正确的发音方法,在发舌尖后音时常常错误地把翘舌音发成了卷舌音,夸大了这两组声母的区别,有点矫枉过正了。

尽管重度口音的F_3最接近标准,但从听感上来说,轻度口音和中度口音要好于重度,这又是什么原因造成的呢?笔者认为不能孤立地看F_3,而要将3个共振峰联系起来。首先三者F_2都比标准低,舌位较靠后,不管男子还是女子都如此,说明无锡人在发舌尖后元音时,舌头并没有向上抬起并后缩,舌尖两边也不紧张,而是仍然平直地伸向前方,所以F_2值跟舌尖前元音几乎一样,而且F_1比标准普通话大也是一个很好的例证,说明舌头没有抬起的趋势。只不过中度口音和轻度无锡口音的普通话发音人"巧妙"地将舌头前段上翻卷起,使得F_3跟舌尖前元音的F_3相差700~900Hz,音色上就明显区分开来了。而重度口音发音人F_3跟标准普通话接近,没有明显卷舌色彩,F_2比标准普通话小,但是比其舌尖前元音的F_2大,说明能区分这两个元音的重度口音发音人既没有将舌头卷起(像轻度口音、中度口音一样),又不是将舌尖抵住下齿背,使舌叶对着齿龈后部,跟发z、c、s一样,更不是像标准普通话一样抬起舌头对着硬腭前或齿龈后，而是略抬舌头（所以 F_1 比标普大，舌位略高于中度口音和轻度口音），将舌叶正对着齿龈，舌头两边仍旧不是紧张的。

在整理语音数据时，我们发现重度口音舌尖后音的缺陷表现不止一种，除了上述情况以外，也有 F_3 非常小，卷舌色彩浓重的"卷舌音"，有点像周殿福说的"大舌头"，这与他们对舌尖后元音的错误理解有很大的关系。下面是反映这两种典型缺陷的语图。左图为舌叶－正齿龈，右图为卷舌过度。

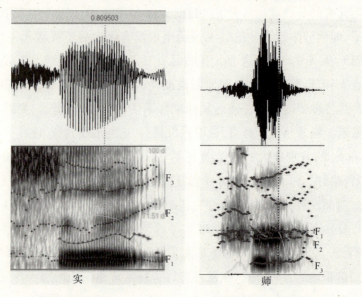

图 3-9-1　舌叶－正齿龈　　　图 3-9-2　卷舌过度

（三）有复韵母倾向的单韵母

一直存有争议的单韵母 e[ɤ]、o[o]及卷舌元音的复韵母性质，目前已得到了证实（徐云扬，2001：54—60）。这 3 个韵母的二维频谱表明，它们并不是稳定的元音，而是都有一定的动程。由于[o]出现在零声母的情况下比较少，且出现在唇音后又往往表现为复合元音，所以在这里中就没有将它作为单元音来具体考察。本节以重度、中度、轻度口音普通话中念 e[ɤ]的字为例做共振峰模式图：

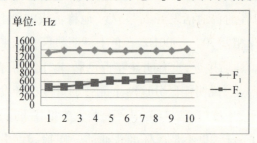

图 3-10-1　轻度口音普通话 e 共振峰模式图

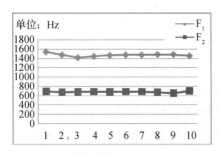 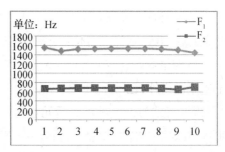

图 3-10-2　中度口音普通话 e 共振峰模式图　　图 3-10-3　重度口音普通话 e 共振峰模式图

对比口音轻重程度不同的人所发的[ɤ]元音,我们发现三者的舌位高低和前后相差不大,在 6 个舌面元音中习得情况相对而言算是好的。但从图中我们可以看到轻度口音的 F_1 有一个从低到高逐渐上升的过程,而重度和中度口音的 F_1 基本呈一条直线,说明发音人只是掌握了[ɤ]的发音部位,并没有掌握[ɤ]的游动性,而且 F_2 值也比轻度口音高,说明舌位相对比较靠前。

同时我们也发现并不是所有轻度口音的发音人发[ɤ]元音都体现出动程,有的也呈比较平直的直线,即使同一个人所发的音也不一定都有由下向上滑动的趋势。无锡方言里没有类似的单元音,所以普通话 e 的这种游移性对于方言区的人来说是比较不容易被注意到的。

(四) 卷舌元音

卷舌元音是普通话里的一个特殊元音,无锡话里"儿"系列的字念[ɚ],与普通话的发音有些差距,所以一般无锡人学普通话时,卷舌元音都会成为一个难点。

本文从各级口音发音人的普通话语料中,选取可单用的数字"二",与北京发音人单念的"二"做对比,利用 Praat 语音分析软件,在宽带语图上分别测量卷舌元音前 3 个共振峰 F_1、F_2、F_3 在起始、中间过渡以及终止位置的目标值,目的在于对比无锡普通话与标准普通话卷舌元音的音值及共振峰模式,从而归纳出无锡口音的普通话卷舌元音的声学及发声特点。这里同样也要增加对 F_3 的测量,因为 F_3 与卷舌色彩的浓厚密切联系。

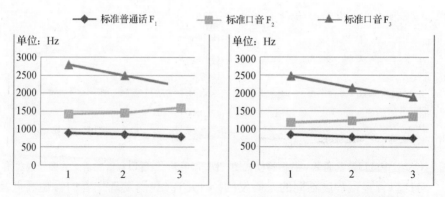

图 3-11-1　标准普通话女子卷舌元音共振峰模式图

图 3-11-2　标准普通话男子卷舌元音共振峰模式图

上图为标准普通话男、女的卷舌元音的共振峰模式图,从中我们可以看到F_1差别不大,F_2的值女子比男子高,说明女子发卷舌元音相对靠前。F_3也是女子高男子低,但两者下降幅度相似。下面是不同程度无锡口音的普通话的卷舌音与标准普通话卷舌音的比较。

1. 轻度口音

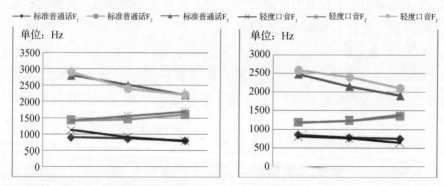

图 3-12-1　轻度口音女子和标准女子卷舌元音共振峰模式图

图 3-12-2　轻度口音男子和标准男子卷舌元音共振峰模式图

上图分别是轻度无锡口音的普通话男、女的 F_1,F_2 和 F_3 共振峰模式图。发音人整体的共振峰模式与标准普通话"二"的共振峰模式比较接近,都呈现出典型的"之"字。但是也存在一定的差异。从上图我们可以看到轻度口音女子的 F_1 前段比普通话下降快,男子的 F_1 在后半段下降得比标准普通话快。女子 F_3 的前半段下降速度较快,后段比较平稳,男子 F_3 比标准高,且前段下降没有标准普通话快。标准普通话不论男女,F_3 从一开始下降速度都很快,且持续到结束。这说明,即使是普通话语音面貌很好的无锡人,其卷舌色彩仍没有标准普通话的来得浓。但女子发卷舌元音比男子好一些。

2. 中度口音

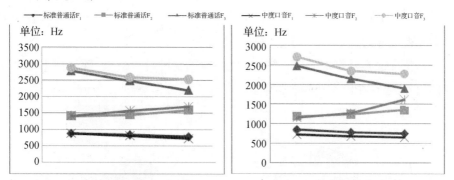

图 3-13-1 中度口音女子和标准　　图 3-13-2 中度口音男子和标准
女子卷舌元音共振峰模式图　　　　男子卷舌元音共振峰模式图

上图分别是中度无锡口音的普通话男、女卷舌音的共振峰模式图。由于发音人口音加重，整体共振峰模式与标准普通话已有明显差异，尤其是男子。从图上，我们可以看到中度男子的 F_1 比标准男子低，说明舌位偏高一些，F_2 在后半段突然上升很快，有一个明显前的趋势。差别最大的是 F_3。中度口音的女子和男子的 F_3 都只在前半段有明显的下降，但下降速度到了后半段基本保持平稳，男子虽有下降趋势，但已经极不明显。这说明这一级的发音人前期已有卷舌的意识，可惜到了后期已经很弱或基本不再有。总体来说，这一级仍是女发音人发得比男发音人稍好一些。

3. 重度口音

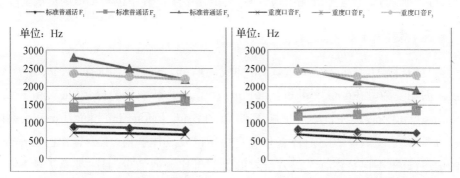

图 3-14-1 重度口音女子和标准　　图 3-14-2 重度口音男子和标准
女子卷舌元音共振峰模式图　　　　男子卷舌元音共振峰模式图

上图分别是重度无锡口音的普通话男、女卷舌音的共振峰模式图。与标准普通话相比，差异最大的不仅是 F_3，F_1、F_2 也明显不同。具体而言，无锡男、女重

度口音的 F_3 不仅在前半段下降速度缓慢,而且到了后半段,基本保持平稳,甚至男子还有上翘的趋势,卷舌色彩大大减弱。另外,男、女的 F_1 都低于标准发音,说明舌位普遍偏高。F_2 都高于标准,舌位偏前,这一级也是女发音人比男发音人发得稍好一些,至少女子始终保持着卷舌元音的卷舌动作。

在整理语音数据时,我们发现重度口音的情况较为复杂,除了以上的共振峰模式外,还存在以下两种表现形式:

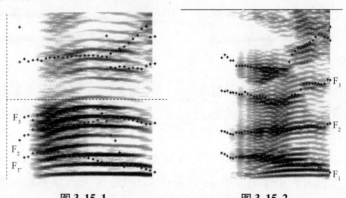

图 3-15-1　　　　　　　　图 3-15-2

图 3-15　重度口音发音人卷舌元音表现形式

从图 3-15-1 可以看出第一种情况的发音人有明显的卷舌动作,其 F_3 前半段比较平稳,甚至有向上的趋势,到中间后突然下降,F_3 很陡,从听辨上讲,有点卷舌过度,带有舌尖后元音的色彩,已经变成了[ɚ]。这说明发音人知道要卷舌,但有些矫枉过正了。图 3-15-2 的 F_3 不是一直保持下降走势,而是先降后升型,可记成[ɛɻi]。这种情况出现较多,甚至在中度口音中也有类似的情况。

三、复韵母

复韵母是由复元音 VV 或 VVV 构成的韵母,普通话一共有 13 个,分为 3 组。前响复韵母:ai[ɛi]、ei[ei]、ao[ɑu]、ou[əu],后响复韵母 ia[iɑ]、ie[iɛ]、ua[uɑ]、uo[uo]、ye[yɛ],中响复韵母 iao[iɑu]、iou[iəu]、uai[uæi]、uei[uei]。关于复韵母的发音特点和发音特性以及具体音值,不少著作已有详细的论述,这里不再赘述。无锡方言里的复韵母比普通话少,且主要是后响复韵母,缺少普通话里的前响复韵母和中响复韵母。前响复韵母多在无锡话里念成单韵母。所以这将是无锡人习得标准普通话的一个难点。下面我们通过实验对无锡口音普通话和标准普通话的前响复韵母做对比研究,从而探讨其音段上的差异及相关规律。

我们知道，二合元音的发音过程是由某一元音的舌位向另一元音舌位做滑动，值得注意的是，由于受到音节内语音协调的影响，每个二合元音所包含的两个音素都不可能像单念时发得那样到位，往往会出现发音不到位的现象。

普通话的前响复韵母在无锡方言里大多念成单韵母，下面我们就对无锡口音普通话和标准普通话前响二合元音的音值分别进行对比分析。无论是标准普通话还是无锡口音的普通话，男女之间都存在着相似的系统差异，即女子的二合元音在声学元音图上普遍靠前，且跨越的频率域比较宽。这其实与男女单元音系统的对比情况是一致的。

1. 重度口音

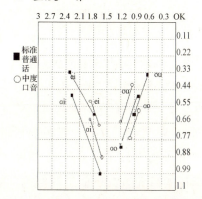

图 3-16-1　重度口音与标准普通话二合元音男声声学元音图

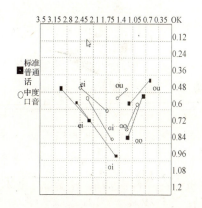

图 3-16-2　重度口音与标准普通话女声声学元音图

上图分别为标准普通话男女和重度口音男女的四个前响二合元音的声学元音对比图。从整体上看，标准普通话女子每个二合元音滑动的频率域都比男子宽。无锡口音的普通话男女二合元音在声学元音图上的表现与标准普通话男女的差异大体相同。但是重度口音的 ɑi、ei 不管男女都比标准普通话靠后，其中[a]元音比标准普通话偏高，[i]元音又低于标准普通话，有向中间聚拢的趋势，频率跨度范围比标准窄，严格标音可记作[ɪə]，甚至[ɜe]。尤其是男子所发的 ei，动程很短，听上去像单元音（见图 3-16-1）。对于 ɑo 韵，男子重度口音发音人发得比标准普通话偏后，动程也较短，这是受到无锡话效摄一二等字念单元音[ᴀ]的影响。ou 韵母男女重度口音发音人发得都比标准普通话偏前，有央化的趋势。这是因为流摄字在无锡话里主要元音是央[ə]。这个韵女子发得没有男子好，不管是前后还是高低，频率跨度都很小。这些现象说明重度无锡口音发音人开口度普遍比标准普通话发音人小，并且唇形变化面积不大。

2. 中度口音

下图分别为标准普通话与中度地方口音的普通话女子的二合元音的声学元音图,图中每个二合元音所包含的两个音素分别被作为起点与终点。

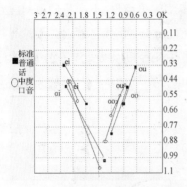 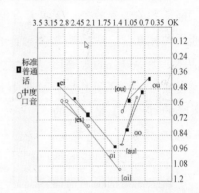

图3-17-1 中度口音和标准普通话　　图3-17-2 中度口音标准普通话
　　　二合元音男声声学元音图　　　　　　二合元音女声声学元音图

从图3-17中我们可以看到中度口音的女子四个前响复韵母与标准普通话还是有一定差距的,主要表现为两个元音都比普通话低,在开口度方面比重度口音改善不少。但是也比较靠前,这是受到单韵母系统的影响。ao 韵的主要元音也比标准普通话低,也靠前,已不是真正的后元音,ou 也是同样的问题。但跨越的频率区域比重度口音大多了。

中度口音的男子 ai 前元音比标准男子偏前、偏低,后元音比标准偏后、偏低,前后两元音在舌位前后的跨度上不如标准普通话,但高低差距接近标准。ei 的舌位不管是横向还是纵向变化都不如标准明显,所以在重度口音里已接近单元音。ao、ou 则都比标准偏前,也都比标准偏低,说明中度男子也已经注意到开口度的变化,与重度口音相比有明显改善。总体而言,女子的发音情况好于男子,最明显的差别就是女子的元音的频率变化大于男子,分布比较具有趋散性,不管前后、高低,跨越的频率范围都比较大,而男子的元音分布相对集中,发音部位更央化。其实,这也是为什么女子比男子发音口齿更清晰的原因。

四、鼻韵母

不少研究表明,汉语的鼻音韵尾不像其他有些语言中元音后的鼻辅音那样完整、充分,在一定程度上具有弱化的倾向。Barale(1982)假定鼻尾音节的弱化(weakening)经历三个阶段:前接元音鼻化;韵尾鼻音的脱落;前接元音鼻化的消除。弱化的因素有很多，较早谈到这一点的是董少文(李荣)，他在《语音常识》(1956:68)中就已指出[a]后头的鼻音韵尾[n]、[ŋ]比较弱，其他元音后头的鼻音韵尾[n]、[ŋ]比较显著。李荣(1963:33)还指出韵尾－n 在[i]、[y]、[u]、[e]之后，发得更长些，更强些。这一看法实际上指出鼻尾的充分程度与前接元音的舌位高低有关。李荣先生优异独到的感性经验不断为后来的实验研究所证实。吴宗济(1986)通过实验研究指出："普通话中的这两组韵尾鼻音(指－n 和－ng)……是一种不太纯粹的鼻音，在元音之间的界限常常缺少'断层'现象，界限不够明显，测量其长度要靠目估。"(吴宗济，1989:149)并进一步认为："普通话在自然语言中的鼻音韵尾和韵母差不多是一个整体，它不是元音加上完整的鼻音，而是元音后部的鼻音化。""鼻尾的不同表现决定于鼻尾本身的发音部位以及前面元音的发音部位和开口度大小。一般地说，前面元音越靠后鼻尾越长；前面元音开口度越小鼻尾也越长。""时长越短的鼻尾越容易脱落。"林茂灿和颜景助(1992)详细考查了普通话鼻韵母音节中的协同发音情况。他们认为："和其他语言一样，鼻辅音前面元音的共振峰过渡是区分/n/和/ŋ/的最重要依据。"

在普通话的音系中，共有 16 个鼻韵母，8 个是带－n 的前鼻音韵母，包括[an]、[iɛn]、[uan]、[yɛn]、[ən]、[in]、[un]、[yn]；有 8 个是带－ng 的后鼻音韵母，包括[ɑŋ]、[iɑŋ]、[uɑŋ]、[əŋ]、[iŋ]、[uəŋ]、[oŋ]、[ioŋ]。而在无锡话的音系中，带鼻韵尾的字比普通话少得多，其中来自咸山摄的字在普通话里念前鼻音韵母[an]、[uan]、[iɛn]，在无锡话里念开音节，没有鼻尾，也没有介音。而一部分在普通话中念后鼻音韵母的字在无锡话里多数以鼻化元音的形式存在，所以在无锡话中缺少前后鼻音的对立，这就造成无锡人学说普通话时不能很好地区分前后鼻尾音。这在对音类偏误现象的统计结果中也已经得到证明，即便是口音较轻的发音人，对前后鼻尾音的区分依然存在困难。

我们知道，鼻韵母的发音跟复韵母一样，也是由一个音向另一个音滑动而成的。发鼻韵母时，由元音状态向鼻音状态渐变，软腭逐渐下降，并没有一下子把口腔关闭，韵母中的鼻辅音只有成阻阶段，没有除阻阶段，跟声母中的鼻辅音不一样。

本节主要考察 an、ian、ang、iang 四个鼻韵母的发音情况。主要元音都是低元音。

(一) an

普通话里 an 中的 a 是前低元音，发音时先发[a]，[a]比发单元音时要靠前，接着舌位逐渐抬高，最后舌尖抵住上齿龈，这时软腭下垂气流改从鼻腔出来，发出鼻音 n。无锡方言前低元音没有鼻韵尾，读作鼻化元音。鼻化元音和鼻韵母的区别在于,鼻化元音就是发元音的同时,软腭垂下来,打开鼻腔通路,使声音不但从口腔出去,也从鼻腔出去,形成两个共鸣腔,使元音的音色带上了鼻音的色彩。在这个过程中,舌位没有明显的滑动;而鼻韵母是发完元音后,舌头要指向固定部位(齿龈或舌根)的。普通话带前鼻韵尾的字若后面还有其他音节,舌头因发音省力也不一定会回到固定部位,但鼻音韵母中元音和鼻音是有先后关系的。

下面我们来看无锡方言里"浜"[pã]和标准普通话"办"[pan]的发音情况。

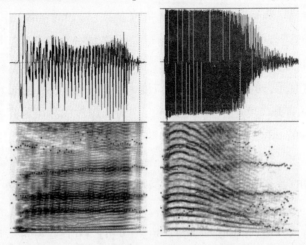

图 3-18-1　无锡方言"浜"的发音图　　图 3-18-2　普通话"办"的发音图

从上图可见,无锡方言里的"浜"的韵母[ã]是个典型的鼻化元音。F_1、F_2 几乎平直,没有滑动的迹象。标准普通话发音人发 an 时,由于 a 是前低元音,随着舌位抬高,F_1 明显变小,有滑动的迹象。

再看重度口音发音人发 an 时的情况。

单念时,男女发音人差别不大,F_1、F_2 上下浮动范围不明显。而 F_1 与标准普通话差别较大,舌位基本没有抬高的迹象,与方言中鼻化音[ã]的共振峰走势比较接近。

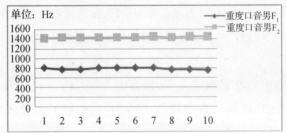

图 3-19-1　重度口音的普通话单念 an 韵

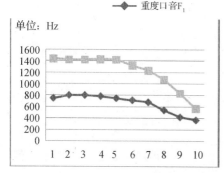

图 3-19-2 重度口音男子
普通话语流中的 an 韵

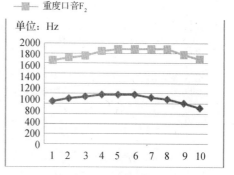

图 3-19-3 重度口音女子
普通话流中的 an 韵

但是我们发现,在语流中由于受到后面音节的影响,男、女重度口音发音人在语流中的表现与单念时有所不同。上图分别是男、女重度口音发音人在语流中发 an 时的共振峰模式图。两者的共同特点是 F_1、F_2 曲线后半段都向下弯曲,男子比女生的曲线要陡一些,舌位滑动的迹象更明显。这说明说话人在语流中受到后面音节声母的影响,舌头一般会适当归位,准备好发下一个音,所以 F_1 曲线反而开始接近标准普通话。但是 F_2 曲线也向下,说明舌头向后滑动,尤其后接舌根声母时(见图 3-20)。这与普通话的 F_2 曲线走向正好相反。按照道理,发[n]时舌尖与上齿背和齿龈交界处接触,舌位比发[a]时还要靠前。重度口音 an 的 F_2 曲线向下浮动如此明显,听感上甚至接近后鼻音韵母。正如前文所提到的"和其他语言一样,鼻辅音前面元音的共振峰过渡是区分/n/和/ŋ/的最重要依据",可能这也是普通话说得不好的人发音比较生硬的原因之一。

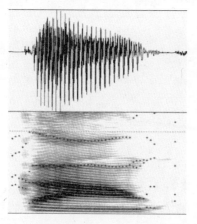

图 3-20-1 "赶快"中"赶"的语图(男)

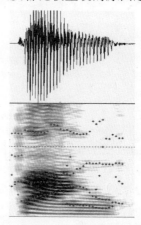

图 3-20-2 "赶快"中"赶"的语图(女)

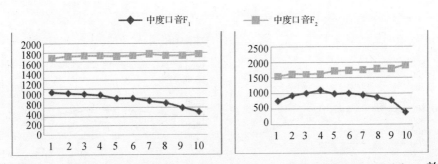

图 3-21-1 中度口音普通话男子单念 an 韵　　图 3-21-2 中度口音普通话女子单念 an 韵

图 3-21 分别是中度口音男、女单念 an 韵母的共振峰模式图。从图上我们看到中度口音的发音人已逐渐摆脱了方言中鼻化元音发音方法的影响,舌头在单念时就有明显的滑动,F_1 变小,舌位抬高。说明发音人已开始注意到鼻化音和鼻音韵尾的区别。F_2 的表现男女略有差别。男子跟重度口音单念时一样,比较平直,说明没有明显的前后滑动迹象。但女子在收尾时 F_2 向上翘起,说明舌头略向前伸,更接近标准普通话了。

(二) ian

一般来说,普通话带介音的鼻韵母在无锡话里大多念单元音或不带介音的鼻韵母。我们知道介音会影响主要元音的开口度和位置。所以无锡方言的这种特点是否也会影响到普通话的发音呢?下面笔者以 ian 为例,比较无锡方言口音的普通话和标准普通话的发音情况。

普通话 ian 这个韵母可以看作 i 和 an 的拼合。其中 i 的发音轻、短,a 的发音由于受到前面介音 i 的影响和后面 n 的高舌位的影响,会变成[æ]或者[ɛ]。

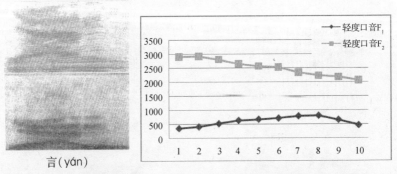

言(yán)

图 3-22-1 "言"的语图　　图 3-22-2 轻度口音的普通话 ian 韵

图 3-22-1 是吴宗济(1986)《汉语普通话语图册》中女子"言"的截图。从图中可以看到标准普通话 F_1 呈拱形,显示出从 i 到 a 再到 n 舌位高低的变化情

况。F_2变化幅度不如F_1大,相对比较平直,中间略呈凹状。说明北京人发这个音时舌位前后移动不多,主要元音的位置比介音和鼻尾要稍微靠后一些。

图3-22-2是轻度无锡口音的普通话中"言"的语图。因为男女发音图形差别不大,故以女子为例。通过比较我们发现轻度口音F_1也呈拱桥形,体现了先升后降的变化过程,但是F_1值最大处明显比标准普通话靠后,而且走势先平后升,说明轻度口音虽然有i—ɑ—n的过渡,但是从介音"i"到ɑ发音动程比标准普通话长,主要元音和鼻音韵尾在后半段显得比较仓促,浊鼻音的共振峰特色不明显,这说明即使到轻度口音,ian韵鼻尾也不明显。F_2的走向和标准普通话也不一样,数值变小,说明舌位逐渐后移,这是因为无锡人韵母鼻音韵尾阻塞气流的部位不是舌尖抵住上齿龈,而是在舌尖抵住上齿龈的同时,舌面也抵住了硬腭,或者干脆舌面中部隆起接触硬腭前部,缩小了口腔共鸣空间,这就使得 –n 含混不清,主要元音势必随之有央化趋势。而标准普通话韵母三个部分基本都在前面。与中度和重度口音相比,轻度口音F_2下降的幅度是最大的,实际上这是因为中度和重度口音介音的舌位没有轻度口音前,变化幅度不大,三者最终的低点是基本一致的。

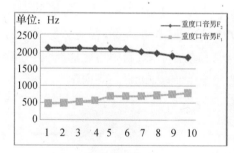 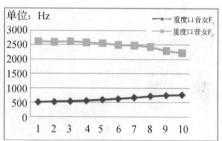

图3-23-1 重度口音的普通话男子 ian 韵　　图3-23-2 重度口音的普通话女子 ian 韵

上图分别是重度无锡口音的普通话男女单念"言"字的语图。与标准普通话最大的不同是F_1的走向,没有先升后降的变化,男女子都只是比较平缓地上升,且幅度不大。F_1的最高点非常靠后,一方面说明i介音的时长非常长,另一方面舌头降低后再也没有上升的趋势,鼻尾基本脱落了,所谓的鼻音是鼻化的色彩。同时我们也发现,开始发音时重度口音F_1和F_2之间的距离明显小于轻度口音,体现为舌位没有轻度口音高,也没有轻度口音靠前(这与单元音的表现是一样的),以至于向主要元音的过渡不明显。这是受到方言的影响。无锡话里咸山摄开口三四等字念[ɪ],是开音节,没有鼻音韵尾,而且是高元音,动程不明显,发音时舌头抵住下齿背。由于舌位高,所以开口度很小。受此影响,口音越重,发 i 的时长越长,舌位越没有明显变化,开口度也越小。

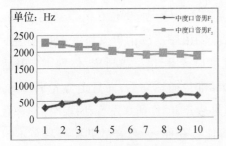 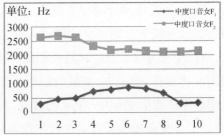

图 3-24-1　中度口音普通话男子 ian 韵　　图 3-24-2　中度口音普通话女子 ian 韵

上图分别是中度口音男女念"言"的共振峰模式图。到了中度水平,舌位变化明显得多,尤其是女性发音人,F_1 呈现出与标准普通话一样的拱桥形,说明已经注意到鼻化和鼻音韵尾的区别,而且开口度大小有明显的变化。开始部分 F_1 和 F_2 的区间比重度口音大,但不如轻度口音。主要是介音 i 的舌位不够前。F_2 也只降不升,同样是韵母鼻音韵尾成阻和持阻部位靠后的问题。这一问题一直要持续到轻度口音。

3. ang

后鼻音由于[ŋ]的发音部位在软腭,所以受到[ŋ]的影响,主要元音的发音部位也会向后移动,[ŋ]尾的时长就比 n 尾长。以 ang 为例,普通话发这个韵时,先从后 a 开始,舌面后部抬高,同时软腭和小舌下降,封闭口腔通路,打开鼻腔通路,气流从鼻腔通过。下面是标准普通话中"张"和"暗"的语图。

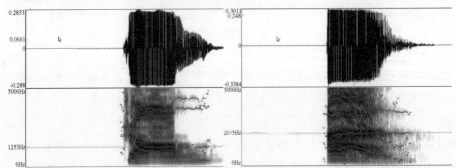

图 3-25-1　标准普通话中"张"的语图　　图 3-25-2　标准普通话中"暗"的语图

两图相比,可以看出 ang 中的 a 最稳定时段的 F_2(1000～1200Hz)比 an 的 F_2(2000～2500Hz)低,说明舌位比较靠后。两者前后鼻音韵尾能比较明显地看出,ng 尾在 100～1500Hz 和 3500～4500Hz 形成强频区,n 尾主要在 250～2500Hz,3000～3500Hz 之间形成强频区。但[-ŋ]的能量大于[-n],并且持续的时间比 n 长。

普通话念[ɑŋ]的字有一部分来自古宕江摄一二等字,如,仓、棒、刚、郎,无锡方言念后低圆唇元音带鼻化[õ],还有一部分念[aŋ]的字来自宕摄开口三等,无锡方言念前低不圆唇元音带鼻化[ã]韵,如,张、厂、上等知章组字。除了鼻化和鼻韵尾的区别以外,主要元音也不同。

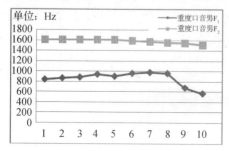
图3-26-1　重度口音的普通话男子 ang 韵

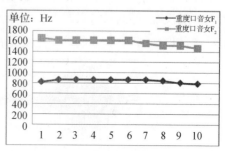
图3-26-2　重度口音的普通话女子 ang 韵

上图分别是重度无锡口音发音人单念"ang"韵的共振峰模式图。如图所示,重度口音的普通话发音人在念 ang 韵字时发完主要元音后,舌面后部很长一段时间都不会抬高,F_1 的变化不明显,比较平稳,这显然是受到方言里该韵常念鼻化元音的影响。但后期男子 F_1 有突然下降的趋势。舌位大多比较靠前,男子 F_2 在 1500～1600Hz 之间,女子在 1600～1700Hz 之间。标准普通话的 F_2 一般在 1100～1200Hz 之间。鼻尾有的不明显,表现为弱化,甚至脱落。如图3-27-1。有的存在强化的现象,表现为韵尾发音偏后,如图3-27-2。总体而言,这一情况男子好于女子。

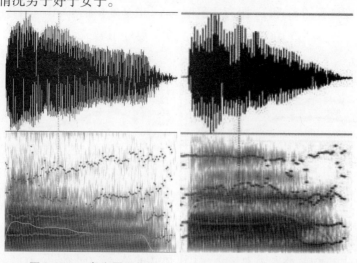
图3-27-1　鼻音尾弱化图　　图3-27-2　鼻音尾强化

一般来说,重度口音发音人念 ang 时,如果遇到声母为舌根辅音、舌尖中音或唇音时,有些人的 F_2 会变小,比标准普通话还要小,只有 1000Hz 左右。如图 3-28 所示的"刚刚"。这是因为帮组、端组和见组宕摄一等字的韵母在无锡话里是[ɒ̃],这是舌面后、低、圆唇元音。庄组宕摄字虽然也念[ɒ̃]韵,但由于知章组字都念[ã]韵,庄组字数量上不占优势,容易被同化,又由于普通话说得不好的人一般没有舌尖后音,只有舌尖前音,受到音节内的协调作用,使得主要元音前移,所以[ts]组字 ang 韵母的主要元音偏前。

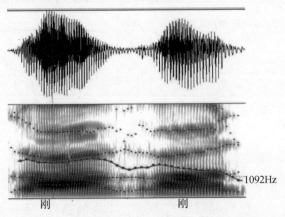

图 3-28　无锡口音的普通话发"刚刚"的语图

中度口音不论男女 F_1 都体现出从高到低的滑动趋势,说明发完主要元音 ɑ 后,舌位向上抬起。最高点明显靠前,之后缓慢下降,没有特意强化鼻尾。女子 F_1 落点比男子低。F_2 值男子仍在 1400Hz 左右,比较靠前。女子下降到 1200Hz 附近。中度口音的 F_1 和 F_2 距离比重度缩小,最窄处相距 400Hz 左右,而重度口音 F_1 和 F_2 最小相差 1000Hz。这一情况女子要好于男子。

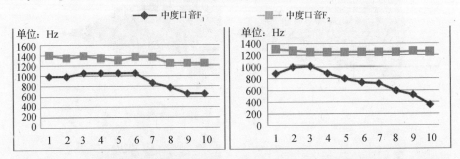

图 3-29-1　中度口音的普通话男子 ang 韵　　图 3-29-2　中度口音的普通话女子 ang 韵

（四）iang

普通话里 iang 韵实际上是介音 i 和 ang 的结合。ɑ 仍是后[ɑ]。无锡话里与之相对应的韵母是[iã]，主要元音是前[a]。所以与普通话的区别主要在于主要元音的位置和鼻尾的表现，口形都是由闭到开。

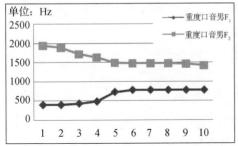

图3-30-1 重度口音的普通话男子 iang 有韵

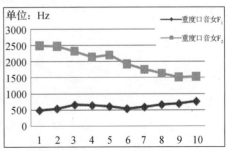

图3-30-2 重度口音的普通话女子 iang 有韵

由于前面 i 介音的缘故，F_1、F_2 开头部分相距甚远，口音越轻，差距越大，F_1、F_2 呈正相关，舌位就越前、越高。不同程度口音的普通话 F_1、F_2 的差距都是女子大于男子，重度口音女子最大处相差2000Hz，男子只有1500Hz左右。中度口音女子相差2300Hz，男子只相差1300Hz。轻度一般相差2700Hz。但是介音时间相对较长，影响舌位后移的速度，结果导致重度口音不论男女 F_2 下降后一般在1500Hz上下，相比中度和轻度口音要高一些（中度口音主要元音的 F_2 只有1200Hz左右），有的人甚至高达2000Hz，主要元音有央化甚至靠前的趋势。受主要元音前移的影响韵尾也已经不是舌根鼻音了。但重度口音男子要好于女子，因为女子 F_1 曲线波动不大，最高与最低处只相差200Hz不到，而男子相差350Hz，说明开口度变化比女子大，但鼻音尾表现仍不明显，发完主要元音后，舌位似乎没有抬高的趋势。

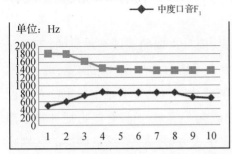

图3-31-1 中度口音普通话男子 iang 韵

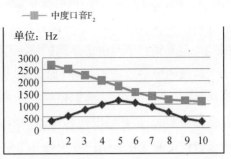

图3-31-2 中度口音普通话女子 iang 韵

中度口音的发音人都注意到舌位从高到低的变化，尤其是女子，舌位经历了先高后低再高的过程，前后位置的移动也很明显，体现出舌根鼻音尾的色彩。而男子发完主要元音后，舌位抬高的程度不够，而且 F_2 的降幅也不如女子，主要元音的位置比较偏前。所以这一程度的女子要好于男子,但介音 i 的时长仍相对较长。

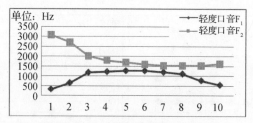

图 3-32　轻度口音的普通话 iang 韵

无锡口音的普通话中前鼻韵母和后鼻韵母与标准普通话的差异,主要表现在主要元音的位置和鼻尾部分。特别是在重度口音阶段,由于受到方言的影响,韵母主要元音舌位该前的时候偏后,该后的时候又偏前,而且整个韵母缺乏动程,鼻尾不明显,带有鼻化色彩。

五、声调

汉语是有声调的语言。和其他声调语言一样,汉语中声调的数量比声母和韵母少得多,所以每个声调在语音结构中所担负的责任也比较重,不管是在普通话,还是方言中,各个声母和韵母在话语中出现的频率都不会很高,即使发音时出现一个错,因为还有其他声母和韵母在话语中不断出现,人们不一定会很快听出来,而声调由于数量少,每个声调出现的频率很高,所以一旦某个声调读不准,人们就很快能听出。声调可以说是"语音结构中最为敏感的成分"。但是"感知声调,要比感知元音和辅音复杂"。声调的调值不同,窄带语图上所显示的音高模式也必然不同。"声调的音高变化主要由声带振动所产生的基频决定的",但是基频并不是辨认声调的唯一信息,而且声调的调域是相对的,不只每个人调域的频率范围不一样,即使同一个人说话时调域也会时而宽,时而窄。再次是因为每一个调类的调值在一定的调域范围内也并不是很稳定的。我们在感知声调时,还是可以把各种不同的调域统一起来,而且有能力把种种不同的基频频率的变化分别归入少数几个调类中去,这是因为"汉语调类的区别是有范畴性的……这种声调范畴是我们在学习普通话阴平和阳平调类区别时逐步建立起来的感知范畴"(林焘,王理嘉,1992:140—144)。

我们已经知道声波的基频频率和感知到的音高并非总是一致,因为前者是线性的,而后者是对数性的。此外,窄带语图中的弯头和降尾也不容易感知,它们是发音器官开始和结束发音时由于惯性活动而产生的。但是两者之间可以进行换算,并且已有的研究表明"声调的语图模式和五度制标调的调值大体相当"(林焘,王理嘉,1992:141),这就为我们的研究奠定了比较的基础。

前文提到每一个调类的调值在一定的调域范围内也并不是很稳定的。比如同样都是北京人,单独说普通话四声,"阴平可以是[55],也可以是[44],阳平可以是[35][25][325][425],上声可以是[214][213][212],去声则一般是[51]。之所以一般把普通话的阴平定为[55],阳平定为[35],上声定为[214],去声定为[51],是因为这种调值之间的对立在单独发音时最常见,也最能表现调值之间的区别"(林焘,王理嘉,1992:143)。所以我们在考察声调的调值缺陷时,不必太在意某个字具体的调值是多少,最主要的是考察四声之间最常见的相对关系。

(一) 语料的选择和处理

在语料的选择上,我们选择声母和韵母相同的音节按照阴平、阳平、上声、去声四个声调排列。考虑到声母对后面元音的基频会产生影响,而且不同的元音固有的基频也不一样,所以理想的做法是按照声母和韵母的发音部位分别举例调查。但由于时间有限,这次调查韵母尽量选单元音,高元音、低元音、前元音、后元音都有涉及,如"衣疑以意、乌无五勿、妈麻马骂"。其他声母和复韵母是否会对结果产生影响有待进一步调查。

我们从语图中可以清楚地看到声调的语图模式和五度制标调的调值大体相当。但是"由感知确定的五度制的五度,并不是音高频率的等分值"(林焘,王理嘉,1992:143)。两者之间存在对数关系,把测到声调的基频值转换成五度制,计算非常繁复,耗时较多。由于本研究的主要目的不是研究实验语音学,只需要考察四个声调的相对关系,所以仅以声调的语图模式为例。

(二) 无锡口音的普通话的声调模式图

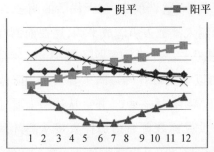 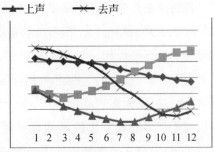

图 3-33-1 重度口音的普通话男声声调调值　　图 3-33-2 重度口音的普通话女声声调调值

上图分别为重度口音的普通话男、女的声调模式图,我们从中可以看到重度口音男、女的调值与标准口音都存在一定的差异,但是相对来说,女子各个调类的调值差别比较明显,但是从调型上看,男子似乎更接近标准普通话。

具体而言,四个声调中上声男、女表现都比较好,因为无锡方言中阴上调型和普通话非常相像,都是低调,并且也是先降后升,因此无锡人习得普通话上声时比较容易。只是标准普通话上声开头部分比较低沉,落点比起点高一些,一般记作[214]。但是也有研究者发现北京人在说上声时调值也会有种种变化,比如"上声可以是[214][213][212]"(林焘,王理嘉,1992:143)。在重度口音的普通话中,我们也发现很多这样的调值和调型,这些都不能算是缺陷。但是起点高、终点低的调型,明显是发音后期没有到位,这种现象在重度口音的普通话中也比较多,女子比男子多一些。

女子阴平调的调值起点较高,能达到5,而男子比较低,只有4。但是女子的阴平调没有男子平直,后半段有所下降,这可能受到方言影响,无锡话里阴平调有两种调型,一种是平调,比较新,可记作55或44;一种是降调,比较老,记作53。口音重的无锡人说普通话时经常把阴平念成降调,有的甚至与去声调值混同了。

标准普通话的阳平调是一个升调,调值35。重度口音女子是明显的曲折调,在发音起始阶段有一小段降调然后才升上去,结束阶段又有一小段平调,最高点比阴平稍低,可能是前面调值的下降消耗了部分能量以至于升得不够高。无锡话的阳平调和阳去调一样,都是一个低的曲折调,先降后升。可见发音人已经注意到普通话和无锡话阳平调值上的差异,也在向普通话的调值靠拢,所以尽管还带有一点无锡话阳平调型的影子,但起点已经比无锡话高一度,并且降调的时长也很短,不太明显,男子发音阳平甚至基本没有下降的迹象。只是男子阳平起点和终点之间的跨度没有标准普通话大,可能是省力的缘故。发这个这个调,男子总体好于女子。

普通话去声的特点是高降调,起点高,终点低,调值51与无锡话的阴去34和阳去213差别都很大。很多口音重的无锡人都把去声念成平调,这在前面音值偏误中也已经提到。无锡话里除了老派阴平会有部分念做降调53外,新派基本没有降调,较多的是曲折调和升调,所以重度口音的缺陷主要表现为降幅不够,比如男子大多只降到一半,女子的降幅稍微大一些。并且从调型上看他们在开头部分都有一小段平调或升调,并没像标准普通话那样直接从高降到低,女子的去声甚至在结尾处还略微有上翘的趋势。

第三章　无锡口音普通话的语音问题

在调查中我们发现,重度口音发音人声调问题很多,有完全读错调类的,如阴平读成降调,阴去读成平调的,也有调型与普通话不符,或者调值不到位的。但是重度口音发音人并不是每人每次每个音节的声调都读错,其中也有读得比较标准的。轻度口音发音人普遍声调面貌比重度口音发音人好得多,但也不是每个音节每人每次都念到位了。所以笔者认为通过计算平均值得到的调值只能反映发音人声调大致的趋向,因为不同的调型有时在一起算平均值反而会起中和作用并且掩盖掉一些特点。

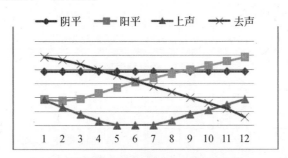

图 3-34　中度和轻度口音的普通话声调调值

中度口音阴平高度还是不够,没有达到 55,只有 44。但基本没有降调现象出现。可见发音人已经明确意识到普通话阴平和无锡话阴平的差别。但是在高度的把握上还不够。阳平基本上开头部分的曲折已经不太明显了,上升的高度也基本达到标准普通话的要求。上声起点和落点一样高,并没有像标准普通话[214]那样,前低后高,由此可见方言的调型与普通话越相似,人们越难放弃方言的调值。四个声调中表现最好的是去声,无论从调型还是调值上看,与标准普通话的表现基本一致。总的来说,去声是中度比重度改善最多的一个调类,其次是阳平,再次是上声,阴平高度不够的问题一直持续着。

第五节　无锡口音普通话的语音特点

一、偏误发展的动态性

这里主要指随着普通话水平的提高,哪些偏误得到改善,哪些偏误仍然保持。偏误项只涉及音类偏误和音值偏误,不涉及音值缺陷。"＋"表示存在,"－"表示不存在。

表 3-22 声母偏误变化表

偏误类型	重度	中度	轻度	偏误类型	重度	中度	轻度
平翘舌不分	+	+	+	[ɕ]发成零声母	+	−	−
[ʐ]发成[l]	+	+	−	尖音保留	+	−	−
全浊声母保留	+	−	−	[tʂ]组发成[tɕ]组	+	−	−
送气音和不送气音混读	+	−	−	见系二等字声母发舌根音	+	−	−
[x]与[k]组成相混	+	−	−	[kʰ]与[k]相混	+	−	−
零声母发成其他声母	+	+	−	[n]发成[ŋ]	+	+	+
舌根擦音发成零声母	+	−	−	[ʐ]声母发成[z]	+	−	−

表 3-23 韵母偏误变化表

偏误类型	重度	中度	轻度	偏误类型	重度	中度	轻度
[ɿ]、[ʅ]混读	+	+	+	丢失鼻韵尾	+	−	−
[ɿ]发成[ʮ]	+	−	−	复元音发成鼻化元音，如[ai]发成[ã]	+	−	−
单韵母发成复韵母	+	−	−	前后鼻韵尾不分	+	+	+
复韵母发成单韵母：[ai]发成[a]，[ei]发成[i]，[uo]发成[ɤ]	+	−	−	鼻音韵尾[əŋ]发成鼻化元音[ã]	+	−	−
开口度变小，[uai]发成[uei]	+	−	−	入声问题	+	+	−
开口度变小，[uo]发成[u]	+	−	−	[əu]发成[mɯ]	+	−	−
开口度变大，[ie]发成[ia]	+	−	−	[u]韵舌位靠前	+	+	+
后响复韵母发成前响复韵母	+	−	−	[A]韵舌位靠前	+	+	+
撮口呼发成齐齿呼：[y][yɛ][yɛn]分别发成[i][iɛ][iɛn]	+	−	−	[ai]、[ei]、[uei]均发成[e]	+	−	−
[oŋ]、[uaŋ]发成[uŋ]	+	+	−	[uei]、[uai]均念成[ue]	+	−	−
开口呼读成合口呼：[ei]发成[uei]，[an]发成[uan]，[aŋ]发成[uaŋ]	+	−	−	[ie]开口度不够，发成[i]	+	−	−
合口呼读成开口呼：[uei]发成[ei]，[uən]发成[ən]，[uan]发成[an]	+	−	−	[ɤ]、[u]、[uo]均发成[əɯ]	+	−	−

第三章　无锡口音普通话的语音问题

表 3-24　声调偏误变化表

普通话	锡普	重度	中度	轻度	普通话	锡普	重度	中度	轻度
阴平 55	35	+	+	+	上声 214	55	+	+	+
	214	+	+	+		35	+	+	+
	51	+	+	+		14(2)	+	−	−
	5	+	+	−		51	+	+	+
	53	+	+	+		5	+	+	+
阳平 35	51	+	+	+	去声 51	55	+	+	+
	55	+	+	+		35	+	+	+
	214	+	+	+		142	+	−	−
	5	+	+	−		21(4)	+	+	+
	21	+	−	−		5	+	+	+

上表显示无锡口音的普通话中重中轻不同程度的语音偏误种类的动态变化，体现出较明显的梯度。声韵调偏误类型的数量也逐级降低。本研究统计的语音项包括 22 个声母、39 个韵母和 4 个声调，共计 65 个。下表显示了从重度到轻度各等级偏误发生面的变化情况。

表 3-25　各等级偏误发生的变化

等级	语音项	偏误项	显著偏误项	R_1	R_2
重度	65	59	47	90.76%	72.3%
中度	65	55	21	84.61%	32.31%
轻度	65	24	8	36.9%	12.31%

上表显示，R_1 从重度到轻度并没有显著下降，而 R_2 却呈下降趋势。大多数偏误类型到中度和轻度口音基本都消失了，轻度 R_1 为 36.9%，但 R_2 进一步降低至 12.31%。这说明轻度口音的普通话整体偏误比例相当低，已经接近标准程度，但还不够稳定，在不少语音项目上，尤其是难点语音项目上还会偶有失误。

但是我们也发现有一些偏误项"顽固"地持续到中度口音，甚至轻度口音。不同程度的无锡口音的普通话尽管有相同的语音偏误类型，但该类型偏误出现次数并不一致，甚至会有很大的差别。因此，如果想要动态地显示中介音向标准语靠近的过程，除了考虑偏误覆盖率外，还应该考察不同口音的偏误率 r。r 是语音项偏误次数与出现次数的比值。下表是重度口音持续到轻度口音的语音项及其偏误比例。

表 3-26 各偏误项及其偏误比例

偏误类型	重度	中度	轻度	偏误类型	重度	中度	轻度
翘舌音①读成平舌音②	68%	28%	4%	[l]读成[z̩]	78%	12%	5%
平舌音读成翘舌音	30%	19%	2%	[z̩]读成[l]	84%	18%	4%
[n]读成[n̠]	100%	92%	48%	[ən]读成[əŋ]	25%	12%	7%
[iŋ]读成[in]	90%	74%	38%	[əŋ]读成[ən]	65%	45%	18%
[in]读成[iŋ]	24%	11%	9%	唇辅音后的[əŋ]和[uəŋ]均读成[uŋ]	92%	35%	0
[u]韵舌位前后问题	80%	72%	34%	阴平 55 读成 51	14%	7%	5%
[ʌ]韵舌位前后问题	85%	75%	58%	阴平 55 读成 214	15%	12%	3%
阴平 55 读成 35	30%	4%	2%	阳平 55 读成 51	22%	6%	8%
阳平 35 读成 214	22%	15%	4%	阳平 35 读成 55	0	4%	0
阳平 35 读成 51	3%	8%	0	上声 214 读成 35	26%	9%	0
上声 214 读成 51	23%	8%	3%	上声 214 读成 55	32%	16%	3%
去声 51 读成 214	30%	10%	7%	去声 51 读成 55	32%	15%	5%
轻声问题	75%	43%	17%	去声 51 读成 35	17%	6%	3%

表 3-26 显示,到中度口音改善比较明显的是:声调问题、平翘舌、[z̩]读成[l]的现象大大减少;除了个别常用的字如"个、一、这"等字还保留入声的特点外,入声基本消失。偏误改善比较明显。

到中度阶段改善不明显的是[n]读成[n̠],[u]韵、[ʌ]韵的舌位前后问题,偏误率都超过 50%,前后鼻音不分,唇辅音后的[əŋ]、[uəŋ]读成[uŋ]等问题,在中度阶段依然常见。

持续到轻度口音的偏误语音项就更少了。大部分语音项目的偏误都不显著,低于 5%。入声等问题基本解决,平翘舌音的问题也有明显的改善,r 值低于 5%。显著偏误项中具体项目的 r 值属前后鼻音最突出,超过 15%,其中[əŋ]的情况要好于[iŋ],主要是因为普通话"[ən]里[ə]舌位略后而低,大致在[ə]和[ʌ]之间,比较'分[fən]'和'风[fʌŋ]'就能感觉到两者的区别"(林焘、王理嘉,1992:114)。尤其前面是舌根辅音时,差别更明显,习得也相对容易些。[iŋ]和[in]的区分不是很明显,很多人为了强调后鼻韵尾,造成过度分析,听起

---

① 由于舌尖后元音只与[tʂ]组声母相拼,故借用俗称"翘舌音"指代舌尖后元音和[tʂ]组声母。
② 由于舌尖前元音只与[ts]组声母相拼,故借用俗称"平舌音"指代舌尖前元音和[ts]组声母。

来反而更不自然。前鼻音的 r 值在 7%～10% 之间,与中度口音相比改善不明显。

平舌音和前鼻音问题显然是发音人将普通话中原本与方言一致的音矫枉过正了,把容易的音反而发成难发的音了。这说明普通话水平较高的人对方言和普通话语音的差别辨别能力较强,但普通话知识掌握还不够全面。

二、偏误发展的方向性

从表 3-22、表 3-23、表 3-24 我们发现,中度和轻度口音出现的问题一般在重度口音中都能找到,但是在中度和轻度阶段也会出现重度阶段没有出现过的新问题或较少出现的问题,比如重度阶段很少有将[l]错读成[ʐ]的情况,而在中度阶段却出现了这样的偏误。

因此偏误有单向的,也有双向的,这主要是针对音类偏误和音值偏误而言的。所谓单向性偏误是应该读甲音却错读成了乙音,但乙音不会错读成甲音;而双向性偏误就是应该读甲音却读成了乙音,应该读乙音却读成了甲音。下面我们将双向性偏误在不同口音的普通话中的表现列表如下:

表 3-27 双向性偏误的各种表现

	双向性偏误		
	重度	中度	轻度
声母	[ts]—[tʂ],[kʰ]—[x],[x]—[∅]	[ts]—[tʂ],[l]—[ʐ]	[ts]—[tʂ],[l]—[ʐ]
韵母	[ɿ]—[ʅ],[uo]—[ə],[ei]—[uei],[an]—[uan]	[ɿ]—[ʅ],[ən]—[əŋ],[in]—[iŋ]	[ɿ]—[ʅ],[ən]—[əŋ],[in]—[iŋ]
声调	55—35,55—214,55—51,35—51,35—214,214—55	55—35,55—214,55—51,35—51 35—214,214—51	55—214,55—51,214—51,35—214

除了上表列出的双向偏误外,其余都是单向性偏误,可见无锡口音的普通话主要以单向性偏误为主。但是在不同程度的锡普中表现并不一样。重度口音声韵调都以单向偏误为主。其中[kʰ]和[x]的混读主要集中在少数几个特殊的常用字上,如"况、环";[x]和[∅],[uo]和[ə]虽然有混读,但是后者读成前者的概率大大小于前者读成后者,比如[x]读成[∅],有"黄、皇、簧、谎、还、换、会、回"等一系列匣母字,而[∅]读成[x],调查下来只有人将"魏"读成"会"。重度口音发音人会将一系列果摄字念成[ə],而将[ə]念成[uo]的只有

一个字——"着"。但重度口音也有一些不会出现在中度和轻度的双向错误,如[ei]和[uei],[an]和[uan]。

除了音值偏误外,中度和轻度口音双向性偏误逐渐增多,尤其到了轻度口音阶段,几乎都是双向性偏误。这说明普通话水平越高的人,对于方言和普通话差异的辨别能力越强,但是有时难免会矫枉过正。相反,口音重的人对方言中没有的音习得能力比较差,根本没有可能发生双向性偏误。比如[ʐ]、[iŋ]、[əŋ]是无锡话中没有的音,但有比较接近的[l]、[in]、[ən],因此发音人对方言就会产生依赖感,直接用方言的音代替陌生的音,所以对于新出现的音就很难完全习得。而普通话水平高的人,已经能清楚地感知方言和普通话之间的差别,但是由于缺乏单一的对应关系的把握,因此有时分不清哪些字该念[ʐ]、[iŋ]、[əŋ],哪些字该念[l]、[in]、[ən]。一旦过渡泛化,反而容易产生双向性偏误。

三、偏误原因的多样性

导致方言区人讲普通话带有口音的根源有社会的、历史的、政治的、文化的等多种因素。其中最主要的有以下几种:

(一)方言的干扰

方言的干扰也叫方言的负迁移。这是阻碍方言区的人习得标准普通话的最主要的因素。方言区的人在学习普通话之前大多已经获得了方言的经验和知识,相比较而言,普通话知识是新的、不完备的,也是很有限的。因此,方言的经验必然会对普通话的语言形式发生干扰作用。这种干扰作用的直接表现是用方言的语言规律代替普通话的语言规律。这一点在音类偏误和音值偏误中有详细的描写,我们发现很多偏误都可以在方言和普通话的对比中找到原因。

(二)普通话知识的干扰

在学习者掌握普通话知识不全面的情况下,会把所学的有限的普通话知识随便加以类推套用,这样就会产生偏误。这类偏误有"泛化、简化、归纳偏误、回避性偏误、交际策略偏误等等形式。其中'过渡泛化'是很常见的"(陈亚川,2001)。过渡泛化其实就是类似于人们常说的"矫枉过正",是对普通话的规则做不恰当的过分使用。比如在语言训练中,由于语言现象的复杂性和教学的主客观条件的限制,如果对应规律概况总结得不全面、不标准,忽略了特殊的情况,就会成为产生偏误的根源。比如我们常利用偏旁类推同一类字的读音,如含有"令"的字大多是舌根后鼻韵尾,但是"拎"就是个例外。另外,把普通话该念平舌音的字,念成翘舌音就是典型的过度泛化。舌尖音在整个声母里所占的比例比较高。有人统计,舌尖前音和舌尖后音的出现率占整个声母的23%(陈明远,1981),因此舌尖音的混淆是方言口音的普通话和标准普通话在声母上的最大差别。在普通话中,舌尖后音和舌尖前音的比例大致是4∶1。对于方言区的人来说,哪个字发舌尖前音,哪个字发舌尖后音,都需要死记,或者通过偏旁类推,如把"窜""串"归为同声母。这样很容易将类推扩大化,把方言中本来和普通话一致的舌尖前音也类推到了舌尖后音中。这种矫枉过正的现象不仅在无锡话中存在,在很多不分平翘舌的方言区的人学习普通话的过程中都会出现(姚佑椿,1988;傅灵,2008;高山,2006)。

（三）不同语言自身发展演变的差异

这主要是从中古音在各方言中的发展演变来看的。从根本上说,演变的结果直接造成不同语言中同一个语言成分的对应程度。一般来说,北方方言比南方方言发展得快,表现为声调简化、没有入声、不分清浊,看起来更新,离古音更远,但并非全部如此。而方言却走在了普通话前面,如普通话分平翘舌,韵母带元音韵尾,咸山摄保留鼻韵尾的特点就比不分平翘舌、不带韵尾的吴语离古音更近。所以南方人(包括无锡人)在习得自己方言中不分而普通话分的语音项目时困难度就比较大,其中最重要的因素就是方言和普通话的对应程度。

"……对应程度的大小,既与某个音对应的语音多少有关,也与其对应的规律有关。如果规律强,即使对应的语音多,其对应度也小;反之,对应度较大。而那种一一对应的,其规律性最强,说者只要简单折合就行,一般不会弄错。"(傅灵,2008∶114)我们在对无锡口音的普通话进行比较后发现,那些习得难度大的音大多是普通话和方言自身音类发展上存在分化的。比如从古音来源来看,大多数曾梗摄字现在都念后鼻音韵尾[ŋ],深臻摄念前鼻音韵尾,是分开的。但梗摄开口三等清韵的"拼聘贞侦"、曾摄的"矜肯"却是前鼻韵尾[n]。可见普通话自身的鼻韵尾在音类分合上并不一致。再举声母的例子,一等精组字在普通话中现在一般念[ts]组声母,知庄组念[tʂ]声母,但是很多庄组字在普通话中的读音产生了分化,即使同一韵也会不同,比如深摄侵韵庄组的"岑、森、簪、涩、参$_{参}$"念舌尖前音,而"渗、参$_{人参}$"念舌尖后音。而方言中知庄章组声母的演变就更复杂了。

由于这些音在各地方言中分化条件非常复杂,因此方言在和普通话接触的过程中不容易被方言区的人完全掌握。

(四) 接触环境的影响

口音的轻重程度有时与发音人接触的对象和环境也有关系。从社会语言学的理论分析,交际环境对于语言的使用、流通起着很重要的制约作用。比如生活在江浙沪一带的方言环境中,或者知道对方是江浙沪一带的人,因为对方能听懂,人们往往意识不到自己的普通话实际上是有问题的,有时即使会发标准的舌尖后音,也不大愿意发或者不会特别注意咬字的准确,至多将舌尖后音发成舌叶-齿龈音以区别于舌尖前音,反正不会发成卷舌音。因为跟吴语区的人交流,舌尖后音发不准是通病,非但不觉得对方的普通话有问题,反而觉得这种普通话更亲切,谁发成卷舌音反而显得做作。但如果在正式的场合,比如课堂上、演讲中,或者跟北京人打交道,一般会比较注意舌尖的位置,甚至卷舌的程度比较明显,而且有时还会出现"矫枉过正"的情况。这是受"语言归化"心理支配的。因为在正式的场合,或者跟北方人打交道,大家都发舌尖后音,不发或发得不到位会显得比较"俗气"。

(五) 普通话各种语音结构习得困难度的不同

标准普通话各种语音结构习得困难度的不同也是形成各种程度无锡口音的普通话的原因之一。调查分析发现第一章归纳的无锡话和普通话语音系统的结构差异部分往往就是母语为无锡话的人习得普通话的语音结构难点。也就是说,发生偏误的语音项往往还是普通话中有而方言中没有的成分,比如无锡方言中没有[tʂ]组声母,没有[ʐ]声母,也没有后鼻韵母等,都是发生偏误的主要原因。因为对于方言区的人来说要学会一个新的音,首先得通过听辨建立新的语音范畴,然后还得知道怎么发这个音,这可能与母语长期以来的发音习惯很不一样,最后还得将这个音与母语中的音建立对应关系,这些都使得习得的困难要大一些。同时方言中有而普通话中没有的成分也会发生偏误。例如无锡方言中的入声、尖音和浊声母也会造成方言口音。更困难的是普通话和方言都有,但是两者在音类上对应规律不同,或者音类相同却在音值上存在差异,这些方言成分会对普通话的习得产生负迁移,形成困难区域。因为一方面需要掌握更多的对应规律,另一方面得克服方言发音习惯造成的干扰,从某种程度上说,比习得一个新的音可能更加困难。这从重度口音和轻度口音的比较中就能看出来。下面我们就结合前面对不同口音音类偏误和音值缺陷的分析,借鉴汪平教授研究"上海口音普通话"困难度的方法,在无锡话和普通话声母、韵母和声调系统结构的对比分析基础上,通过两者相对应的语音结构之间音值相似度的评定,来探讨母语为无锡话的人在学习使用普通话语音时的难易程度。

影响方言区的人习得普通话语音的因素有很多,如相似度、参差度、稳定度、指导度、难发度等。我们通过这些范畴来测定无锡人说普通话时各语音难易程度时需要有一定的指标。这些由笔者通过语言学知识和自己的语感进行大致的评定。每个指标的值是一种模糊概念,用以表示不同语音间的相对关系。除了这些主观确定的语音相似度、参差度指标外,无锡人习得普通话各语音的难易程度还以客观调查中语料所反映的语音中的强势成分和弱势成分为依据来裁定。

1. 困难度

"无锡口音的普通话语音困难度"是指母语为无锡话的人学说普通话语音的困难程度。困难度又可分为音值困难度和音类困难度,两者应分别考察。音值困难度可以从无锡话和普通话两方面来考察,即一方面是"放弃无锡音(母语系统)的音值困难度",另一方面是"习得普通话音(目标语系统)的音值困难度",两者实质上是统一的。音类困难度是指无锡话和普通话在语音音类之间的对应关系,没有方言和普通话的区别。

2. 相似度

相似度指无锡话与普通话中相对应的语音之间在音值上的相似程度。它也有无锡话和普通话的区分,如:无锡话中[ȵ]的相似度是指无锡话中的[ȵ]与跟它相对应的普通话中的[n]在音值上的相似程度,不跟[ȵ]对应的其他声母如[ø][ʐ]等相比,因为不存在相似度的大小,其余类推。

当然相似度是一个相对的概念,不同人对相似度的估计是不同的。最理想的做法是通过先进的仪器和大量社会调查及定量分析,但是因为时间和条件所限,笔者只能通过语言学知识和自己的语感进行大致的评定。"语言学工作者兼发音人可以为研究提供许多方便。"(汪平,2003:181)由于笔者20岁才离开无锡,是土生土长的无锡人,且一直从事方言研究,所以考察无锡音时采用说者(也就是笔者自己)、考察普通话采用听者的标准。笔者长期说普通话,且一直从事对外汉语教学,周围的人也都使用普通话,所以这种标准是根据笔者和周围人接触中的经验获得的。

相似度跟困难度的关系依话的不同而不同。一方面音值相似度与放弃母方言音值困难度成正比关系。方言的某音与普通话相对应的音越相似(相似度越大),说方言的人就越会觉得没有必要放弃原先已掌握的音,这样放弃方言中该音的困难度就越大。另一方面音值相似度与习得目标语困难度成反比关系。普通话的某音与方言中相对应的音越相似(相似度越大),对方言区的人来说习得这个音就越容易,困难度越小。

3. 参差度

语音参差度是考察音类困难度的重要指标,是方言和普通话相对应的语音在音类上的参差程度。参差度表明一种对应程度,它可以从方言或者普通话两个角度进行分析,本研究从普通话的角度看,即只看普通话的一个音对应于方言哪些音。

参差度与困难度成正比关系,即参差度越大,困难度越大。而参差度的大小,既与某个音对应的语音多少有关,也与其对应的规律有关。如果规律强,即使对应的语音多,其参差度也小;反之,即参差度较大,困难度也较大。而参差度最小的是那种一一对应的,其规律性最强,说者只要简单折合就行,一般不会弄错。

4. 常见度

是指某音在各种方言里的常见程度。同一个语音,对不同方言背景的人来说,常见度是不同的。这跟其经常接触的人的语言背景有关。在考察音值时,常见度也分两种,跟相似度一样,无锡话里某音的常见度跟放弃该音的困难度成正比,普通话中某音的常见度跟困难度成反比。

常见度在考察音类时也起作用。这主要是观察两种话在音类上的对应关系,在音类的常见度中,无锡话跟普通话的常见度相反。比如无锡话平翘舌不分,常见度为1,那普通话的常见度就是5。

常见度对困难度的影响不如相似度和参差度直接,尤其是处于中间状态时基本不起作用。

5. 难发度

通常认为,语音是无所谓好发与不好发的,母语中有的音就好发,反之就难发。但从发音原理来看,还是可以看出某些音比另一些音好发一些的。因为一般来说,人类的发音器官都是一样的,越容易发的音分布范围越广,反之越少,如[m]、[n]、[p]、[a]、[i]几乎所有的语言都有。[ʐ]却不是所有的语言都有。当然常见度也不能完全代表难发度。

下面以表格形式列出评定的音值相似度和困难度,在确定指标时参照五度制标调的方法分为5级,其中1为最低级,5为最高级。表中用[-a]代表[a]韵及相应的其他各呼:[ia],[ua];用[-ɑŋ]代表[ɑŋ]及相应的其他各呼:[iaŋ],[uaŋ]。其余类推。另外还有其他因素会影响困难度的数值,在"说明栏"中备注。

(1)放弃无锡音的音值困难度。

表3-28 音值困难度表(放弃无锡音)

编号	无锡话音值	相似度	困难度	说明
1	[ts],[tsʰ],[s],[f]	5	1	几乎无差别
2	[p],[pʰ],[t],[tʰ],[k],[kʰ],[h],[m],[l],[ø]	5	5	
3	[tɕ],[tɕʰ],[ɕ]	5	5	
4	[tʂ],[tʂʰ],[ʂ]	4	4	常见度2
5	[b],[d],[g],[dʐ],[z],[v]	2	2	常见度2
6	[ȵ]	4	4	难发度1
7	[ŋ]	2	2	常见度2
8	[ɿ],[-ən],[ei]	5	1	几乎无差别
9	[i],[u],[y],[-a]	5	5	
10	[-e](相对[ai],[ei])	4	4	
11	[-ɛ](相对[-an])	2	2	
12	[-ʊ]	2	2	
13	[-ʌ]	4	4	
14	[ɪ]	4	2	常见度2
15	[-əɯ]	3	3	
16	[-ã],[-õ](相对[-ɑŋ],[-uɑŋ])	4	4	
17	[uŋ],[yŋ]	5	5	
18	喉塞音尾[-ʔ]	3	4	常见度4
19	[m̩],[ŋ̍]	1	1	常见度2
20	[ɚ]	4	4	
21	阴平55(相对阴平)	5	5	老派有53
22	阳平213(相对阳平)	1	2	
23	阴上323(相对上声)	4	4	
24	阳上142(相对去声)	2	2	

续表

编号	无锡话音值	相似度	困难度	说明
25	阴去34(相对去声)	2	2	
26	阳去213(相对去声)	2	2	
27	阴入5	3	4	常见度4
28	阳入23	3	4	常见度4
29	各种连调	3	3	

(2) 习得普通话音的音值困难度。

表3-29　音值困难度表(习得普通话音)

编号	普通话音值	相似度	困难度	说明
1	[ts],[tsʰ],[s],[f]	5	1	
2	[p],[pʰ],[t],[tʰ],[k],[kʰ],[h],[m],[l],[ø]	4	2	
3	[tɕ],[tɕʰ],[ɕ]	4	2	
4	[tʂ],[tʂʰ],[ʂ]	3	3	
5	[ʐ]	3	3	常见度2
6	[n]	3	4	
7	[ɿ],[-ən],[ei]	5	1	
8	[ʅ]	3	3	
9	[-a],[i],[u],[y]	4	2	
10	[ɤ],[o]	3	3	
11	[iɛ],[yɛ]	3	3	
12	[ɚ]	4	2	
13	[-ai],[-ei],[-ɑu]	3	4	
14	[-ou]	3	3	
15	[uo]	3	3	常见度2
16	[-an](不包括[iɛn])	1	3	常见度4,难发度2
17	[iɛn]	2	5	难发度5
18	[-ɑŋ]	2	3	
19	[uŋ],[yŋ]	4	2	
20	[-ən],[-əŋ]的差别	2	5	常见度2
21	[uəŋ]	2	5	常见度2

续表

编号	普通话音值	相似度	困难度	说明
22	儿化	2	5	常见度2，难发度4
23	阴平55	4	2	难发度2
24	阳平35	1	2	难发度4
25	上声214	4	2	难发度2
26	去声51	2	2	难发度2
27	轻声0	2	4	

表3-28是站在说者立场看问题，表3-29是站在听者立场看问题。因此，两张表中相似度和困难度的关系不完全一致。从表3-28可以看出，在放弃方言音系的音值时，困难度和相似度的关系比较简单而清晰，绝大部分是一样的。这说明相似度越大，放弃方言音值的困难度越大。当相似度达到最大时，发音人实际上已感觉不到差别，就用方言中的音代替普通话中的音，但听话人能体会到差别，这时困难度就很大，如表3-28的第2、3、9、17，但如果无锡话和普通话完全一致，连听话人也感觉不到差别，这时困难度反而降到最小，如表3-28的第1和第8。

普通话中浊声母和入声都没有，但是由于浊声母在非吴语区很少见，常见度低，而入声除了吴语区外，江淮官话也有，常见度高，所以放弃两者的困难度不一样。

表3-29的相似度和困难度的关系就比较复杂，有时不得不考虑其他因素的影响。其中影响最大的是常见度。比如[ʐ]声母、儿化、轻声等，这些在无锡周边地区都不存在，对于无锡人来说接触不多，增加了习得的难度。即使是到了轻度口音，也没有完全能达到标准。影响居其次的是难发度。如[ən]—[əŋ]，[in]—[iŋ]等前后鼻音差别的困难度一直都比较高，大部分轻度口音的人虽有区分前后鼻音的意识，但[iŋ]的习得仍要比[əŋ]困难，[əŋ]里的ə舌位略后而低，大致在[ə]和[ʌ]之间，故[əŋ]读作[ɤŋ]也可以，舌后缩抵软腭，比较容易与[ən]区分。而[iŋ]里有个过渡音[ə]，可以把ing看作i和eng的拼合，介音读得比较短，但很多人不注意介音和韵腹的衔接，介音读得比较长，又因过度强调[ə]而显得很不自然，所以就回避后鼻音，往往用[in]代替[iŋ]。这对于方言中有后鼻音的人来说，是比较敏感的，所以习得的困难度很高。而另一组前后鼻音[an]、[ɑŋ]习得的困难度就很低，这是因为[a]是各种元音中最

常见的,前[a]后[ɑ]的区别也是由于语音的协调作用,而[n]、[ŋ]在无锡话中还能自成音节,对无锡人来说并不难发。

无锡话的声调除了阴平跟普通话接近外,其余都不相同,但习得的困难度不大,这是因为声调是一种简单的旋律,相对于无锡话来说,普通话的声调不管是种类和调型都简单得多,要么升要么降,唯一的曲折调无锡方言里也有,所以容易习得,就是阴上调调型跟普通话上声调型类似,但调值略有不同,无锡人一般不会区分两者的不同,放弃的困难度反而大,但北方人在语流中也不一定能觉察出323和214的区别。

(3) 音类困难度。

表 3-30　音类困难度表

编号	无锡话	普通话	参差度	困难度	说明
1	[p],[pʰ],[f],[t],[tʰ],[n],[l],[ɕ]	同左	1	1	
2	[b],[d],[g],[dʐ]	[p],[pʰ],[t],[tʰ],[k],[kʰ],[tɕ],[tɕʰ]	3	3	常见度2
3	[ŋ]	[Ø]	1	1	
4	[ȵ]	[n]/[Ø]	2	2	
5	舌尖前[ts],[tsʰ],[s]	舌尖后[tʂ],[tʂʰ][ʂ]/舌尖前[ts],[tsʰ],[s]	5	5	
6	[z]	[ts],[tsʰ],[s],[tʂ],[tʂʰ],[ʂ],[tɕ],[tɕʰ],[ɕ],	4	4	
7	(白)[ȵ]—(文)[z]	[z]	2	2	
8	(白)[m]—(文)[v]	[Ø]	2	2	
9	(白) [tɕy], [tɕʰy], [dʑy]—(文) [kue], [kʰue],[gue]	[kuei],[kʰuei]	2	2	
10	(白) [k], [kʰ], [x]—(文)[tɕi],[tɕʰi],[ɕi]	[tɕ],[tɕʰ],[ɕ]	2	2	中古二等见组字
11	[ɿ]	[ɿ],[ʅ]	5	5	
12	[ɥ]	[ɿ],[u],[uei]	3	2	常见度2
13	[i]	[i],([u])[ei],[y],[iɛ],[ər]	4	2	常见度2
14	[ɪ]	[ian],[yan]	3	3	常见度2

续表

编号	无锡话	普通话	参差度	困难度	说明
15	(白)[u]—(文)[a]	-[a]	2	2	
16	[y],[u],[uən],[yn]	[y],[u],[uən],[yn]	1	1	
17	[-a]	[ai],[ia],[ei],[ie],[uai],[ɤ]	3	3	
18	[-ʌ]	[-ɑu]	2	2	
19	[ʊ]	[an],[uan]	3	3	
20	[e]	[ai],[-ei]	4	4	
21	[ɛ]	[an]	2	2	常见度2
22	[ei]	[-əu]	2	2	
23	[əɯ]	[o],[u],[uo],[ou],[ɤ]	4	4	
24	[iəɯ]	[iəu]	2	2	
25	[-ã]	[-ɑŋ]	2	2	
26	[-õ]	[ɑŋ],[uɑŋ]	3	3	
27	前后鼻音韵尾[ən],[in]	[ən],[in],[əŋ],[iŋ]	5	5	
28	[uŋ]	[uŋ],[əŋ](唇音后),[uəŋ]	3	3	
29	[yŋ]	[yn],[un]	2	2	
30	[tsi],[tsʰi],[si],[zi](尖音)	[tɕi],[tɕʰi],[ɕi]	3	2	
31	(白)[ã]—(文)[ən],[in]	[əŋ],[iŋ]	2	2	
32	开口呼	开口呼,合口呼	4	4	限于部分韵母
33	入声韵的主元音为非高元音	主元音为高元音/非高元音	5	5	
34	[yʊ],[uɛ],[uõ]	[yan],[uan],[iɑŋ],[uɑŋ]	1	1	
35	非儿化	儿化/非儿化	5	5	
36	阴平	阴平	1	1	
37	阳平	阳平	2	2	常见度2
38	阴上	上声	2	2	
39	阳上	去声/上声(次浊)	4	4	常见度2
40	阴去	去声	2	2	
41	阳去	去声	3	3	常见度2
42	阴入	四声都有	5	5	
43	阳入	阳平/去声	4	4	
44	各种声调	轻声	4	4	

音类的对应关系大多都有条件,但对于没有接受过语言学训练的人来说几乎毫无规律。对于他们来说,某个音对应的语音多就容易弄错,对应的语音少就只要简单折合就行。比如无锡话念[ʊ]韵的字对应规律比较简单,但判断在普通话中哪个有介音([uan]),哪个没介音([an]),还是很难的,更不用说平翘舌和前后鼻音了。

但我们也发现,有些音尽管参差度高,困难度却不大,如表3-30中第12排、第13排的参差度要达到3～4,而困难度却均只有2。可能是由于无锡话的这种归类方式比较少见,普通话的归类比较常见,所以无锡人容易学会普通话的说法。

由于文读音本来就比较靠近普通话,所以凡是有文白读的字一般也容易习得普通话的说法。

第四章

无锡方言变异和变化的原因

第一节 语言接触对方言演变的影响

"语言变化来自两个方面,一是语言自身结构的矛盾、整合引起的语言变化……另一是由于不同语言的接触引起的……"(戴庆厦,2004:86)语言自身的演变是语言内部结构的变化,其速度慢,它的变化主要反映在语言结构上,是语言的自然变化;而由接触引起的变化一般来得比较快、比较猛。语言变化是内部因素与外部因素共同作用的结果。但是在不同的历时阶段,这两个因素对语言变化所起的作用是不一样的。在语言演变的过程中,语言内部因素引起的语音变化始终按照一定的原则进行,而由语言接触引起的变化则可能受到不确定的社会因素的影响而改变演变的方向。因此,任何语言的历时变化总是有某些社会原因作为该变化的动力。即使可以从语言内部机制找到解释,也必然有促使它变化的外部因素;否则,我们无法解释在同一个语言系统中某个语言项目在这个时期没有太大调整,而在另一个时期却出现巨大而快速的变化。

通过研究无锡方言语音的变化,我们可以看到目前无锡话的共时差异也是由两方面的原因引起的,语言接触作为语音演变的一种原因,其重要性绝对不亚于语言结构内部的原因。语言接触作为引发语言演变的原因,应该分为两个层级:一是与语言结构的原因处于对等关系,都是在共时状态下直接引发语音的变化。这是发生于语言或方言之间的一种直接和低层级的影响,比如一个或几个语音或声调的借入。二是与语言结构原因处于上下位关系,或者说语言结构原因是由语言接触所造成的。这是一种间接或高层级的影响,比如声调的产生,复辅音或韵尾的简化等。这种音变涉及语音的系统性变化。(瞿霭堂,2005:5)本文主要讨论第二种情况。

一、普通话在无锡方言演变过程中的影响和作用

不管是从政治、经济还是从文化的角度去认定一种语言为强势还是弱势,归根到底是人们交际的需要,使用频率高、交际范围广,自然就强势。对于中国而言,建立在北方方言基础上的普通话无疑是最强势的语言。

(一)从新形式的选择来看方言向普通话靠拢的演变模式

从无锡方言向普通话靠拢所采用的演变模式来看,原有语音系统中如有与普通话相同的形式,则直接作为新形式出现,一般来说,年轻人的发音体现变异的发展方向。

表4-1 无锡方言向普通话靠拢的演变模式(一)

	年龄段						普通话	条件	例字
	>60岁	50~59岁	40~49岁	30~39岁	20~29岁	<20岁			
声母	[m]	[m]	[m]/[ø]	[ø]	[ø]	[ø]	[ø]	微母白读奉母白读	望妄
	[b]	[b]/[v]	[b]/[v]	[b]/[p]/[f]/[v]	[p]/[f]/[v]	[f]/[v]	[f]		缚防
	[ts]	[ts]	[ts]多[tɕ]少	[ts]多[tɕ]少	[ts]多[tɕ]少	[ts]多[tɕ]少	[tɕ]	精组细音前	趋需蕉
	[k]	[k]/[tɕ]	[k]/[tɕ]	[k]/[tɕ]	[k]/[tɕ]	[tɕ]	[tɕ]	假蟹二等见组白读	加假
	[tɕ]	[tɕ]	[tɕ]/[k]	[tɕ]/[k]	[tɕ]少[k]多	[k]组	[k]组	止开三见组白读	亏鬼贵
	[ŋ]、[ɲ]	[ŋ]、[ɲ]/[ø]	[ŋ]、[ɲ]/[ø]	[ŋ]、[ɲ]/[ø]	[ŋ]、[ɲ]/[ø]	[ø]	[ø]	疑母字	岳缘迎
	[ø]	[ø]/[ɕ]少	[ø]/[ɕ]少	[ø]/[ɕ]少	[ø]/[ɕ]少	[ɕ]	[ɕ]	匣母字	夏幸系
	[h]	[h]	[h]/[kʰ]	[h]/[kʰ]	[kʰ]	[kʰ]	[kʰ]	个别字	况
	[k]	[k]/[h]	[k]/[h]	[k]/[h]	[h]	[h]	[h]	个别字	欢

续表

	年龄段						普通话	条件	例字
	>60岁	50～59岁	40～49岁	30～39岁	20～29岁	<20岁			
韵母	[u]	[u]/[a]	[u]/[a]	[u]/[a]	[a]	[a]	[a]	假开二	把爬霸
	[u]	[u]/[ia]少	[u]/[ia]	[u]/[ia]	[u]/[ia]	[ia]	[ia]	假开二	夏丫哑
	[u]	[u]/[ua]少	[u]/[ua]	[u]/[ua]	[u]/[ua]	[ua]	[ua]	假蟹合二	寡蛙
	[a]	[a]	[a]	[a]/[ia]	[a]/[ia]	[ia]	[ia]	假开二	假价
	[ia]	[ia]/[i]	[i]	[i]	[i]	[i]	[i]	蟹开四	姊荠
	[aʔ]	[aʔ]/[oʔ]	[aʔ]/[oʔ]	[oʔ]	[oʔ]	[oʔ]	[o]	梗开二	珀魄
	[yŋ]	[yŋ]/[uŋ]少	[yŋ]/[uŋ]	[yŋ]/[uŋ]	[yŋ]/[uŋ]	[yŋ]少/[uŋ]	[uŋ]	通摄合口泥母	农浓
	[yn]	[yn]	[yn]/[in]少	[yn]/[in]	[yn]/[in]	[in]	[in]	个别字	巾赢
	[in]	[in]/[yn]	[in]/[yn]	[yn]	[yn]	[yn]	[yn]	个别字	孕允
	[əʔ]	[əʔ]	[əʔ]/[oʔ]少	[əʔ]/[oʔ]	[əʔ]/[oʔ]	[əʔ]/[oʔ]	[o]	山合一、臻合三、曾开一	沫佛默
	[aʔ]	[aʔ]	[aʔ]/[iaʔ]	[aʔ]/[iaʔ]	[aʔ]少/[iaʔ]	[iaʔ]	[ia]	咸开二、山开二见系	恰甲辖

无锡方言原有语音系统中如没有与普通话相同的形式,则以最接近的形式作为新形式出现。

表4-2 无锡方言向普通话靠拢的演变形式(二)

	年龄段						普通话	条件	例字
	>60岁	50～59岁	40～49岁	30～39岁	20～29岁	<20岁			
声母	[ȵ]	[ȵ]	[ȵ]	[ȵ]/[l]	[ȵ]/[l]	[ȵ]/[l]	[z̩]	日母字	绕软让染
	[∅]	[∅]	[∅]	[∅]/[l]	[∅]/[l]	[∅]/[l]多	[z̩]	喻母字	融容

续表

	年龄段						普通话	条件	例字
	>60岁	50～59岁	40～49岁	30～39岁	20～29岁	<20岁			
韵母	[ã]	[ã]/[ən]/[in]	[ã]少/[ən]/[in]	[ən]/[in]	[ən]/[in]	[ən]/[in]	[əŋ]/[iŋ]	梗摄曾摄	耕鹦埂
	[y]	[y]多/[ue]多	[y]/[ue]多	[y]/[ue]多	[ue]	[ue]	[uei]	止开三见组	亏柜
	[a]	[a]	[a]多/[ia]	[a]/[ia]	[a]/[ia]多	[ia]	[ie]	蟹开二	界戒
	[i]	[i]	[i]/[ue]	[i]/[ue]	[i]/[ue]	[i]/[ue]	[uei]	止合三	唯微未
	[e]	[e]	[e]	[e]	[e]/[ue]	[e]/[ue]	[uan]	山合三	万晚蔓
	[ʊ]	[ʊ]	[ʊ]/[ue]	[ʊ]/[ue]	[ʊ]/[ue]	[ue]	[uan]	山合二	患惯
	[oʔ]	[oʔ]	[oʔ]/[əʔ]	[oʔ]/[əʔ]	[oʔ]/[əʔ]	[oʔ]/[əʔ]	[ɤ]	宕开一	阁搁恶鹤
	[ɿ]	[ɿ]	[ɿ]	[ɿ]/[ɿ]	[ɿ]/[ɿ]	[ɿ]/[ɿ]	[ɿ]	蟹摄止摄	市始池

由此可见，无锡方言新出现的声韵母均来自原有语音系统，为原有语音系统中与普通话相同或最接近的形式，但仍保留无锡话原有的语音特征。如没有后鼻音韵母[əŋ]、[iŋ],新派读梗摄字就用与之相近的前鼻音韵母[ən]、[in]代替。由于没有了翘舌音，无锡话也就没有[ʐ]声母，新形式中只出现与之最为接近的[l]声母；老派多念单韵母的开口二等字韵母[a]、[e]、[ʌ],新派念齐齿呼[ia]、[iɪ]、[iʌ],普通话也是念齐齿呼；老派念单韵母的字，新派加了介音，与普通话一致，如,[i](老)—[ue](新)—[uei](普),[e](老)—[ue](新)—[uei](普),[ʊ](老)—[ue](新)—[uan](普);还有一些字新派读如普通话，只是还保留入声韵尾,如,[aʔ](老) [oʔ](新)—[o](普),[oʔ](新)—[əʔ](新)—[ɤ](普),[əʔ](老)—[oʔ](新)—[o](普)。所有新出现的声韵母都是原有音系中的成分，并未额外出现普通话的韵母。这说明新形式的读音既不是原有声韵母的简化，也不是普通话音韵系统中的某些成分，更不是普通话的某些读音，而是在原有语音系统内部经过调整而选择出的原有系统中的成分。可见语音变异要依靠原有语音系统来调节，变异只能是沿着向普通话靠拢的方向进行系统内部的调整。因此，系统内部调整是其向普通话靠拢的主要演变模式。

（二）普通话如何对方言的音值和音类产生影响

从前文描述的方言向普通话靠拢的演变机制和模式来看，音类和音值变化的难度不一样。

第四章　无锡方言变异和变化的原因

　　从音值的角度看,普通话的影响主要表现为方言中一些跟普通话有差别的声母、韵母的音值或声调的调值变得与普通话相同或相近。如无锡话阴平变体53 的消失,对应于普通话 ang 韵的[ɒ̃]逐渐变成[aŋ],等等。总体而言,音值的变化比音类的变化要困难得多,最主要的原因是方言区的人听觉和发音习惯的问题。从听觉方面说,一般人对自己母语中存在对立的音位感觉特别敏锐,而对非对立的音位听觉比较迟钝。而且一般人也习惯于用自己母语的语音系统特点来理解分析对方的语音,因此,普通话的某类音值,若与方言中相应的音比较近似,其间的差别一般就被忽略。所以吴语区的人很难听出北京话里[in]和[iŋ]的区别。而北京人对于方言口音的普通话不分前后鼻音是非常敏感的,但是他们对于清浊却持很大的宽容度,甚至有人听不出区别,因为在北京人的音系中不存在清浊的对立。

　　再从发音习惯看,对于大多数人来说,方言是自小习得的母语,已经养成了特定的发音习惯,成年之后改变是非常困难的。因此,在模仿普通话时,往往只是把普通话的某类音值转换为母方言中的近似音,难以完全符合普通话的发音特点。反过来说,像普通话前响复合韵母在吴语多数地区都发成单元音,普通话的 ai、ao 音值基本上对方言没有什么影响。

　　所以听觉和发音习惯在普通话对方言的影响过程中关系是比较复杂的。当语音差异小、听不出差别时,谈不上改变发音习惯;若语音差别大,给人的语音刺激就明显,方言区的人也容易感觉到这种差异,这时得从常见度和难发度的角度来分析,如果普通话的音类简化或音值简单又常见,方言中的难发又不常见,则容易改变发音习惯,如浊音相对清音带有声带振动,所以浊音清化成为方言演变的一种趋势,可见音值的改变也并非不可能;如果普通话的归类复杂或难发,则不易改变方言读法,会继续维持方言的特点。

　　再从音类的角度来看,当普通话的声韵调类别比方言少,方言中声韵调类别就向普通话相同的方向合并。如无锡话中疑母字鼻音声母脱落,零声母字的增加,阳上逐渐归到阳去等;若普通话的声韵调类别比方言多,在这种情况下,普通话的影响表现为方言中的某些声韵调类别分化。如新的异读产生,大多是受普通话影响;若普通话的声韵拼合关系与方言不同,普通话的影响就表现为方言中声韵拼合关系向普通话靠拢,如尖团不分;中古知章组流摄三等字由读[tɕ]组拼细音(与古见组拼细音混)向读[ts]组(与庄组字混)拼洪音转变。

　　总的来说,普通话对方言音类的影响比较大,而对音值的影响较小;从方言的角度说,也就是音类易变,而音值难变。这是因为在音类变化中,音类的合并较易发生,音类的分化则比较难。因为合并是从一个类向另一个类转变的统一行动,转换规则比较简单,而分化则需要在一个类内部按普通话的读法分出几个类别,这些类别从中古音韵的角度看来也许是有规律的,但大部分人没有接受过语言学的专门训练,在他们看来是毫无规律的。比如在不分平翘舌和[n、l]的方言中,要把这组声母的字区分开来是很不容易的。换句话说,一个方言内部的音系简化比较容易,而音系的繁化则不容易。这与语言自身演变规律基本是一致的。

所以一般来说语言学上认为回头演变是不太可能的,甚至有的学者认为回头演变根本是不可能的。无锡方言目前没有发生这样的情况,但是从其他方言的演变情况来看,回头演变的例子不是没有。比如20世纪30年代到80年代,长沙方言知庄章组的演变趋势应该都是从分到合,但是到了现在,长沙方言知庄章组的演变趋势是逐渐分化,没有合流的趋势(傅灵,2008)。"上海方言中古合口非敷母和晓母,奉母和匣母……今老派两者是相混的……今市区话中派开始两者又分了……从分到合,再从合到分,一百多年来走了一个循环。"(陈忠敏,1995)再如,上海方言原来跟无锡方言一样,蟹摄字和咸山摄字合流了,如"雷=来=兰",但在顾钦(2005)的调查中显示,"在普通话中读'ei'(雷)和'uei'(胃)韵的字重又分出,与普通话复元音很接近,读作'ei'。部分普通话中读合口的字多数发音人不读合口,仍读开口的'ei',如'对、退、推'等,但也有少数发音人也读合口。ei的重新分出是以这类元音的普通话元音开口度大小来分的"。还有胶辽官话方言由不分[əŋ]、[uŋ]到某些字能区分[əŋ]、[uŋ](张树铮,1995:95),等等。这些方言中音类由合到分、由易到难的变化,都是和语言自身的变化规律不相符的。究其原因都是受到外部力量即普通话的影响。然而无锡方言不管是平翘舌的合流还是介音的失落抑或是开韵尾与鼻韵尾的合流似乎都还没有受到普通话的干扰。

(三)普通话对方言音系的影响

方言受普通话影响而发生的音类变化和音值变化,都会改变方言的音系结构。从音类说,音类合并和分化都会引起音系中音位数量的变化。因为这些变化都是成批的、比较有规律的演变。

普通话语音影响方言后,在一定程度上引起了方言系统的不整齐或者说是混乱。主要表现为部分字改为接近普通话的读法,其他字未改,语音系统因而不整齐。例如,流摄知章组字有的声母改为舌尖前音拼洪音,有的仍然读舌面音拼细音与见组字混。甚至会因为没有正确掌握方言与普通话的语音对应规律而导致错误的类推。如流摄知章组字在向普通话靠拢时,连本来读舌面音的见组字也会矫枉过正读成舌尖音。这样的例子不胜枚举。

此外,普通话的影响也会引起方言中新的异读。有些字原来没有异读,或旧有的文读音逐渐消失,但是由于受到普通话影响又会产生新的读音,两种读音在不同的词组或者不同的交际场合交替使用。"手"原来只读[ɕiɯ323],但在某些比较文气的词里面就念[sei323](手段);还有那些方言历时演变过程中的"例外字",由于和同类的其他字发展途径不同,数量又少,就显得比较特殊,甚至被认为是"误读"。其实"误"只是与普通话相悖,实际上是符合古音演变规律的,比如"况[xuõ34]""溪[tɕʰi55]""秘[pi34]""雀[tsiɑʔ5]"等字,由于普通话影响越来越大,接受过普通话训练的人不约而同地纠正"错误",首先从新词语、书面语开始,逐渐改念成"况[kʰuõ34]""溪[ɕi55]""秘[mi35]""雀[tsʰiɑʔ5]"。这类字原来是没有文白读的差别的,但由于受到普通话的影响,在年轻人中也出现了类似文白异读的现象。

二、周边强势方言在无锡方言演变过程中的影响和作用

从无锡方言目前的共时差异来看,尽管方言向普通话靠拢是大势所趋,但是代表方言发展方向的新形式并不是毫无例外地向普通话靠拢,有些变异甚至是与普通话"背道而驰"的。其中最主要的因素之一就是周边强势方言的影响。

表 4-3 无锡方言受普通话、上海、苏州话的影响比较

	条件	老	新	普通话	相似情况	上海话①	苏州话②	相似情况
声母	知章组	[tʂ]组	[ts]组	[tʂ]组	不同	[ts]组	[ts]组	相同
韵母	止蟹摄	[e]	[ai][ei]	不同	[E]	[E]	相似
	咸山摄	[ɛ]	[e]	[an]	不同			
	山摄桓韵见组	[uø]	[ø]	[uan]	不同	[uE]/[ø]	[ø]	相同
	宕通摄	[uo]	[oʔ]	[uo]	不同	[oʔ]	[oʔ]	相同
	咸山摄	[-aʔ]	[-aʔ]	[a][ia][ɤ]	不同	[-aʔ]	[-aʔ]	相同
	宕梗摄	[-ɑʔ]		[ɤ][ai][ɿ][o][uo][au]	不同			

---

① 上海话音系参考许宝华,汤珍珠.上海市区方言志[M].上海:上海教育出版社,1988.
② 苏州话音系参考汪平.苏州方言语音研究[M].武汉:华中理工大学出版社,1996.

1. 平翘舌声母的分合

无锡人原来是能区分部分[tʂ]组声母与[ts]组声母的,虽然他们不能从语言学的角度说明哪一类字念 tʂ、哪一类字念 ts,但"整"和"曾"绝不会搞错,然而早在20世纪20年代,吴语地区大部分城市知、照三等字就都读为[ts]组声母。在赵元任的《现代吴语的研究》中,北部吴语19个点里面,除了无锡、常熟和苏州老派有念翘舌音的外,其余16个点全部念平舌音。由于受到周边强势方言的影响,无锡话声母也迅速经历了从 tʂ→ts 的演变,并在中年人中就基本完成了演变。因此,在普通话推广力量如此强劲的年代,原本分平翘舌的无锡话非但未受其影响以巩固这种"优势",反而"背道而驰",坚决地消灭了翘舌音。

尽管周边方言的影响未必是驱动无锡方言翘舌音消失的唯一动因,但是客观上也可能有一定的拉动示范效应。

2. [aʔ]与[ɑʔ]的合并,[uø]与[uoʔ]介音的失落,[e]与[ɛ]的合流等使音系更加简化

不同的古音来源在普通话中还泾渭分明,但在无锡话中已经趋于统一,看不出差别。这种变异也是与普通话相反的,然而上海和苏州都走在了无锡的前面,率先完成合并。

(1)[aʔ]与[ɑʔ]的合并。

表4-4 "客、掐"是否同音

阶段 \ 地区	上海话	苏州	无锡
Edkins(1853)	[æʔ]≠[ɑʔ]	无记录	无记录
高本汉(20世纪初)	=[aʔ]	无记录	无记录
赵元任(1927)	=[Aʔ]	[aʔ]≠[ɑʔ]	[aʔ]≠[ɑʔ]
20世纪末	=[ɐʔ]	=[aʔ]	=[aʔ]

从上表可见,上海话从20世纪初"客掐"就已经同音,也就是说在入声韵[aʔ]和[ɑʔ]的合并上,无锡和苏州都受到上海话的影响。其实早在20世纪60年代,袁家骅就发现苏州话中两套入声韵[aʔ][iaʔ]和[ɑʔ][iɑʔ]已开始有合流的现象。而1984年北京大学汉语专业师生调查苏州方言时,也曾经记录到有老年人口中的入声韵[aʔ]、[ɑʔ]已经合流。有意思的是,除了入声的[ɑʔ]与[aʔ]合流外,新派苏州话和上海话在鼻化韵前也实现了合并,即浜=帮,痒=旺_白,只是一个前[a]化,一个后[ɑ]化。杨佶(2004)指出鼻化韵和入声韵有着相承的对应关系:

ã/aʔ, iã/iaʔ

ɑ̃/ɑʔ, iɑ̃/iɑʔ

但她也发现每对相承的韵母跟声母的拼合关系却并不相同。这种不整齐的情况,也许说明了苏州话后[ɑ]与前[a]合并的征象早就已经出现了(汪平,1996:16)。但是在无锡话里不仅老年人,即使年轻人口中的鼻化韵[ã]和[ɔ̃]也仍然对立,即张[tsã]≠装[tsɔ̃]、横[uã]≠王[uɔ̃]。应该说在大部分情况下,相邻吴语区的语音变化应该有一致的情形,互相有潜移默化的影响,但无锡和苏州、上海在前[a]后[ɑ]的合流方面并不一致,这可以说无锡话相对来说更保守,但与韵母也不无关系,前[a]后[ɑ]只是舌位前后的差别,[ɒ]从生理的角度来说还涉及圆唇问题。

(2)[e]和[ɛ]的合并。

中古咸山摄字在上海话、苏州话、无锡话中的演变情况:

表4-5 中古咸山摄字演变情况

阶段\地区	上海话	苏州	无锡
Edkins(1853)	[ɛ̃]		
高本汉(20世纪初)	[ɛ]		
《现代吴语的研究》	[E]	[E]	[æ̃](甚微)
《当代吴语研究》	[E]	[E]	[ɛ]
20世纪末	[E],[ø少]①	[E]	[E]

从中我们可以看到19世纪中叶的上海话中的鼻化音到了20世纪初已经脱落鼻化,变为元音尾韵母,到了赵元任的《现代吴语的研究》里,元音开始高化,而无锡话还保留鼻化,尽管"甚微"。元音高化一直要到20世纪末才成为主流。赵元任所记上海话新派的[e]、[E]到了20世纪50年代有新的变化,有些人咸山摄字和止蟹字已合并为一个[E],这种合并到了20世纪70、80年代已成为主流。② 而无锡话还没有任何文献反映这个现象,这说明咸山摄字和止蟹摄字这种合并的时间还不长,或许还不稳定,附近方言里只有苏州话有相同的特点,我们认为这是无锡话受苏州话渗透的结果,韵母的分类与苏州方言完全一致了:

雷—来—兰 推—胎—摊

---

① 参看高云峰(1996)。
② 参看许宝华、汤珍珠(1988)。

1927年上海(新派)	[lE]≠[lᴇ]	[thE]≠[thᴇ]
今上海市区点	[lᴇ]	[thᴇ]
1927年苏州点	[lᴇ]	
1927年无锡点	[lE]≠[læ̃]	[thE]≠[thæ]
今无锡市区点	[lE]	[lE]

上海话在20世纪初古精组、知系合口灰泰祭支脂字韵母与同摄的韵母的读音还不一致,如"罪"等字的读音,跟蟹开一哈(精组)字韵母的读音是截然不同的,与山合三仙(知系)字韵母相同。如赵元任1927年记音:

山合三仙(知系)		"罪"等字		蟹开一哈(精组)
专	=	追[tsø]	≠	灾[tsᴇ]
篆	=	罪[zø]	≠	在[zᴇ]

大约到了20世纪40、50年代,受到苏州方言的影响,"罪"等字才有[ᴇ]的读音,许宝华和汤珍珠20世纪60年代初所写《上海方言的内部差异》已记录"罪"等字有ø/ᴇ互读的现象。不过,那次苏州话的渗透发生在20世纪40、50年代。那时,在上海市区,苏州话的权威已是强弩之末,对上海市区话的影响大不如以前了。所以今市区话里"罪"等字既有读ᴇ韵的,又有读ø韵的。两种读音势均力敌,到目前为止,还看不出谁胜谁负。无锡话与苏州话更趋于一致。

(3)介音脱落。

山摄桓韵见系字在文献记载中都有"u"介音,而笔者调查下来,即使七八十岁的老人也不能区分"官"和"干"。由于无锡方言没有比赵元任记录更早的材料,因此我们只能参考上海话的记载。山摄桓韵见组字,如"官、欢"在上海话中经历了从[uɐ]>[uø]>[ø],[uᴇ]的历程,而其他普通话念[an]、[uan]的字经历了从[ɐ̃]>[œ]>[ø],或从[e]>[ø]的过程,最终三者基本合流,都念[ø]。钱乃荣认为上海话受到苏州话的影响,逐步摆脱松江话的特征,向北部吴语苏州话等接近进而公约数化。之后的发展领先于其他北语吴语,变得[ᴇ]、[ø]相混(高云峰,1996)。下表为当前沪、苏、锡比较:

表 4-6 沪、苏、锡三地[ø]、[E]、[uE]韵母比较

地区\例字	反难斩	暖酸看	半南敢	蚕扇川	惯还	官欢
上海	[E],[ø少]	[ø]	[E],[ø]	[ø]	[uE]/[ø]	[uE]/[ø]
苏州	[E]	[ø]	[ø]	[ø]	[uE]	[ø]
无锡	[E]	[ø]	[ø]	[ø]	[uE]	[ø]

从中可以看到无锡话的山摄字在经历了元音高化([ɛ]>[E])和单元音化([uø]>[ø])后，就没有再向前发展，而不像上海话[E]、[ø]相混。

《苏南和上海话的内部差异》中记载桓韵见组今音读[uø]的地点有昆山、苏州、吴江、江阴。读[ø]的有沙洲，上海中年以下全读[ø]，老年只有部分人读[uø]或[ø]，另一部分人读[uẽ]。

苏州话这一音变也发生得比较早，叶祥苓在《苏州方言志》中收录[ø]韵189字，其中普通话念[uan]的有54字；收[uø]韵43字，普通话读音均为[uan]。杨佶(2004)认为[uø]最终并入[ø]一方面是由于[ø]类字数量上占优势，容易造成语音类推；另一方面是由于圆唇元音的舌位越高，双唇作用就越明显，最终导致唇化介音发生异化，与主要元音合并。

尽管笔者无法证明无锡话发生该音变的具体时间是否晚于苏沪，但从演变的结果来看是一致的，演变的机制除了上述原因，笔者认为介音的弱化和脱落与疑母字鼻音声母的脱落一样，单元音化使得发音比较省时省力，能适应较高的语速。

可见强势方言对邻近方言的影响是非常大的。强势方言点一般是当地政治、经济、文化的中心，强势方言自然成为当地最有影响的方言，是周围地区模仿的对象。无锡紧邻苏州、上海，上海作为长江三角洲地区中心城市使得上海话也一度成为沪宁线上各城市间交流的区域共同语。苏州话以软糯著称，苏州评弹和昆曲独领风骚，流行于整个吴语太湖片，苏州话长期以来，被看作吴语的代表。在很多音变项目方面，上海、苏州都走在了前面，无锡方言难免会受到苏州话、上海话这两大权威方言的影响，纵观无锡方言近90年来的变化，可以发现在某些语音变化上，无锡总体上与周边的城市经历了相同的演变过程，与吴语语音变化的趋势保持一致。

三、结论和启示

已有的研究表明，汉语方言的演变存在着一定的方向性，"小方言向大方言

靠拢,地域方言向地点方言靠拢,乡村方言向城镇方言靠拢,城镇方言向大中城市或中心城市靠拢,所有方言向民族共同语靠拢"(陈章太,2005:51),可见方言演变会围绕"中心城市"和"共同语"两个中心进行。

在某种程度上,强势方言的影响比普通话的影响还要直接。因为语言演变是具有系统性的。普通话与方言都属于一种语言内部的变体,但对于跟普通话音系差别较大的方言来说,它们又毕竟属于不同的语音系统,对方言区的来讲,要改说普通话,就等于或基本上等于改用一种新的语音系统,这是具有相当难度的。而与周边强势方言相比,它们相互之间的差异比较小,易于改换,并且改说起来比较容易让人接受。强势方言如果受到普通话的影响,会把这种影响再传播到四周;但是,强势方言也会把一些与普通话相左的方言特点传播出去,这对方言向普通话靠拢又是一种干扰。

因此,从长远来看,普通话对方言的影响会越来越大,但方言向普通话靠拢的道路并不会是笔直的。在有些地方也有可能是邻近方言逐步接近。

第二节 无锡方言演变的内部原因

一、语音系统自身演变的规律

人们以前往往用语音的生理基础和语音的普通特征去解释音变原因和音变方向,如把近代汉语[tsi]＞[tɕi]的变化解释为发音自然,虽有一定的合理性,但如果不结合语音系统的结构,解释能力还是有限的。萨丕尔(1985)首先意识到音变原因可能与语音系统格局的调整有关。1952年马尔丁纳(Andre Martinet)在《功能、结构和音变》(*Function, Structure and Sound Change*)一文中用音位系统的协和(integration)过程来解释音变原因和目标。他认为协和就是整齐和对称。不协和的音系容易变化,其目标是达到更加协和的状态。汉语中大量事实表明,音位、音系总是由不协和向协和发展。自然语言最本质的属性之一是区别意义和表达意义。由于人们语音感知能力的局限,每种语言所选择的区别特征是有限的,由有限的区别特征组合成更多的音位,但一种语言的音位也是极少的,由有限的音位再组合成更多的音节。于是聚合关系和组合关系互为因果,互相限制,规则若太多等于没有规则。这是由人脑经济原则和有效性原则决定的。这里引用陈保亚(1989)关于声母和系统协和度的定义与公式：

$$I(系统) = \frac{实际出现的音}{按区别特征可以出现的音位}$$

$$i(声母) = \frac{聚合群中实际出现的音位}{聚合群中可以出现的音位}$$

我们来看一下20世纪初赵元任所记的无锡话声母和目前锡城年轻人的主流声母系统。

表4-7　赵元任(1927)无锡话声母　　　表4-8　21世纪初无锡话声母

[p]	[pʰ]	[m]	[f]	[v]	[b]	○	○
[t]	[tʰ]	[n]	○	○	[d]	[l]	○
[k]	[kʰ]	[ŋ]	[h]	[ɦ]	[g]	○	○
[tɕ]	[tɕʰ]	[ɲ]	○	[ɕ]	□	[dʑ]	○
[ts]	[tsʰ]	○	○	[s]	[z]	[dz]	○
[tʂ]	[tʂʰ]	○	○	[ʂ]	[z̺]	○	○
○	○	○	○	○	○	○	[ø]

[p]	[pʰ]	[m]	[f]	[v]	[b]	○	○
[t]	[tʰ]	[n]	○	○	[d]	[l]	○
[k]	[kh]	[ŋ]	[h]	[ɦ]	[g]	□	○
[tɕ]	[tɕʰ]	[ɲ]	○	[ɕ]	□	[dʑ]	○
[ts]	[tsʰ]	○	○	[s]	[z]	□	○
○	○	○	○	○	○	○	[ø]

注："□"表示从已有的区别性特征组合看应该有而实际没有的音位。"○"表示从生理上看本来就不应该有的音位。

经过计算，赵元任所记载的20世纪无锡话声母系统的协和度I_1为0.86，经过80多年的调整，目前协和度I_2为0.9，相比原来的声母系统更整齐一些。区别在于[ts]组和[tʂ]组合流了，[dz]消失了。20世纪初的无锡城内是否存在[dz]，学界一直存有争议，今天已很难调查到这个音。假设这个声母曾经存在过，那从系统性的角度看，[dz]使得无锡话的两组舌尖声母很不平衡，降低了[z̺]的协和度i(0.84)，而[dz]的协和度i却为1，按理[z̺]应该先于[dz]消失，而我们在老派无锡人口中却可以听到[z̺]母，但无法调查到[dz]。在整个吴语地区，[dz]母并不少见，大多与[z]母关系复杂，但既分平翘舌又有浊塞擦音的只有常熟和嘉兴，且[dz]、[z]、[dʐ]、[z̺]并存，像无锡话这样分平翘舌却只有[dz]，就显得很不合规律。因此，即使有这个音，其稳定性也是极差的。

下面重点说[tʂ]组并入[ts]组的问题。这一改变，提高了整个无锡话声母系统的协和度。声母矩阵的系统性是很强，协和不是单一音位的个别事实，而是一个整体的自组织过程。以北京话为例，北京话分平翘舌，日母字全归[ʐ]母，但[ʐ]的协和度只有0.4，因为除鼻边音外，只有它一个浊音，显得很独特，于是从系统中滋生出一个[v]和孤立的日母相配，这就是为什么年纪越轻的人念[v]的越多(周锦国，2003)。这种现象北方大部分方言都有，当然如果[ʐ]已被吸收,就不存在产生[v]的必要了。无锡话里日母字文读在《无锡市志》里归入[z]或[ʐ]母,随着[tʂ]组的消亡,[ʐ]母的功能转移到[z]母上,由于无锡话保留全浊声母,因此并没有涉及其他声母的稳定性,也没有滋生新的声母,反而更经济。

但平翘舌合流毕竟不符合方言向普通话靠拢的总体趋势。长沙话经历了由分到合再到分的演变过程,而无锡话从分到合后没有再分化的趋势了。尽管笔者不能保证100年后也不分化,但至少就目前来看,即使在普通话推广力量如此强劲的年代,那些留存在老年人口中的翘舌音似乎也没有任何优势了。一方面周边方言大环境的影响固然很重要,[ts]、[tʂ]不分已经是整个吴语的典型特征了;另一方面也与无锡方言语音系统内部结构的自我调整有关。

《无锡市志》对这两组字的情况说明比较详细。从《无锡市志》所记的音系和同音字表来看,无锡话平翘舌声母的分野不如普通话整齐。表现在以下几个方面:

(1) 无锡方言原来只有[ɿ]韵,没有[ʅ]韵;只有[ʮ]韵,没有[ʯ]韵,结构本身不平衡,从音系上看不对称。演变以后,舌尖后圆唇元音变成舌尖前圆唇元音有利于结构的平衡。

    老无锡话 —— 新无锡话
    ɿ ×   ɿ ʮ
    × ʮ   × ×

(2) 庄组字北京话大多读翘舌音,而无锡话一般读平舌音,如"衫[sɛ⁴⁴]、插[tsʰaʔ⁵]、杀[saʔ⁵]"等。

(3) 部分按规律应在[tʂ]组的字跑到[ts]组,如章组的止开三的"是、屎、视、示、侍、齿",蟹开三祭韵的"誓、逝"都归入[ts]组,且读不圆唇的[ɿ]韵,看起来这并不符合规律,因为跟它们相同音韵地位的字大多还是舌尖后的声母,韵母为圆唇元音。

(4) 有的韵母可分别搭配平翘舌声母,而有的韵母却只能搭配平舌音声母,其中并无明显规律。如不圆唇元音大多不拼翘舌声母,但[ei]、[ʌ]、[ã]前的声母却分平翘舌;而圆唇元音大多可搭配翘舌声母,但通摄合口三等东屋韵的知组和章组字却一并归入[ts]组(详见《无锡市志》同音字表)。

由此可以看出[ts]组和[tʂ]组的分野在无锡话中并不是很有规律。特别是很多按照来源应该读翘舌音的字归入了[ts]组,再加上庄组和精组本来就念平舌音,所以[ts]组声母队伍扩大。

因此,尽管普通话的影响很大,并且无锡话具有向普通话靠拢的潜质(本身有[tʂ]组声母),但最终无锡方言还是朝着普通话相反的方向发展,与周边强势方言保持一致了。上述结构上的不平衡或许也印证了爱切生那句名言:语言变化首先是由社会因素引发的,但是,这些社会因素利用了语言结构中已存在的裂痕和空隙(简·爱切生,1997:277)。

正是由于上述原因,尽管普通话里有[tʂ]组声母,也未能阻止无锡方言[tʂ]组声母和[ts]组声母的合流,可见语音系统内部自发调整的力量是可以不受外界力量左右的。

二、语言演变的经济原则

方言演变的总体发展趋势是向普通话靠拢,这一点毋庸置疑。但现实情况往往比我们想象的要复杂。通过前文的分析,我们也看到方言的某些音变并不与普通话趋于一致,有时甚至反其道而行之。

虽然从政治上讲,普通话是最强势的,但无锡人不一定只受政治最强势的话语影响,也会受不那么强势的苏州话、上海话的影响。一方面,苏州话、上海话跟无锡话更亲近,都属于吴语太湖片,相近的语音系统、相似的古音对应规律,使人们在交流时便于理解和模仿,也容易互相受影响。毕竟相对于通过听觉和视觉接受的普通话而言(这种情况随着人口流动频繁而有所改变),强势方言是在活生生的口耳交流中的经常接触到的,这种影响更直接。另一方面,从总体上说,普通话声调简化、没有入声、不分清浊,看起来更新,离古音更远,但并非全部如此。不同古音来源的字有的在普通话中还泾渭分明,而方言却走在了普通话的前面,如普通话分平翘舌,韵母带元音韵尾,咸山摄保留鼻韵尾的特点就比不分平翘舌、不带韵尾的吴语离古音更近。而语言内部的发展规律,总是由分到合,从繁到简,由难到易。这是由人脑经济原则和有效性原则决定的。从人们发音省力的角度来说,合并也许是更易为说话者接受的趋势。

纵观已发表的关于方言演变的文章来看,不管是语言演变方向还是方言内新派和老派的差异,方言音系的变化主要是某些音类的消失(或合并),或是某些拼合模式的消失,基本上各方言的音系都是向着简化的方向发展的。正如李荣先生所说:"在口音分老派新派的地方,老派的音类区别大都比新派细。"(李荣1992) 具体可详见胡明扬(1978)、李如龙、梁玉璋、陈天泉(1979)、施文涛(1979)、叶祥苓(1980),钱曾怡(1982),许宝华、汤珍珠、汤志祥(1982),甄尚灵(1988),朱建颂(1988),汪平(1988),平田昌司(1982),侯精一(1983),李未(1987),周庆生(1987),林柏松(1988),俞光中(1988),高福生(1988),鲍厚星(1989),钱乃荣(1990),钱曾怡、曹志耘、罗福腾(1991),张树铮(1994),陈忠敏(1995),李小凡(1997),崔容(2000),周及徐(2001),夏中易(2002),施晓(2002),段纳(2004),杨佶(2004),郭骏(2006),韩沛玲(2006),王宇枫(2006),顾钦(2007),胡智丹(2007),朱秀兰(2007),何薇(2007),陈建伟(2008),江燕(2008),陈燕(2008),王亮(2008),徐耀君(2009),郭骏(2009),亓海峰(2009),刘晓英(2009),严菡波(2010)等。

只有极少数方言点的音系变化之中既有合并,也有分化。如鲍明炜(1980)总结的南京话60年来方音演变中有关音系的6项主要变化中有5项是分化的。澳门话的分化似乎更为突出,据林柏松(1988)统计的澳门话近百年来的主要音系变化8项中有6项是分化。另据黄家教、崔荣昌(1983)统计,韶关话老派口语韵母有47个,而新派口语韵母增至52个。钱曾怡(1982)调查到烟台方言普通话读[tʂ]、[tʂʰ],[ʂ]的字老派分别读[ts]、[tsʰ]、[s]和[tɕ]、[tɕʰ]、[ɕ],而新派将一部分老派读[tɕ]、[tɕʰ]、[ɕ]的字读为舌叶音[tʃ]、[tʃʰ]、[ʃ]。此外,陈忠敏(1995)、顾钦(2007)、胡萍(2009)、余跃龙(2009)、傅灵(2010)的论文中也谈到了方言音系由合到分,或者由分到合再到分的现象。鲍明炜(1980)曾指出:"把一类字音区分为两类是不容易的。"音系的复杂化显然不是内部的变化,而是在外来强势语言的强烈冲击下产生的,或者说是由非语言因素造成的。

无锡话的音变多数都是受到外部因素的影响,尽管普通话在现阶段相对上海话和苏州话而言对无锡话的影响更大,但表4-3所列的变化都是无锡话原本可以通过不同音位区分古音来源的字不受普通话影响,而是受苏州话、上海话的影响合流了,而且从目前来看走回头路是不太可能的。其实语言有其自身内部的发展变化规律,尽管不同时期外界的影响可能会不同,但简化是大趋势,而分化毕竟是少数。不管是受普通话影响,还是受上海话、苏州话影响,必须要有允许变化的结构条件才行,必须得符合语言自身结构调整的需要或语言发展的经济省力原则。尽管从人们发音省力的原则来说,合并也许是更易为说话者所接受的趋势,合并的结果就是音系简化,但自然语言最本质的属性之一是区别意义和表达意义,音系的简化无疑会使得语音的辨义特征减少,辨义功能减弱。因此,音系的简化肯定会受到人们对辨义功能要求的制约。语言的发展不可能一味地合并简化,因为合并的结果必然带来很多同音字,这对交际是很不利的。

第四章 无锡方言变异和变化的原因

交际的需要和人类的记忆与发声的惰性永远处于矛盾状态。语言的经济原则就是在这种矛盾的需求中寻求平衡。

不同的语言可以通过不同的方法来解决这个问题。比如普通话通过平翘舌可以区分出精组字和知章组字,但一般来说来自同一韵母的知庄章字今音韵母在普通话里是相同的,区分不出。而无锡话尽管平翘舌合流,混同了精组字和知章组字,增加了同音字的数量,但是同一个韵母下面的知章组字和庄组字今音所带韵母很多时候是不同的,因此不需要借助声母,光凭韵母就能区分出照二照三,如遇合三知章组韵母是[ʮ],如"猪[tʂʮ^{55}]",庄组韵母是[əɯ],如"初[tsʰəɯ^{55}]"。由于这种情况比较多,渐渐地靠声母来区分的意义就不大了。再比如尖团合流后声母可能相同,但还可以通过有无入声或清浊来区分,等等。因此聚合关系和组合关系总是互为因果,互相限制,规则若太多等于没有规则,用极少的音位生成更多的音节才是最经济和最有效的。

但是更多的时候可能没有可替代的辨义性语音特征出现。如随着咸山摄和止蟹摄部分字的合流,"杯=班",根本无法区分,但人们对辨义功能的要求似乎也在发生着变化,在老一代人看来是不可思议的混同,在新一代年轻人那里就确确实实地实现了。尽管出现了很多同音字,而人们的交际似乎并没有受到多大影响,这与汉语词汇的双音节特征可能也有很大关系。

第三节 语言态度影响语言演变的速度

人们常说社会发展和交际的需要是语言发展与变化的动力。但组成社会的元素是人,社会的发展是人的发展,社会的需要是人的需要,离开了人去观察、认识和研究社会现象,既没有意义,也没有可能。因此,研究语言演变的全过程中,除了语言的内部规律和社会制约外,还要充分考虑到人自身的思维方式。与语言或语音演变有关的思维方式大约有以下几种:(1)系统思维方式;(2)对称思维方式;(3)简约思维方式;(4)求新思维方式;(5)趋同思维方式。思维方式具有选择性,并以人的自觉活动体现出来,这样就能科学地说明为什么相同的语音条件下不同的语言社团会发生不同的选择。比如同样原来都是尖团对立的,可上海话、苏州话基本完成了尖团合流,而无锡话似乎才开始。

从无锡话近90年来发生的这些语音变化来看,有些已经基本完成了,如

[(i)ou]韵并入[(i)əɯ]韵、翘舌音消失、[uø]介音的脱落、[aʔ]和[ɑʔ]合并等;有些即将完成,如[e]和[ɛ]合并、[mu]简化为自成音节辅音[m̩];有些变化早,但发展缓慢,如疑母字鼻音声母的脱落、[əʔ]和[oʔ]、[tɕiɯ]组和[tsei]组的互相渗透;还有一些初露端倪,尚不稳定的变化,如尖团合流、[ʯ]并入[ɿ]、[yaʔ]分化为[yəʔ]和[iaʔ];等等。造成上述音变的原因既有与外部语言接触的因素,也有自身结构条件的需要,但是语言毕竟是人类表达思维的载体,语言由人创造,语言的变化是人对语言的修改和再创造,因此也受使用者的态度的影响。离开人的因素谈语言变化的机制几乎是不可能的。"语音演变是一个过程,不可能发生'突变'的现象,但不同的音变完成的速度是不一样的。变化速度的快慢并不决定于有无语音结构条件的类推或联想,还得考虑语言或方言使用者的语言态度问题。"(瞿霭堂,2004:7)

无锡话的音变多数都容易解释,难的是那些符合条件却不变或变得不稳定的语音,尖音就是一个典型例子。无锡话的尖音相对于周边强势方言,变化是较慢的,按理它有语音变化的结构条件和外部条件,但是随着上海话、苏州话、常州话纷纷放弃尖音,无锡话的尖音从"不特别"变得"特别"起来,甚至快成了可以与赵元任所谓的"无锡腔"并列的焦点特征①了,苏沪人说起无锡话最爱开的玩笑就是口音重的无锡人说普通话"你先洗"时常被外地人听成骂人的"你先死"(其实无锡人很少说"洗",而是说"汏")。"洗"因为念尖音[si],而北部吴语高元音[i]又带有摩擦,不仔细听觉得跟[sɿ]"死"一样。苏州话和上海话现在是不会给人这样的误解的。但20世纪50年代的上海话和苏州话还都是分尖团的。尽管从语音学角度看,[si]和[ɕi]的差别不算大,但当地人却固执地把它看成最重要的差别。"分不分尖团,就成了是否是当地人的'试金石'"(汪平,2005:55)。在那个时代,上海人只要一听对方把"西"念成[ɕi],就会流露出鄙夷之情。因为当时有很多的苏北人到上海来谋生,苏北话在上海被称为"江北话",说江北话的人在新中国成立前大多从事苦力劳动,社会地位低下。江北话也经常成为被嘲讽的对象。尽管他们也会学当地语言,但江淮官话是不分尖团的,让不分尖团的人分尖团,非常困难。随着他们社会地位的提高,语言威信也随之提高,他们的发音习惯也带入他们所说的上海话,形成"苏北腔上海话",影响了上海本地人,从瞧不起到渐渐习惯这种苏北腔上海话。再加上普通话这

---

① "焦点特征"这一概念详见汪平(2005)。

类字的拼合规律跟苏北腔上海话是一致的,对尖团的合并起了推波助澜的作用。所以虽然20世纪50年代初这种变化还没有发生,但到70年代就已经基本完成了,可谓发展迅猛,这期间人们语言态度的变化起了很大作用。

　　无锡相对上海来说在政治、经济上的影响力要差得多,所以其语言也没有上海话那么强势,尽管来锡谋生的外地人也会学无锡话,但很难形成大的规模,至少笔者从未听过"××腔无锡话"的说法。而且随着上海、苏州、常州等地方言的尖音消失,无锡话的尖音越发突出,越发引起人们的注意,成了周边方言区的人评价无锡话的典型特征。再加上无锡人对尖音的情感评价比较高,根据前文调查,70%的无锡人认为尖音是无锡话的特色,可显得人伶牙俐齿,若把尖音发成团音一样,就好像短了一截舌头,口齿不清。分尖团也就成为"标准无锡话"的一个特点。如果一下子把尖音发成团音,大部分人会觉得很别扭,甚至否认是无锡话。因此,人们的态度也在很大程度上影响了尖音变化的速度。这与"女国音"在北京话中的发展是类似的。尽管这种变化有结构的条件,但瞿霭堂(2004)也曾提到这种音变离完成距离尚远,因为前化的部位不完全统一,发展速度缓慢,同样是由于语言态度的问题,因为起变的群体原来是女中学生,后来扩及部分成年女性,近些年才向成年女性和男性扩展。可见原来男性和大多数女性对这种变化不认可,这种态度影响了音变的发展速度。

　　既然语音变化是通过词汇扩散的方式进行的,随即进入语音的类推,为什么会存在一部分词语两读或不变的现象呢? 也就是说,音变或类推为什么发生阻滞现象? 这是因为我们在语言交际过程中常常会有学习或模仿对方语言习惯的倾向、心理和行为,以提高交际的效果,于是就难免受到对方的"语言感染"。一种音变一旦为该语言大多数使用者接受,则进展就快;如果受到一定的抵制,进展就慢,会产生两读或停滞的现象。

第五章
方言成分的强弱程度对语言迁移的影响

方言受普通话影响而发生变化是一种被动的潜移默化的改变,即便人们认为普通话的地位比较高,相对方言而言是强势语言,但人们在说方言的时候并不是有意识地或有目的地要模仿普通话;相反,应该有一个自认为比较传统的"标准方言"在那里,只不过由于各种因素的冲击,这个"标准方言"的标准有时会变得比较模糊,在某些成分的选择上出现了分歧,这时普通话的干扰性就显现出来了。而方言口音的普通话却完全不同,方言区的人在说普通话时,总是主动地、有意识地模仿标准普通话的语音、词汇和语法,努力想放弃方言中的语音、词汇和语法。而实际上我们看到方言区的人说普通话时,往往或多或少地带有方言的成分,这有语音、词汇、语法等不同层面的影响。

第一节 方言成分强弱程度的连续统

每种语言都是一个自给自足的系统,系统中各个要素会相互协调,共同起作用,使用者很难感受到哪种成分更强势或哪种成分更弱势。但是在语言和语言的接触中,这种语言系统中不同成分的强势或弱势就显现出来了。

方言中的强势成分是方言区人习得普通话时不易放弃的成分;方言中的弱势成分则是在方言区人习得普通话时容易放弃的成分。反过来说,普通话中的强势成分可以是容易渗透进方言并使方言产生变异的成分,也可以是方言区人习得普通话时容易掌握的成分;而普通话中的弱势成分则是方言区人不易掌握的成分。

第五章 方言成分的强弱程度对语言迁移的影响

从不完全习得普通话的角度考察方言中的强弱成分主要是受到 Nemser 关于中介语的理论假设。1971 年,Nemser 提出并使用"近似系统"(approxiamative system)的概念来描述学习者的语言系统。根据他的说法,"近似系统"指的是学习者在试图使用目的语时实际使用的偏离的语言系统。在学习者不断对目的与输入进行加工的基础上,其近似系统也越来越远离源语言系统而向目的语系统靠拢,最后达到重合(merger)。"这些处于不同发展阶段的近似系统构成一个不断进化的连续统。"(王建勤,2009:52)不同水平层次的方言口音的普通话实际上代表了近似系统的不同发展阶段,显示了从方言到普通话之间逐渐过渡的动态过程,其表现出的语言成分间的强弱对比也不是绝对明确的静态、离散的简单个体,而是表现为一个动态的、连续的集合。也就是说,方言内部语言成分的强弱对比都存在一个连续的等级,没有绝对的强或弱。因此,对于某一语言成分的强弱,我们无法也没必要做简单明确的二分判断,相反,采取一种模糊的概念显得更有意义。下面就尝试以连续统的形式来说明无锡方言语音成分间的强弱对比。

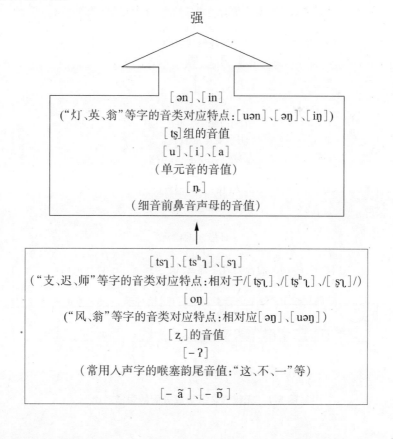

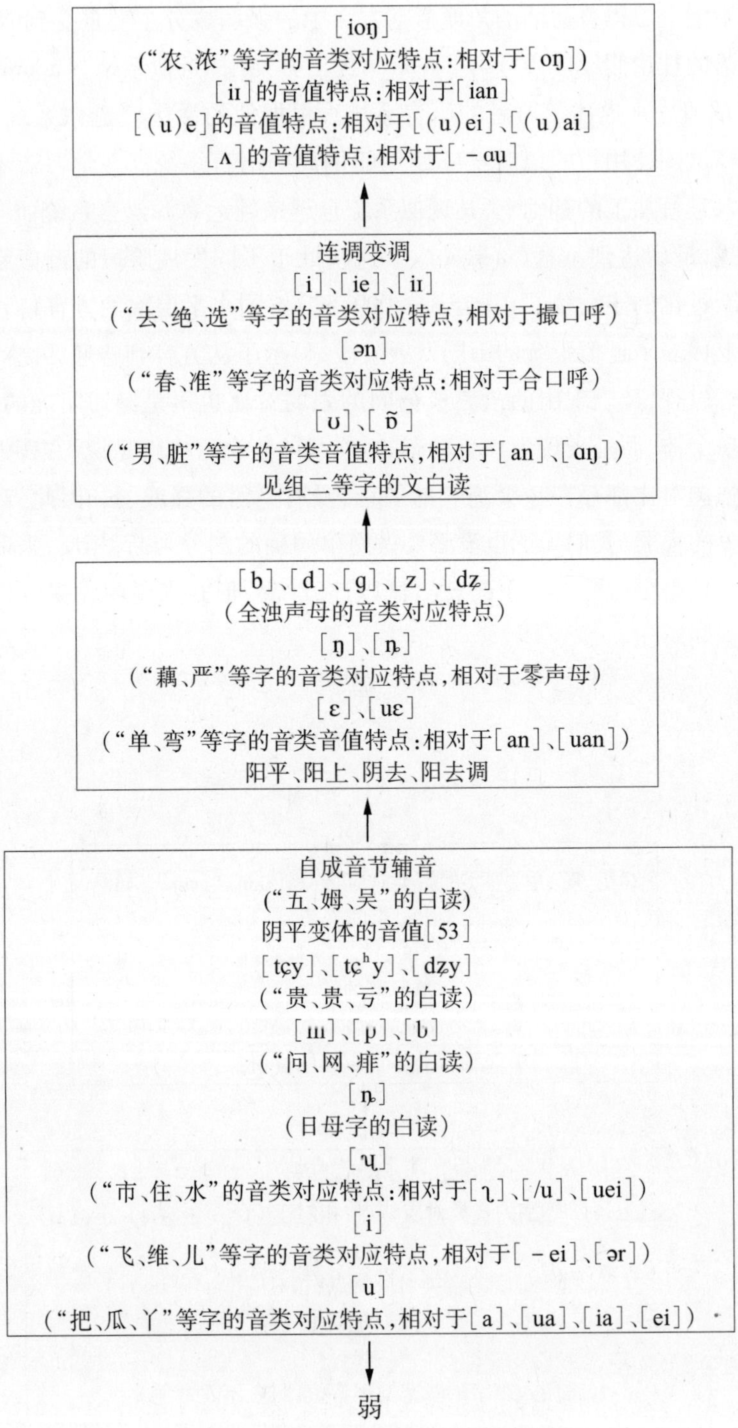

[ioŋ]
("农、浓"等字的音类对应特点:相对于[oŋ])
[iɪ]的音值特点:相对于[ian]
[(u)e]的音值特点:相对于[(u)ei]、[(u)ai]
[ʌ]的音值特点:相对于[-ɑu]

↑

连调变调
[i]、[ie]、[iɪ]
("去、绝、选"等字的音类对应特点,相对于撮口呼)
[ən]
("春、准"等字的音类对应特点:相对于合口呼)
[ʋ]、[õ]
("男、脏"等字的音类音值特点,相对于[an]、[ɑŋ])
见组二等字的文白读

↑

[b]、[d]、[g]、[z]、[dʐ]
(全浊声母的音类对应特点)
[ŋ]、[ȵ]
("藕、严"等字的音类对应特点,相对于零声母)
[ɛ]、[uɛ]
("单、弯"等字的音类音值特点:相对于[an]、[uan])
阳平、阳上、阴去、阳去调

↑

自成音节辅音
("五、姆、吴"的白读)
阴平变体的音值[53]
[tɕy]、[tɕʰy]、[dʐy]
("贵、贵、亏"的白读)
[ɯ]、[ɸ]、[β]
("问、网、痱"的白读)
[ɻ̩]
(日母字的白读)
[ʮ]
("市、住、水"的音类对应特点:相对于[ʅ]、[/u]、[uei])
[i]
("飞、维、儿"等字的音类对应特点,相对于[-ei]、[ər])
[u]
("把、瓜、丫"等字的音类对应特点,相对于[a]、[ua]、[ia]、[ei])

↓

弱

图 5-1　无锡方言语音成分间的强弱对比

第二节 影响语言成分强弱程度的因素

我们认为,每种语言系统里的语言成分中都会有强势与弱势的不同。从语言内部来看,语言的自然融合是语言结构的互协过程。无锡话与普通话相一致的地方自然不会发生变异,两者相互融合,无所谓强势或弱势。变异是由两种语言结构的不平衡引起的,在接触过程中,各自的语言成分之间开始对抗式或侵入式地自然选择。"前者指在两种方言中有不同表现方式的同一种语言成分相互碰撞之后发生的变异,后者则指一种方言存在而另一种方言不存在的语言成分发生的变异。"(吴琼,2004:P38—39)其过程异常复杂。每种语言成分都在不同因素影响下有互不相同的变异方式。见下表。

表5-1 无锡话与普通话的差异类型及变异方式

差异类型	举例	变异情况
两种语言里语言成分相同	无锡话和普通话都有[p]、[pʰ]、[t]、[tʰ]、[k]、[kʰ]、[f]、[m]、[n]、[tɕ]、[tɕʰ]	无所谓强势或弱势
方言中两项在普通话中合为一项	无锡话的清、浊声母到普通话中都是清声母	对抗式变异
方言中的某个语言项目在普通话中没有相对应的形式	无锡话里有自成音节辅音,普通话无	侵入式变异
方言和普通话有对应项目,但在形式和分布上存在差异	无锡话和普通话都有表判断的语气词	对抗式变异
方言无而普通话有的语言项目	普通话有[ʐ],无锡话没有	侵入式变异
方言中的一个语言项目在普通话中分成两个以上的语言项目	无锡话的[ts]在普通话中对应[ts]和[tʂ]	对抗式变异

对于侵入式变异,往往是由一方缺失某种成分而造成的。而对抗式变异,情况则较为复杂。如果对抗双方一方处于强势地位,另一方处于弱势地位,其结果通常是强势语言成分得以保留;如果对抗双方均为自身语言系统中的强势语言成分,则要进一步考察更多的因素。对比分析假说认为母语和目的语差异的大小对应不同的习得难度,显然过于简单化和绝对化。语言之间的差异是语言形式上的,而学习难度则是一种语言心理过程,没有任何心理学依据可以把这两个概念等同起来。学习者实际生成的言语在很大程度上受到不止一个心

理过程的影响,而且要找出其间的对应关系是比较困难的。

因此方言成分的强弱程度不是由单一因素决定的,可能会涉及方言本身的稳定性、标记性、相似度、使用频率等。

一、方言成分的稳定度与强弱程度的关系

稳定度,顾名思义,是指某个语音在方言中的稳定程度。第二章已从整体上考察了无锡话不同语音的变化程度与速度,这是衡量方言成分稳定度的量化标准。

表 5-2 方言成分稳定度的量化标准

稳定度	方言中的语音成分
稳定度 5	自成音节的元、辅音;[n̩](n)①;[ɥ]([ʅ]、[uei]、[a]([ɤ]);[ua]([uai]);[e]([ei]、[ai]);[i]((u)[ei]、[ər]);[ʊ]((u)[an]);[iɪ]([ian]);[ei]([əu]);[ɯ]([o]/[u]/[uo]/[ɤ]/[iəu]);[uã]([uan]);[ɒ̃]((u)[aŋ]);[-ən]([uən]、[əŋ]、[iŋ]);[oŋ]([əŋ]、[uəŋ]);全浊声母、入声;连读变调
稳定度 4	[k]、[kʰ]、[h]([tɕ]、[tɕʰ]、[ɕ]);[m]([∅]);[n̩]([z̩]);[a]([ia]/[ie]);[ã]([aŋ]);[in]([ən]);[ioŋ]([oŋ]);[aʔ]([ɤ]/[o]);[iaʔ]([ie]);[əʔ]([o]/[uo]/[a]);[oʔ]([ɤ])
稳定度 3	分尖团;[u]([-a]);[ɯ]([a])[a];[ã]([əŋ]、[iŋ]);阳上;[ŋ̍]、[n̩]([∅])
稳定度 2	[ɛ]([an]);[tɕy]、[tɕʰy]、[dʑy]([kue]、[kʰue]、[gue])
稳定度 1	[tʂ]([ts]);阴平 53(55);阳平(35);[aʔ]([au])

张树铮(1995)认为,普通话对方言影响的难易与方言区的人说普通话的难易在方向上是一致的:方言区的人在学习普通话时比较容易掌握的内容,也是普通话较容易影响方言的内容;方言区的人在学习普通话时不容易改变的方面,正是普通话难以影响方言的方面。一个方言区的人在改说普通话时暴露的问题,主要不是某个字或某些字的音类问题,而是实际音值的问题。这有一定的道理,我们结合无锡口音的普通话(不完全习得的普通话)的分析可以看到,方言中某个成分稳定度高是比较容易渗透到普通话的,如音类上与[uən]、[əŋ]、[iŋ]相对的[-ən],与[tʂ]相对的[ts];音值上与[n̩]相似的[n],与[an]相似的[ã],与[-əŋ]/[uəŋ]相对的[oŋ],还有入声,目前都非常稳定,没

---

① 本表中"()"内是对应的普通话。

第五章 方言成分的强弱程度对语言迁移的影响

有发生变异,而它们的音值困难度(放弃方言)和音类困难度都很高,说明不太容易被放弃,会渗透进普通话中,这些成分都应该属于方言中的强势成分。相反,方言中某个语音的稳定度越小,在习得普通话时就越容易放弃这个音,同样也越容易习得普通话中与之相对应的语音。比如无锡方言中阴平的变体53目前正在消失,疑母字的鼻音声母正在向零声母转变,很多有文白异读的字出现文进白退的趋势,这里的文读一般都是接近普通话的读音,这种变异当然有利于放弃方言白读音,习得与普通话接近的文读音,还有相对于[ɑu]的[ɑʔ]、相对于[an]的[ɛ]、相对于[kuei]的[tɕy],等等,这些语音成分都很不稳定,而它们的音值困难度或音类困难度也很低,说明这些方言成分很容易被放弃,属于方言中的弱势成分。由此可见,稳定度在一定程度上确实关系到方言区人放弃方言以及习得普通话的困难程度。

可是我们也发现无锡方言中很多音值困难度或音类困难度低的语音成分其稳定度并不低。如自成音节辅音,与[(u)an]相对应的[ʊ]、相对于[-ei]/[ər]的[i],相对于[-əu]的[ei],与[ɿ]、[u]、[uei]相对应的[ʮ],连读变调,全浊声母,二等见组白读的k组声母,日母字的白读[ŋ]等都属于稳定度较高的语音成分,可是在习得普通话的过程中却很容易放弃,即使普通话水平很差的人也很少将其带进普通话。可见在与普通话的抗衡中属于弱势成分。

还有一种特殊的情况,[tʂ]组声母稳定度极低,目前60岁以上的人才有可能保留这个声母,但他们在讲普通话的时候却很容易放弃这个声母,一律不分平翘舌。这是因为这一语言成分是朝着不同于普通话的方向演变的。

可见稳定度可以在一定程度上反映方言成分的强弱程度,但不是决定因素。

二、方言与普通话相应成分的相似性与强弱程度的关系

对比分析假说用主张"差异(difference) = 困难(difficulty)"的观点来预测习得第二语言的困难度,差异越大,困难度越大。这显然过于绝对化和简单化了。对比分析假说的论断受到 Dulay & Burt(1974)等错误分析研究结论的挑战。因为实验数据显示,目的语与母语之间的差异并不一定会引起迁移,而不少学习者的错误是二语内部的错误,与母语干扰无关,却与学习者的中介语发展水平有关。差异的存在固然使语言之间发生碰撞产生变异,但差异和困难度之间的关系是复杂的。差异的大小与习得的难度并不成正比,母语也并非是二

语习得的唯一障碍。偏误出现的原因多种多样,有些是认知策略(类推、概况、目的语规则泛化)使用不当,有的是语言的标记性因素。语言教学和语言习得经验告诉我们,两种语言之间的差异不一定就产生学习困难,当两者语言或语言特征存在很大差异时并不是一定很难学的,有些差异可能会引起学习者的兴趣,使他们更快地掌握新知识,发生"新现象效应"(novelty effect);相反,越是差异不大的语言特征越容易混淆,其习得难度更大。

我们在方言和普通话的接触中看到了同样的现象。以语音为例,处于连续统上端的强势方言成分,如[ən]、[in]("灯、英、翁"的音类对应特点:[uən]、[əŋ]、[iŋ])、[ȵ](细音前鼻音声母的音值)等,与普通话相应成分的相似度比较高。与此相反的是处于连读统末端的方言自成音节辅音("五、姆、吴"的白读)、文白异读中的白读音、[ɿ]("市、住、水"的音类对应特点:相对于[ʅ]、[u]、[uei])、[i]("飞、维、儿"等字的音类对应特点,相对于[-ei]、[ər])、全浊声母等,这些语音成分大多与普通话相应成分相似度极低,属于方言中的弱势成分。这是由于相似的部分比较容易融合,不同的部分比较容易凸显。

相似度是如何影响困难度,形成语言成分的强势和弱势之别的呢?贝先明在《方言接触中的语音格局》中,提出了语音感知的显著度,感知语音学上称"突现度(prominence)",其实质都是由语音相似程度的差异所引起的听觉上的差异。比如有些音母语和目的语相似度比较高,发音人在说目的语时就会用自己最常用、最熟悉的音去代替,自己却感觉不到。而听者能察觉到差别,根据不同程度的差异,选择接受或不接受。因为人们在判断相似程度时常带有主观性,不同地区的人对于同一组音是否相似的看法可能相距甚远。比如吴语中没有翘舌音,也没有后鼻音,吴语区的人说普通话时发不好翘舌音,常用平舌音去代替翘舌音,但还是听得出差别。然而前后鼻音的混淆程度就高了。因为吴语不分前后鼻音,在吴语区的人听来,"彬"和"冰"区别不大,所以吴语区的人说普通话也经常前后鼻音不分,自己却浑然不觉,甚至[an]—[ɑŋ],[ən]—[əŋ],[in]—[iŋ]的混淆程度也不同。按理说,对于母语中不分前后鼻音的人来说,理论上困难度是一致的。但是我们发现很多方言区的人(不分前后鼻音)在习得普通话时,[an]—[ɑŋ]掌握得最好,[ən]—[əŋ]其次,最差的是[in]—[iŋ],这是因为[an]—[ɑŋ]主要元音在听感上相似度比较小,差异明显,比较容易被人注意,不容易被混淆,习得的效果就会好一点。而[ən]—[əŋ],[in]—[iŋ]的发音在听感上差异比较小,容易混淆。所以尽管这几组音对于吴语区的人来说都不能区别,但混淆程度是不同的。总体而言,平翘舌的混淆程度要低于前后鼻音([ən]—[əŋ],[in]—[iŋ])。[p]和[b]对于吴语区的人来说有明显的差别,[n]和[ȵ]则区别不大,因为它们出现的位置是互补的,不起辨义作用。对于大部分北方人来说这两组音都是不区分意义的,然而他们能听出[n]和[ȵ]的不同,却听不出清浊的差异,因此吴语区人说普通话,要特别注意改掉吴语的这个主要特点,但实际上,保留浊音基本上不影响普通话水平。普通话的"的、着"实际发音都是浊的,北方人根本听不出来。[n]和[l]对于大部分汉语方言区的人来说是明显不同的两个音素,可是武汉人、南京人却听不出它们的差别,因此武汉人和南京人说普通话时的一个重要特征就是"男的""蓝的"不分。湖南平江长寿方言最突出的语音特点是在齐齿呼前[l]、[tʰ]不分,"连＝田",这在其他方言区的人看来有天壤之别,本地人对此却全然不知。这样的例子不胜枚举。

因此,对于说者而言,相似度跟困难度成正比,越相似越不容易放弃。对于听者而言却不一定。因为不同语音的相似程度引起的听觉上的差异是不同的,这里面还涉及听者的心理因素、认知能力、语言背景等。人类知觉的一个特点是对越是熟悉的事物越是能感知它内部的差异,越容易将它分出不同的种类(沈家煊,1999:37)。

不仅语音如此,词汇、语法的相似程度也会引起听觉上的差异。相似程度高的,不容易放弃,往往就带进目的语了。尤其是那些形式上接近或完全符合普通话规范的词语和句型,北方人不用,或相对来说用得少一点,而方言区的人因其与普通话相似,有时会过度地使用,而不觉得有问题,这就成为人们判断地方口音的依据之一。比如同形异义词"不大、有的、宝贝",语气词"的",拷贝式话题结构,补语"掉",等等。

三、语言成分的标记性与强弱程度的关系

我们已经知道,母语迁移具有选择性,并不是所有母语规则都会影响中介语系统的发展(有些稳定度高的方言成分并没有渗透进普通话)。语言迁移显然不是单凭两种语言间的差异就可以解释和预测的。但能迁移到目的语中的成分一定是母语中的强势成分。至于母语中哪些成分容易被迁移、怎样迁移,情况是多样的,除了语言差异外,还涉及目的语的标记性、显著性(saliency),对学习者的使用价值,被处理的场合(语言产出还是理解),等等。其中,语言的标

记性被视为迁移的主要制约因素之一。

为了解释标记性对母语迁移的作用方式,Eckman(1977:321)提出了"标记性差异假说"(markedness differential hypothesis)。标记性差异假说说明了标记性差异与语言差异互动、共同决定母语迁移何时发生、何时不发生。该假说的内容是:(1)不同于母语且比母语的对应部分标记性更强的目的语区域属于困难区域;(2)不同于母语且比母语的对应部分标记性更强的目的语区域的困难程度与其标记程度一致;(3)不同于母语、但不比母语标记性更强的目的语区域不是困难区域。很显然,标记性差异假说比对比分析假说具有更强的解释力,这是因为:该假说不仅解释了二语学习困难或母语迁移将出现的区域,还说明了困难的相对程度;指出了并不是母语与目的语之间的所有差异都会导致困难与迁移——只有在目的语成分标记更强时的语言差异才会导致迁移,反之,当母语成分有标记而对应的目的语成分无标记时,迁移的可能性很小。

一般来说,无标记形式比较强势,在语言对抗中不容易放弃或比较容易习得;而有标记形式比较弱势,在语言对抗中容易放弃或不易习得。至于无标记形式比较强势的原因,沈家煊(1997)等认为是无标记成分具有认知上的显著性,它们最易引起人的注意,容易被储存和提取,最接近人的期望或预料;用显著的事物来认识和推导非显著的事物,这是人的一般认知规律。从语用角度来看,无标记项的使用频率比较高,组合形式又比较简单,符合"经济原则",即说话人总想在取得精确传递信息的效益时尽量减少自己说话的付出。常用成分不加标志或采用短小的组合形式,显然是出于经济或省力的考虑。

按理说,语言接触的一个明显事实是强势语言向弱势语言输入语言成分。而实际上,我们通过前文的分析看到,弱势语言也会对强势语言产生影响。其中最主要的原因还是语言成分的标记性。强势语言不代表其成分都是无标记的,弱势语言也不代表其成分都是特殊的、有标记的。

最典型的弱势语言影响强势语言的例子就是方言口音的普通话。真正纯粹的、标准的普通话是很少的,我们所听到的大多是有"口音"的普通话。能够进入普通话中的方言成分大都是标记性弱或无标记的强势语言成分。通过不同水平口音普通话的分析得出的放弃方言成分的困难度表其实也是方言成分标记性强弱的连续体。标记性差异假说对方言区人习得普通话的过程也同样适用。

以语音为例。处于方言强弱成分连续统上端的[-ən]、[ts]属于无锡方言中的强势成分。它们的共同特点是标记性弱。普通话分平翘舌和前后鼻音,比无锡话更接近古音,从聚合标准来看,普通话[tʂ]组和[əŋ]组所辖的成员比无锡话中[-ən]、[ts]所辖的成员少,不分前后鼻音、不分平翘舌显得更经济。因此,普通话是有标记的,无锡话是无标记的。而且从组合标准来看,[tʂ]和[əŋ]比[ts]和[-ən]包含更多的发音姿势。而处于连读统末端的自成音节辅音("五、姆、吴"的白读)、文白异读中的白读音、[ɥ]等因分布范围有限,常见度低,使用频率不高,故是有标记项,在习得普通话时容易放弃。比如[ɥ]韵下聚合的成员很多,普通话念[ʅ]、[u]、[uei]韵的字无锡话都念[ɥ],但它仍是标记性强的语言成分,这不难理解,因为它比[ʅ]含有更多的发音姿势——圆唇,而且在其他汉语方言中很少见。全浊声母则因为具有浊音化特征,相对于清声母来说也是有标记的,因此处于弱势。这说明在爆破音范畴,无锡话比普通话标记性强。因此可以想象,在这一范畴,北方人说英语比吴语区人说英语的难度大,北方人学说英语时,可能会出现浊音清化(devoicing)的迁移性错误,如将"wed"的尾音发成[t]而不是[d],把"pig"的尾音发成[k]而不是[g]。

再从方言变异的角度来看。方言口音的普通话是在某方言区的人主动放弃方言成分,不断向标准普通话靠拢的过程中产生的。而方言的新老变化则是受各种内外因素影响发生的潜移默化的变化。其中语言接触也是方言变异的重要原因。目前,无锡话主要是受到政治上占强势地位的普通话的影响,从不同年龄段人所讲的无锡话的差别来看,其中一大部分变异项目都是接近或已经是普通话的成分了。如疑母字鼻音声母的脱落、尖团的合流、文进白退等。但是无锡方言中也有一些变异项目并不是朝着普通话的方向发展的,如止蟹摄和咸山摄字的合并,前[aʔ]后[ɑʔ]的对立,介音[u]的脱落,翘舌音的消失等都是与普通话背道而驰的,而受到邻近的不那么强势的苏州方言和上海方言的影响。一方面是无锡话跟苏州话、上海话更亲近,而距离北方的普通话更远,音类之间的对应关系有很大差别;另一方面跟语言成分的标记性有关,因为相对于鼻音韵尾和复韵母,单韵母是无标记的,相对于[+介音],[-介音]是无标记性的,相对于[ts],[tʂ]是有标记的。

再比如,无锡话跟苏州话比较,由于历史、政治、经济、文化的原因,苏州话向来处于相对强势的地位,影响着无锡话。上述几项变异就是受苏州话影响而发生的。但是无锡话也会对苏州话产生影响。最典型的例子就是苏州话的[øy]逐渐演变为[ei]。老派苏州方言只有圆唇的[øy],而没有不圆唇的[ei],

比如"狗"念[køɤ⁵²³]。现今的苏州年轻一辈中已经由圆唇的[øɤ]变化为不圆唇的[ei],"狗"读[kei⁵²³]。这一音变可能是受到周围方言的影响,根据赵元任先生的记载,无锡、江阴、常州分别为[ɛɪ、ɛi、ei]。[øɤ]与[ei]相比较,前者是圆唇元音,较不圆唇元音多一个区别特征[＋圆唇],也就增加了难发度,另外[ø]和[ɤ]在汉语方言中都是很少见的元音,使用频率不高,自然就是有标记的。[ei]韵则比较常见,普通话中就有,尽管音类对应关系不同,在语言接触中,有标记的[øɤ]被取代也是可以理解的。

可见方言的新老变化不是人们有意为之,变异的方向更多地取决于语言成分的标记性,而不是语言本身的强弱。

也有例外的情况。处于无锡方言成分强弱程度连续统下端的还有对应普通话[an]的[ɛ]韵(后与[e]合并),按照组合标准,[an]比[ɛ]多一个发音姿势或语音特征,[an]应该是有标记项,[ɛ]是无标记项。从历时标准来看,带鼻韵尾的[an]比单元音[ɛ]更古老,可是[ɛ]却是方言中的弱势成分,几乎不会对无锡人说普通话产生干扰。

可见有无标记并不是决定语言成分强弱程度的充要条件,更何况从语言学角度定义的标记性是一个相对而又模糊的概念,因为对某一语言特征进行标记性的识别必须以其他语言特征为参照物。其结果很可能是不同的研究人员对同一语言特征的标记程度得出完全不同的判断。针对这一问题,Kellerman(1977)提出从认知学的角度界定标记性,即参照本族语者对其母语结构标记性的心理直觉,而不是凭借语言学家的语言数据分析来定义标记性概念。因为母语迁移中包含复杂的心理过程,仅仅考察语言本身的特点是不够的,还必须考察学习者是如何将母语与目的语联系起来的,因为迁移过程也是学习者对母语的形式和功能以何种方式在目的语中出现做出判断的过程。Kellerman等人的研究显示,学习者的心理对哪些母语特征可以迁移,哪些不可迁移有一个衡量的尺度,直觉告诉他们一个范畴中的非典型成员或有标记特征不可迁移。这一结论与语言学的标记理论相符。Kellerman(1983)将这种从认知学的角度定义的标记性称为语言的"典型性"。所以认知学的标记理论是基于学习者对母语特征的典型性的心理直觉来判断母语特征的可迁移性的,而不是标记性本身。Ellis(1994)认为,从认知学角度定义的标记性具有更大的可操作性。

确定语言成分典型性的具体做法是研究人员向母语者调查对指定母语特征的心理感受,比如,该特征是否典型和规则?语义或结构是否清晰?外延是否宽广？然后根据被调查者的回答做出"无标记"或"有标记"的判断。

由于时间关系,笔者并未就无锡方言中有关语音、词汇、语法成分的典型性做过调查,但确实也感觉到在学习者的潜意识里对迁移性错误有一定的"先天免疫力",即他们知道典型性的母语特征同样会在目的语中出现,迁移的安全系数较大;非典型性的母语特征则极有可能在目的语中消失,迁移的安全系数较小。比如[i]和[u]是方言和普通话共有的,本来无所谓强势或弱势,但是它们的音类对应关系不同,[i]还可以相对于[-ei]、[ər]("飞、维、儿"等字),[u]相对于[a]、[ua]、[ia]("把、瓜、丫"等字)。但方言区人更趋向于把[i]和[u]就看成是"衣、乌"的韵母,而非"飞、唯、瓜"的韵母。尽管形式完全一样,但无锡人不会将方言中的这种对应关系带进普通话。同样,他们很少迁移语义不甚"透明"的方言词汇、俗话、谚语等,因为直觉告诉他们这些母语形式不适合迁移。人们对典型性判断的认知状态是相对稳定的,但是方言区的人对母方言与普通话之间的差距或差异的心理认知会随着对普通话经验及水平的增长而变化,因为"人类知觉的一个特点就是对越是熟悉的事物越是能感知它内部的差异,越容易将它分出不同的种类来"(沈家煊,1999:37)。

余 论

语言接触的一个明显事实是强势语言向弱势语言输入语言成分。而实际上,我们通过无锡口音的普通话和无锡话自身的变异情况看到,弱势语言也会对强势语言产生影响。本研究通过研究不纯的方言和不标准的普通话探讨了语言接触的深层次特点及语言变化的规律。无锡口音的普通话和无锡话的新老变化分别是普通话和无锡话两个系统的演变结果,语言接触是两个系统演变的外在诱因之一,结构的自我调节是两个系统演变的内在因素,结构差异和标记差异是两个系统变化的区域,语言规则的迁移是两个系统演变的机制之一。

从方言演变的角度来看,有方言自身结构系统的调整,总的方向是从不协和向协和发展。同时也有语言接触中的外界因素的影响,目前来看,普通话的影响是最主要的,大部分的变化都是不断在向普通话靠拢。但是我们也看到新老方言之间的差异并不都是受普通话影响所致,仍有与普通话"背道而驰"的变异项目。外因必须要通过内因起作用。

通过对不同层次的普通话的研究,我们也发现在带口音的普通话中有的方言成分被保留得多一些,有的方言成分被保留得少一些,结果就形成了一系列的"近似系统"——类似于中介语的连续体。近似系统的不断演化说明其是一个动态发展的系统。我们之所以能够把这些近似系统看成一个个独立的语言系统,是因为它是特定时间的"定型产物"(学习者在由母语向目的语变化的过程中,一旦满足了交际需要之后就会僵化、停滞不前),是达到一定的普通话水平但还没有完全掌握普通话基本规则的人在实际交流中由于注重交际而非形式所产生的中介语或过渡语。其中母语迁移、有训练造成的迁移、目的语材料泛化、学习策略是地方口音的普通话产生的直接因素。本研究主要探讨方言和普通话接触的问题,因此着重研究第一个因素,即母语迁移。

母语迁移的前提条件是母方言和普通话构成的"跨语言情境"(interlingual

situation)和方言区人在接触普通话时产生的"语际识别"(interlingual identification)。也就是说,尽管方言和普通话之间的某个项目相似但是并不相同,学习者却认为两者是相同的。但是方言区的人对母方言与普通话之间的差距或差异的心理认知会随着对普通话经验及水平的增长而变化。同时母语迁移具有选择性,并不是所有母语规则都会影响中介语系统的发展,语言迁移显然不是单凭两种语言间的差异就可以解释和预测的。至于母语中哪些成分容易被迁移,怎样迁移,情况是复杂的,除了语言差异外,还涉及目的语的标记性、显著性(saliency)、相似性,对学习者的使用价值,被处理的场合(语言产出还是理解),等等。

语言变异现象并不是母语者语言系统独有的现象,不同水平的地方口音普通话实际上也体现出普通话学习者语言系统中的变异现象。按照 Ellis(1994:134)对众多语言变异研究的分类,本研究所涉及的不同水平层次的方言口音的普通话属于学习者之间的变异。但我们也知道,即使同一个人在同一阶段,其普通话也常常会出现一些变异现象。表现为人们在说普通话时,在不同情境下带方言口音的程度不同。比如当人说话着急、紧张、匆促或者随便、粗心的时候,这种情况显得更为突出。在正式场合,有较宽裕的时间、慢条斯理地看稿讲话,偏误较少。时间仓促,又想多说,即席发言,边想边说,顾不上字正腔圆,偏误必多。面对操普通话的人说话,力求标准,发音最佳;跟邻近方言区的人说话,没有压力,或为拉近关系,口音毕露。这些属于学习者自身的变异。学习者自身的变异又分为系统变异和非系统变异。系统变异包括"上下文语境"(linguistic context)、"情景语境"(situational context)、"心理语言语境"(psycholinguistic context)三方面的引导。其中上下文语境效应主要体现在语言的语音、词汇和语法层面。而情景语境效应主要是由语体变换带来的,同样在语言各个层面有所体现。心理语言语境造成的语言变异主要集中在有关"计划时间"(planning time)对语言产出过程的影响(即时间压力)和注意力集中在信息上还是形式上对使用目的语正确率的影响。非系统变异是学习者的"自由变异"现象,发生在习得的最初阶段,但系统变异则在中介语发展的任何阶段都会发生。问题是通过考察不同情境下普通话学习者自身变异情况得出的结论是否跟我们已得到的方言成分强弱程度的顺序一致。笔者文中略有涉及,但是要想得到更加全面的认识,还需要进一步展开细致广泛的调查研究。

此外,本研究对于方言的变异或者方言口音的普通话的分层研究主要集中在语音方面,然而每种语言都有一个自给自足的语言系统,系统中的各个要素相互协调,共同起作用。拿方言口音的普通话来说,语音面貌差的人,词汇和语法的问题一定也很多,而即使语音可以非常纯正,也仍然很难摆脱某些方言词汇的渗透。但由于能力有限,本研究只考察了方言和普通话接触中的语音问题,词汇和语法未有涉及,无法反映方言演变和方言口音的普通话的全部语言事实,这样的研究还不是全方位的,不是成系统的。这些都将成为笔者今后奋斗的目标。

附　录

附录1：常用汉字调查表

常用汉字调查表

姓　名：_____　　性别：_____　　年龄：_____

出生地：无锡市_____区　职业：_____　　文化程度：_____

有无外地生活经历：_____　电话号码：_____　　Email：_____

一、朗读

妨碍	阿碍	作业	业绩	农用车	浓到	缘分	人缘
月亮	一月份	宜兴	便宜	任务	公务员	麻花	芝麻
把握	一把	人家	家生	茅坑	杏仁	樱桃	打人
发酵粉	酵母	世界	界限	贵	小鬼	碰着鬼	香水
越南	隔离	阅览室	检阅	物理	物事	蔷薇	小薇
教书	教师	解开	解放	儿子	传染	染头发	牙齿
西瓜	瓜分	青蛙	牛蛙	竞争	争	生意	发生
无锡市	市区	手	手术	手段	休息	双休日	孵小鸡
始发站	开始	至于	可耻	大约	约会	防疫站	防防
抓牢	考虑	兴趣	趣道	取笑	录取	过去	来去
橘子	菊花	屈原	委屈	的确良	嘴	搁浅	耽搁
挣脱	束缚	包括	翅膀	调查	查房	差不多	叉
环境	情况	毛巾	允许	怀孕	营养	吹	丑
抽屉	笤帚	秋天	立秋	售票员	销售	收衣裳	丰收

二、请用无锡话读下面的单字，比较异同（不同的画"≠"）

尺—擦	石—闸	八—百	袜—麦
喝—吓	石—杂	掐—客	滑—划
杯—班	猜—搀	推—摊	回—还 动:还钞票
台—谈	馋—才	妹—慢	来—兰
十—贼	蛇—柴	少—扫	扇—酸
针—增	神—存	春—村	说—塞
沙—梳	渣—租	茶—锄	车—初
抽—丘—秋	售—球—受	收—休—修	手—朽—秀
咒—究—酒	野—夜	抿—命	赚—罪
揽—烂	桶—洞	稻—道	赵—潮

附录2：尖团调查

芭蕉	济南	立宪	寝室	膝关节
宝剑	鲫鱼	连牵	沁园新村	喜鹊
报销	迹象	两栖动物	青椒	细心
背梁脊骨	践踏	亮晶晶	倾向	纤夫
必须	鉴定	麻雀	倾斜	宪法
伯爵	将来	棉絮	情绪	羡慕
纯净水	酱油	面积	秋季	献殷勤
单纯	交际	女婿	趋势	相信
胆怯	椒盐	排挤	雀斑	香蕉
堆砌	节气	派遣	骚俏	象棋
发泄	截一段	妻子	上进	像腔
房屋地契	借鉴	栖霞	上旬	消极
奉献精神	尽管	齐巧	稍息	消遣
夫妻	笪转则身体	契约	少将	销量
海啸	尽量	砌墙头	射箭	潇洒
后西溪	经济	迁就	实践	啸叫
欢聚	晶体	牵记	通缉	泄露
迹象	救济	谦让	通讯	卸下来
积极	聚会	谦虚	头绪	欣赏
积劳成疾	聚集	签字	推荐	欣欣向荣
吉祥桥	绝对	钳头	推卸	兴盛
借鉴	竣工	乾坤	歪门邪道	幸福
疾病	拉纤	乾隆	无锡	幸运
脊髓骨	辣花酱	遣送站	牺牲	胸腔
计较	拦截	腔调	犀牛	调休
记叙	老虎钳	俏丽	溪水	休息
剂量	里脊肉	怯场	锡箔	需要
季节	立即	亲戚	熄灯	徐向前

序言	巡逻	迅速	一条蛆	曾经
绪论	宣言	眼睫毛	英俊	逐渐
宣传	循环	药剂师	右倾	作兴

附录3：单字调调查表

阴平	多	拖	歌	沙	车	花	输	低	知	包
	亏	三	添	心	关	砖	吞	根	汤	灯
阳平	鹅	河	婆	爬	茶	斜	排	皮	池	桥
	流	南	嫌	寻	神	勤	糖	藤	平	铜
阴上	躲	锁	果	火	哑	写	赌	土	摆	洗
	紫	宝	走	胆	卷	紧	匀	党	厂	煤
阳上	坐	马	买	米	老	藕	软	近	像	野
	厚	坐	竖	痒	撞	冷	动	领	静	断
阴去	课	破	货	嫁	借	布	拜	剃	块	岁
	票	暗	欠	炭	算	片	劝	进	证	姓
阳去	饿	骂	谢	闹	豆	旧	抱	健	换	恨
	项	命	病	洞	妹	定	梦	用	放	顺

附录4：无锡口音普通话语音调查材料

单音字表（考察元音和声调）

啊	八	答	沙	哦	剥	摸	坡
饿	歌	得	遮	衣	鸡	西	七
乌	姑	孵	督	迂	居	需	区
资	雌	丝	汁	湿	吃	二	
爱	该	腮	呆	背	飞	勒	黑
凹	高	刀	包	欧	沟	兜	搜
安	单	班	三	肮	刚	张	浜
央	江	乡	姜	烟	煎	先	千
衣	疑	以	意	妈	麻	马	骂

朗读材料：《中国语言资源有声数据库调查手册》，商务印书馆，2010：175－177.

附录5: 无锡方言新老变化发音人情况
（声韵、尖团、文白异读）

姓氏	出生年份	性别	文化程度	职业	姓氏	出生年份	性别	文化程度	职业	姓氏	出生年份	性别	文化程度	职业
候	1928	女	高中	教师	辛	1950	男	初中	工人	浦	1936	男	高中	工程师
曹	1949	女	初中	工人	缪	1949	女	高中	公务员	王	1953	女	高中	工人
万	1966	女	高中	工人	徐	1965	男	大专	公务员	俞	1961	男	大专	公务员
陆	1969	男	高中	私营	吴	1968	女	高中	店员	朱	1964	女	高中	店员
徐	1974	女	大专	公务员	沈	1978	女	大学	教师	李	1978	男	大学	教师
管	1977	男	大专	公务员	杨	1980	男	大学	教师	曹	1982	男	高中	私营
周	1947	男	初中	工人	李	1954	女	初中	医生	万	1969	女	高中	私营
孙	1961	男	初中	工人	周	1976	男	高中	职员	周	1987	男	高中	店员
韩	1966	女	高中	公务员	沈	1977	女	研究生	公务员	王	1978	女	研究生	教师
朱	1964	女	初中	工人	陆	1972	女	高中	私营	徐	1960	男	大专	公务员
张	1986	女	大学	公务员	周	1986	女	大学	教师	肖	1986	女	大学	教师
陆	1985	男	大学	教师	姜	1982	女	大学	教师	周	1986	男	高中	店员
陆	1986	男	大学	公务员	刘	1980	女	大学	私营	潘	1994	女	初中	学生
窦	1995	女	初中	学生	窦	1995	男	初中	学生	张	1995	女	初中	学生
陆	1995	女	初中	学生	陈	1995	女	初中	学生	曹	1952	男	初中	工人
王	1994	女	初中	学生	郑	1992	男	高中	学生	周	1993	女	高中	学生
陆	1993	男	高中	学生	李	1994	男	高中	学生	顾	1995	男	初中	学生
沈	1994	女	初中	学生	陈	1992	男	高中	学生	李	1992	女	高中	学生
王	1992	男	高中	学生	管	1993	男	高中	学生	钱	1992	女	高中	学生
韩	1992	男	高中	学生	王	1993	女	高中	学生	毛	1992	男	高中	学生
孙	1976	男	大专	公务员	魏	1960	男	初中	工人	徐	1959	男	高中	工程师
周	1949	男	高中	公务员	郑	1969	男	大学	职员	朱	1957	男	高中	私营
陈	1957	女	高中	教师	许	1966	男	高中	工程师	戴	1953	女	初中	工人
方	1966	女	大学	教师	沈	1980	男	大学	职员	吴	1950	男	高中	工程师
蒋	1971	女	大学	职员	陈	1942	男	初中	工人	陆	1946	男	高中	职员
胡	1977	女	高中	工人	张	1949	男	初中	工人	陈	1958	男	高中	职员
华	1981	男	大学	公务员	倪	1950	男	初中	工人	周	1971	女	高中	店员

续表

丁	1952	男	高中	教师	朱	1953	男	小学	工人	陆	1950	女	初中	公务员
顾	1978	女	高中	职员	陆	1959	男	高中	工人	周	1944	女	高中	教师
程	1984	男	大学	职员	毛	1987	男	大学	教师	李	1986	男	大学	职员
王	1972	男	大学	职员	王	1978	男	大学	公务员	顾	1973	女	高中	私营
朱	1983	女	高中	店员	赵	1975	女	高中	店员	缪	1973	男	高中	工人
邵	1985	女	研究生	学生	钱	1975	男	大学	教师	谈	1988	男	大学	职员
杨	1967	男	高中	工人	胡	1964	女	大学	公务员	陈	1970	男	大学	医生
张	1964	男	大专	公务员	周	1966	女	大专	公务员	朱	1977	男	大学	公务员
沈	1968	男	初中	工人	张	1980	男	大学	职员	黄	1973	女	大学	教师
吴	1973	男	研究生	工程师	陈	1974	女	高中	店员	尤	1976	女	大专	职员
尤	1963	男	大学	教师	周	1971	女	大学	公务员	高	1965	男	大学	工程师
*祝	1942	男	中专	工程师	*李	1978	男	大学	教师					

说明:加深的为文白异读的发音人,带"*"号的为单字调发音人。

专著

［1］ Alan Cruttenden.吉姆森英语语音教程［M］.北京:外语教学与研究出版社,2001.

［2］ Edkins,Joseph. A Grammar of Colloquial Chinese,as Exhibited in the Shanghai Dialect［M］. Shanghai:Presbyterian Mission Press,1868.

［3］ Macgowan, J. A Collection of Phrases in the Shanghai Dialect［M］. Shanghai:Presbyterian Mission Press,1862.

［4］ Ellis, R. The Study of Second Language Acquisition［M］. Oxford:Oxford University Press,1997.

［5］ Ellis, R. Understanding Second Language Acquisition［M］. Oxford:Oxford University Press,1994.

［6］ Greenberg, J. Universals of Language［M］. Cambridge, Mass:MIT Press. 1966.

［7］ Jenkins, J. English as a Lingua Franca:Attitude and Identity［M］. Oxford:Oxford University Press,2007:198.

［8］ Kroskrity, P. V. , Schieffelin B. B. ,Woolard K. A. Regimes of Language:Ideologies, Politics, and Identities.［M］. New Mexico:School of American Research Press,2000:37.

［9］ Leuvensteijn,J. A. ,J. B. Berns. Dialect and Standard Language in the English,Dutch,German and Norwegian LanguageAreas［M］. North-Holland, Amsterdam/Oxford/New York/Tokyo, 1992:15.

［10］ R. L. 特拉斯克.语言学和音系学词典［M］.北京:语文出版社,2000.

［11］ Trubetzkoy, N. S. Principles of Phonology(English, ed.)［M］. California:University of California Press,1969.

［12］ Labov,W. Socialinguistic Pattern［M］. University of Pennsylvania Press,1972:271.

［13］ 北京大学中国语言文学系语言学教研室.汉语方言词汇［M］.北京:文字改革出版社,1964.

[14] 北京大学中国语言文学系语言学教研室.汉语方音字汇[M].北京:语文出版社,2003.

[15] 陈保亚.20世纪中国语言学方法论[M].济南:山东教育出版社,1999.

[16] 陈保亚.语言接触与语言联盟[M].北京:语文出版社,1996.

[17] 陈松岑.语言变异研究[M].广州:广东教育出版社,1999.

[18] 陈章太.语言规划研究[M].北京:商务印书馆,2005.

[19] 戴庆厦.社会语言学概论[M].北京:商务印书馆,2004.

[20] 董少文.语音常识[M].北京:文化教育出版社,1956.

[21] 复旦大学中国语言文学研究所吴语研究室.吴语论丛[M].上海:上海教育出版社,1988.

[22] 高本汉.中国音韵学研究[C].赵元任,罗常培,李方桂,译.北京:商务印书馆,1994.

[23] 侯精一.现代汉语方言概论[M].上海:上海教育出版社,2002.

[24] 胡裕树.现代汉语[M].上海:上海世纪出版集团、上海教育出版社,2005.

[25] 黄伯荣,廖序东.现代汉语[M].北京:高等教育出版社,1991.

[26] 简·爱切生.语言的变化:进步还是退步?[M].徐家祯,译.北京:语文出版社,1997.

[27] 江苏省地方志编纂委员会.江苏省志·方言志[M].南京:南京大学出版社,1998.

[28] 江苏省上海市方言调查指导组.江苏省和上海市方言概况[M].南京:江苏人民出版社,1960.

[29] 江苏省上海市方言调查指导组.无锡人学习普通话手册[M].南京:江苏人民出版社,1959.

[30] 李绍山.语言研究中的统计学[M].西安:西安交通大学出版社,2008.

[31] 李宇明.关于普通话水平测试的思考[M].上海:上海教育出版社,2002.

[32] 林焘,王理嘉.语音学教程[M].北京:北京大学出版社,2009.

[33] 林焘,王理嘉,等.北京语音实验录[M].北京:北京大学出版社,1985.

[34] 刘俐李.汉语声调论[M].南京:南京师范大学出版社,2004.

[35] 罗常培,王均.普通话语音学纲要[M].北京:商务印书馆,1981.

[36] 钱曾怡,等.烟台方言报告[M].济南:齐鲁书社,1982.

[37] 钱乃荣.北部吴语研究[M].上海:上海大学出版社,2003.

[38] 钱乃荣.当代吴语研究[M].上海:上海教育出版社,1992.

[39] 钱乃荣.现代汉语[M].南京:江苏教育出版社.2001.

[40] 萨丕尔.语言论[M].北京:商务印书馆,1985.

[41] 沈家煊.不对称和标记论[M].南昌:江西教育出版社,1999.

[42] 石锋,廖荣蓉.语音丛稿[C].北京:北京语言学院出版社,1994.

[43] 石汝杰,宫田一郎.明清吴语词典[M].上海:上海辞书出版社,2003.

[44] 宋欣桥.普通话水平测试员实用手册[M].增订本.北京:商务印书馆,2004.

[45] 索绪尔.普通语言学教程[M].北京:商务印书馆,1982年版.

[46] 汪平.方言平议[M].武汉:华中科技大学出版社,2003.

[47] 汪平.苏州方言语音研究[M].武汉:华中理工大学出版社,1996.

[48] 王福堂.汉语方言语音的演变和层次[M].北京:语文出版社,1999.

[49] 王建勤.第二语言习得研究[M].北京:商务印书馆,2009.

[50] 王士元.关于区别性特征理论[M].北京:商务印书馆,1983.

[51] 王士元.语言的探索——王士元语言学论文选译[M].北京:北京语言文化大学出版社 2000.

[52] 无锡市地方志编纂委员会.无锡市志·第五十五卷(方言)[M].南京:江苏人民出版社,1995.

[53] 无锡县志编纂委员会.无锡县志·卷二十九(方言)[M].上海:上海社会科学出版社,1994.

[54] 吴宗济,林茂灿.实验语音学概要[M].北京:高等教育出版社,1989.

[55] 吴宗济,等.汉语普通话单音节语图册[M].北京:中国社会科学出版社,1986.

[56] 项行.无锡方言词典[M].长春:时代文艺出版社,2005.

[57] 徐大明,陶红印,谢天蔚.当代社会语言学[M].北京:中国社会科学出版社,2004.

[58] 徐大明.语言变异与变化.[M].小海:上海教育出版社,2006.

[59] 徐世荣.普通话语音知识[M].北京:文字改革出版社,1980.

[60] 徐通锵,叶蜚声.语言学纲要[M].北京:北京大学出版社,1989.

[61] 徐通锵.历史语言学[M].北京:商务印书馆,1996.

[62] 许宝华,宫田一郎.汉语方言大辞典[M].北京:中华书局,1999.

[63] 许宝华,汤珍珠.上海市区方言志[M].上海:上海教育出版社,1988.

[64] 颜逸明.吴语概说[M].上海:华东师范大学出版社,1994.

[65] 于根元.应用语言学理论纲要[M].北京:华语教学出版社,1999.

[66] 袁家骅,等.汉语方言概要[M].北京:文字改革出版社,1960.

[67] 袁焱.语言接触与语言演变·阿昌语个案调查研究[M].北京:民族出版社,2001.

[68] 赵元任.汉语口语语法[M].北京:商务印书馆,1979.

[69] 赵元任.现代吴语的研究[M].影印本.北京:科学出版社,1956.

[70] 赵元任.语言问题[M].北京:商务印书馆,1999.

[71] 真田信治,等.社会语言学概论[M].上海:上海译文出版社,2002.

[72] 中国社会科学院语言研究所.方言调查字表[M].北京:商务印书馆,1999.

[73] 中国社会科学院语言研究所词典编辑室.现代汉语词典[M].3版.北京:商务印书馆,2001.

[74] 中国语言资源有声数据库调查手册·汉语方言[M].北京:商务印书馆,2010.

[75] 周殿福.国际音标自学手册[M].北京:商务印书馆,1985.

硕博论文

[1] 贝先明.方言接触中的语音格局[D].南开大学博士论文,2008.

[2] 曹晓燕.无锡方言研究[D].苏州大学硕士论文,2003.

[3] 曹玉梅.朔州市中学生对普通话及朔县方言的态度研究[D].吉林大学 硕士论文,2012.

[4] 陈建伟.临沂方言和普通话的接触研究[D].苏州大学博士论文,2008.

[5] 段纳.平顶山城区新派方言古入声字语音变异的调查与研究[D].苏州大学硕士论文,2007.

[6] 傅灵.方言与普通话的接触研究——以长沙、上海、武汉为背景[D].苏州大学博士论文,2010.

[7] 高山."武汉普通话"语音考察[D].华中师范大学硕士论文,2006.

[8] 顾钦.语言接触对上海市区方言语音演变的影响[D].上海师范大学博士论文,2007.

[9] 顾钦.最新派上海市区方言语音的调查分析[D].上海师范大学硕士论文,2004.

[10] 郭风岚.宣化方言变异与变化研究[D].北京语言大学博士论文,2005.

[11] 郭骏.溧水"街上话"语音变异研究[D].南京大学博士论文,2006.

[12] 郭媛媛.南京市城区中学生语言状况调查研究[D].南京大学硕士论文,2012.

[13] 胡珊珊.在沪外来大学生沪语态度调查报告[D]上海外国语大学 硕士论文,2012.

[14] 胡斯可.湖南郴州地区的汉语方言接触研究[D].湖南师范大学博士论文,2009.

[15] 胡松柏.赣东北汉语方言接触研究[D].暨南大学博士论文,2003.

[16] 胡智丹.无锡方言语音的共时差异与历时演变[D].苏州大学硕士论文,2007.

[17] 黄继春.成都口音普通话研究[D].华中科技大学硕士论文,2002.

[18] 江荻.论汉藏语言演化的历史音变模式[D].中国社会科学院研究生院博士论文,2000.

[19] 江燕.普通话和南昌方言接触研究[D].苏州大学博士论文,2008.

[20] 雷红波.上海青年工作移民的语码选择[D].华中师范大学硕士论文,2004.

[21] 李咏梅.关于地方普通话的产生动因、价值及未来趋势的探讨[D].广西大学硕士论文,2012.

[22] 梁滢."南宁普通话"韵母研究[D].广西大学硕士论文,2005.

[23] 陆勤.近五十年来扬州方言语音变化研究[D].南京师范大学硕士论文,2003.

[24] 陆亚莹.PSC中强势语音错误和语音缺陷与普通话音系演变[D].南京师范大学硕士论文,2005.

[25] 彭浅生.语言接触视角下的宜春(水江)方言词汇变化研究[D].江西师范大学硕士论

文,2012.

[26] 施晓. 新派海门话的音变[D]. 苏州大学硕士论文,2004.

[27] 王亮. 湖南益阳方言新老派差异的社会语言学调查[D]. 中南大学硕士论文,2008.

[28] 吴琼. 徐州口音普通话初探[D]. 华中科技大学硕士论文,2004.

[29] 谢书书. 闽南语和普通话的语码转换之心理学分析[D]. 福建师范大学硕士论文,2005.

[30] 辛声. 四川大学生对四川话和普通话的语言态度研究[D]. 西南交通大学硕士论文,2006.

[31] 徐金益. 无锡方言声调实验研究[D]. 南京师范大学硕士论文,2007.

[32] 徐睿渊. 厦门方言一百多年来语音系统和词汇系统的演变——对三本教会语料的考察[D]. 厦门大学博士论文,2008.

[33] 杨蓓. 上海儿童的上海话音系习得[D]. 复旦大学博士论文,2002.

[34] 杨佶. 当代苏州方言语音演变初探[D]. 苏州大学硕士论文,2004.

[35] 杨荣华. 想象的言语社区:全球化语境下英国华人的语言认同研究[D]. 南京大学博士论文,2009.

[36] 杨峥琳. 普通话常用音节的语音特征分析[D]. 云南师范大学硕士论文,2003.

[37] 于珏. 上海普通话与普通话元音系统的声学特征对比研究[D]. 浙江大学硕士论文,2004.

[38] 岳彦廷. 平定城区方言常用词变异研究[D]. 山西师范大学硕士论文,2012.

[39] 张敏. 城市化进程中农村方言词汇变异研究[D]. 湘潭大学硕士论文,2011.

[40] 张勤倩. 响水方言与普通话接触研究[D]. 天津大学硕士论文,2011.

[41] 张晔. 上海市区方言中变项(z_i)的研究——论普通话对地域方言的渗透[D]. 复旦大学硕士论文,2008.

[42] 周萍. 上海地区普通话水平测试中韵母发音偏误的比较研究[D]. 华东师范大学硕士论文,2006.

[43] 周易. 标记理论研究[D]. 黑龙江大学硕士论文,2004.

[44] 祝晓宏. 包头鼻韵尾变异:15年后的再调查[D]. 南京大学硕士论文,2005.

论文

[1] Dulay, H. &M. Burt. You can't learn without goofing [A]. In J. Richards (eds.) Error Analysis[C]. London:Longman,1974.

[2] Eckman, F. Markedness and the contrastive analysis hypothesis[J]. Language Learning,1977 (27).

[3] Kellerman, E. Now you see it, now you don't [A]. In S. Gass& L. Selinker (eds.) Language

Transfer in LanguageLearning[C]. Rowley, Mass：Newbury House,1983.

[4] Kellerman, E. The imperfect conditional [A]. In K. Hyltenstam & L. Obler (eds.)Bilingualism Across theLife span：Aspects of Acquisition, Maturity and Loss[C]. Cambridge：Cambridge University Press,1989.

[5] Kellerman, E. Towards a characterization of the strategies oftransfer in second language learning[J]. Interlanguage Studies Bulletin,1977(2).

[6] Kellerman, E. Transfer and non-transfer：where are we now? [J]. Studies in Second Language Acquisition,1979(2).

[7] 鲍明炜.六十年来南京方音向普通话靠拢情况的考察[J].中国语文,1980(4).

[8] 贝先明,石锋.方言的接触影响在元音格局中的表现——以长沙、萍乡、浏阳方言为例[J].南开语言学刊,2008(1).

[9] 曹晓燕.无锡方言两字组连读变调[J]//吴语研究(第二届国际吴方言研讨会论文集)[A].上海：上海教育出版社,2003.

[10] 曹晓燕.以尖团分混考察影响方言变异的语言因素[J].苏州大学学报,2011(2).

[11] 曾炜.岳阳市语言生活现状与展望[J].云梦学刊,2010(5).

[12] 曾子凡."港式普通话"剖析[J].方言,2000(3).

[13] 陈保亚.音变原因、音变方向和音系协合[J].西南师范大学学报,1989(3).

[14] 陈保亚.语言接触导致汉语方言分化的两种模式[J].北京大学学报(哲学社会科学版),2005(2).

[15] 陈棋生.从音位观点看无锡话的调类划分[J].华东师大学报,1960(1).

[16] 陈棋生.无锡话的连续变调及其在语法上的作用[A]//江苏省语言学会.语言研究集刊(第二辑)[C].南京：江苏教育出版社,1989.

[17] 陈棋生.无锡方言概貌[J].无锡教育学院学报,1993(1).

[18] 陈松岑.绍兴市城区普通话的社会分布及其发展趋势[J].语文建设,1990(1).

[19] 陈松岑.新加坡华人的语言态度及其对语言能力和语言使用的影响[J].语言教学与研究,1999(1).

[20] 陈亚川.闽南口音普通话说略[J].语言教学与研究,1987(4).

[21] 陈亚州."地方普通话"的性质特征及其他[J].世界汉语教学,1991(1).

[22] 陈焱,丁信善.方言与标准语接触的互动模式[J].现代语文,2007(2).

[23] 陈燕.西昌新派方言声母、韵母的特点[J].西昌学院学报(社会科学版),2008(1).

[24] 陈章太.对普通话及其有关问题的思考[J].语文建设通讯,2000(7).

[25] 陈章太.关于普通话与方言的几个问题[J].语文研究与应用,1990(4).

[26] 陈章太.略论我国新时期的语言变异[J].语言教学与研究,2002(6).

[27] 陈章太.语言变异与社会及社会心理[J].厦门大学学报(哲社版),1988(1).

[28] 陈章太.再论语言生活调查[J].语言教学与研究,1999(3).

[29] 陈忠敏.上海市区话语音一百多年来的演变[A]//吴语和闽语的比较研究.中国东南方言比较研究丛书(1)[C].上海:上海教育出版社,1995.

[30] 陈忠敏.重论文白异读和语音层次[J].语言研究,2003(3).

[31] 陈立平.常州市民语言态度调查[J].解放军外国语学院学报,2011(4).

[32] 陈明远.数理统计在汉语研究中的应用[J].中国语文,1981(6).

[33] 崔梅.地方普通话与汉民族文化心理[J].云南师范大学学报(哲学社会科学版),1993(6).

[34] 崔容.太原方言新派老派的语音差异[J].山西大学学报(哲学社会科学版),2000(4).

[35] 戴庆厦,罗自群.语言接触研究必须处理好的几个问题[J].语言研究,2006(4).

[36] 丁崇明.语言变异的部分原因及变异种类[J].北京师范大学学报(人文社会科学版),2000(6).

[37] 丁崇明.语言变异与规范[J].北京师范大学学报(人文社会科学版),2002(6).

[38] 丁崇明.语言演变的过程模式[J].北京师范大学学报(人文社会科学版),2001(6).

[39] 丁迪蒙.吴方言区人士怎样学好普通话[J].常州工学院学报,2000(3).

[40] 丁声树撰文,李荣制表.汉语音韵讲义[J].方言,1981(4).

[41] 董福升.普通话与武汉方言接触状况调查[J].赤峰学院学报(汉文哲学社会科学版),2008(6).

[42] 董洁茹.普通话中介语研究初探[J].新乡师范高等专科学校学报,2003(3).

[43] 付义荣.南京市语言使用情况调查及其思考[J].南京航空航天大学学报(社会科学版),2004(3).

[44] 盖兴之.中介语与底层研究的关系[J].民族语文,1996(2).

[45] 高峰.安塞方言何家沟音系及三代人之间的语音差异[J].宁夏大学学报(人文社会科学版),2010(2).

[46] 高云峰.150年来中古咸山摄舒声字在上海话中的语音变迁[J].语言研究,1996(2).

[47] 郭骏.方言语音变异特征分析[J].南京社会科学,2009(12).

[48] 郭骏.系统内部调整:方言向普通话靠拢的演变模式——以溧水"街上话"语音变异为例[J].语言科学,2009(11).

[49] 郭骏.语言态度与方言变异——溧水县城居民语言态度与语言使用情况的简要调查[J].南京社会科学,2007(8).

[50] 郭龙生.中国现代化进程中的语言生活、语言规划与语言保护[J].中国人民大学学报,2008(4).

[51] 葛俊丽.城市化进程中城市新移民语言状况调查与分析[J].浙江工业大学学报(社会科学版),2011(4).

[52] 韩沛玲.山西及其周边方言浊声母清化类型及历史层次[J].语言科学,2006(4).

[53] 何薇.湖南岳阳市新派方言的语音特点[J].广州广播电视大学学报,2007(3).

[54] 何自然,吴东英.内地与香港的语言变异和发展[J].语言文字应用,1999(4).

[55] 侯精一.长治方言记略[J].方言,1983(4).

[56] 胡明扬.北京话女国音调查(1987)[J].语文建设,1988(1).

[57] 胡明扬.上海话一百年来的若干变化[J].中国语文,1978(3).

[58] 胡明扬.语言文化遗产与语言保护[J].中国人民大学学报,2008(4).

[59] 胡萍.湖南会同话知三章组的老派和新派读音[J].方言,2009(3).

[60] 黄家教,崔荣昌.韶关方言新派老派的主要差异[J].中国语文,1983(2).

[61] 黄晓东.浙江安吉县河南方言岛的内部接触与融合[J].语言科学,2006(3).

[62] 金丽娜.语言接触下的"广式普通话"分析[J].四川教育学院学报,2010(1).

[63] 劲松,牛芳.长沙地方普通话固化研究[J].语言文字应用,2010(4).

[64] 邝永辉.粤语影响下的韶关市城区普通话词汇的特点[J].韶关大学学报(社会科学版),1996(1).

[65] 孔慧芳.合肥方言中入声调变化的社会语言学分析[J].合肥学院学报(社会科学版),2010(1).

[66] 李建国,边兴昌.普通话—方言的互动变异与对外汉语教学[J].华侨大学学报(哲社版),2000(2).

[67] 李荣.方言词典说略[J].中国语文,1992(5).

[68] 李如龙,梁玉璋,陈天泉.福州话语音演变概说[J].中国语文,1979(4).

[69] 李如龙,徐睿渊.厦门方言词汇一百多年来的变化——对三本教会厦门话语料的考察[J].厦门大学学报(哲学社会科学版),2007(1).

[70] 李如龙.华人地区语言生活和语文政策研究[J].厦门大学学报(哲学社会科学版).2004(3).

[71] 李如龙.论方言和普通话之间的过渡语[J].福建师范大学学报(哲学社会科学版),1988(2).

[72] 李如龙.论汉语方言语音的演变[J].语言研究,1999(1).

[73] 李小凡.新派苏州方言声母系统的演变[J].方言,1997(3).

[74] 李宇明.2007年中国语言生活状况述要[J].世界汉语教学,2008(3).

[75] 李宇明.促进语言生活健康发展[J].语言文字应用,2004(4).

[76] 李宇明.论母语[J].世界汉语教学,2003(1).

[77] 李宇明.语言功能规划刍议.[J].语言文字应用,2008(1).

[78] 李庐静.地方普通话方言变项的使用和扩散——以福建永安普通话"来去"句的调查分析为例[J].语言文字应用,2013(2).

[79] 李燕,武玉芳.山阴县语言使用及语言态度调查研究——兼论普通话的推广与方言的

保持[J].北方工业大学学报,2011(4).

[80] 林柏松.近百年来澳门话语音的发展变化[J].中国语文,1988(4).
[81] 林华东.闽南地区双言现象与语言生活和谐问题——以泉州市区市民语言使用状况为例[J].漳州师范学院学报,2009(1).
[82] 林伦伦.粤东闽语区语言生活的变化及趋向[J].广东技术师范学院学报,2005(1).
[83] 林茂灿,颜景助.普通话带鼻尾零声母音节中的协同发音[J].应用声学,1992(1).
[84] 林茂灿.汉语语调与声调[J].语言文字应用,2004(3).
[85] 林茂灿.汉语语音研究的几个问题[J].语言文字应用,2005(3).
[86] 林茂灿.普通话两音节间F_0过渡及其感知[J].中国社会科学,1996(4).
[87] 林茂灿.普通话声调分布区的知觉研究[J].声学学报,1995(4).
[88] 林茂灿.声调、音高与基频[A]//中国语文编辑部.庆祝中国社会科学院语言研究所建所45周年学术论文集[C].北京:商务印书馆,1997.
[89] 林茂灿.音高显示器与普通话声调音高特性[J].声学学报,1965(1).
[90] 林清书."地方普通话"在汉语中的位置[J].龙岩师专学报,2001(2).
[91] 林华东,陈燕玲.泉州地区三峡移民语言生活状况调查[J].语言文字应用,2011(2).
[92] 刘冬冰,赵思达.豫东普通话的语音特征[J].河南科技大学学报(社会科学版),2007(2).
[93] 刘宏.方言区"过渡语"语音问题的调查与研究——以洛阳地区为例[J].郑州大学学报(哲社会科学版),2004(5).
[94] 刘宏.加快"过渡语"研究的步伐[J].语文建设,1999(4).
[95] 刘华卿.邢台地方普通话语言特征分析[J].邢台师范高专学报,2002(1).
[96] 刘金梅.谈推广普通话亦要尊重方言[J].辽宁师专学报(社会科学版),2008(4).
[97] 刘津.乡宁方言的文白异读[J].语文研究,2001(1).
[98] 刘俐李.二十世纪汉语声调理论的研究综述[J].当代语言学,2004(1).
[99] 刘俐李.普通话水平测试标准的音位学思考[J].语文研究,2001(1).
[100] 刘夏阳.中国普及普通话现状分析[J].中国人民大学学报,1999(6).
[101] 刘晓梅,李如龙.东南方言语法对普通话的影响四种[J].语言研究,2004(4).
[102] 刘晓英.语言接触对郴州方言古全浊声母演变的影响[J].湘南学院学报,2009(4).
[103] 刘新中.海南口音普通话初探[J].海南师范学院学报(人文社会科学版),1998(4).
[104] 刘勋宁.文白异读和语音层次[J].语言教学与研究,2003(4).
[105] 刘艺.粤方言区几类普通话词语、句式的习得难度[J].南开语言学刊,2010(1).
[106] 刘慧.广州地区港澳大学生语言态度及语言使用情况调查研究[J].暨南学报(哲学社会科学版),2013(3).
[107] 刘俐李.江阴吴语近二十年的变化[J].语言研究,2013(1).
[108] 陆湘怀.吴方言区太湖片词语对普通话词语的负迁移现象[J].苏州大学学报(哲社

会科学版),2002(2).

[109] 雒鹏.河州话语法——语言接触的结果[J].西北大学学报(社会科学版),2004(4).

[110] 罗昕如.湘语与赣语接触个案研究——以新化方言为例[J].语言研究,2009(1).

[111] 罗自群.从语言接触看汉语方言"哒"类持续标记的来源[J].中国语文,2007(4).

[112] 吕必松.论汉语中介语的研究[J].语言文字应用,1993(2).

[113] 毛力群.语言资源的价值——以浙江义乌的语言生活为例[J].云南师范大学学报(哲学社会科学版),2009(4).

[114] 莫娟.苏州方言中字母词的语音变异[J].常熟理工学院学报,2012(7).

[115] 彭嬿.语言接触研究述评[J].新疆大学学报,2007(2).

[116] 平田昌司.休宁音系简介[J].方言,1982(4).

[117] 亓海峰.莱芜方言清入声归派的变化——一种正在进行中的声调变异现象[J].山东师范大学学报(人文社会科学版),2009(4).

[118] 齐春红,杨育彬.泰北地区云南方言语法变异情况考察[J].云南师范大学学报,2010(6).

[119] 齐沪扬.就"方言普通话"答客问[J].修辞学习,1999(4).

[120] 钱曾怡,曹志耘,罗福腾.山东肥城方言的语音特点[J].方言,1991(3).

[121] 钱乃荣.现代汉语的反复体[J].语言教学与研究,2000(4).

[122] 钱乃荣.论语言的多样性和"规范化"[J].语言教学与研究,2005(2).

[123] 钱乃荣.宁波方言新派音系分析[J].语文研究,1990(1).

[124] 钱乃荣.上海方言词汇的年龄差异和青少年新词[J].上海大学学报(社会科学版),1988(1).

[125] 瞿霭堂.语音演变的理论和类型[J].语言研究,2004(2).

[126] 冉启斌.汉语鼻音韵尾的实验研究[J].南开语言学刊,2005(1).

[127] 阮畅.语言变异研究综述[J].唐山学院学报,2003(1).

[128] 邵敬敏.港式中文与语言接触理论[J].佛山科学技术学院学报(社会科学版),2008(6).

[129] 邵敬敏.香港方言外来词比较研究[J].语言文字应用,2008(3).

[130] 沈家煊.类型学的标记模式[J].外语教学与研究,1997(1).

[131] 沈炯.汉语语调构造和语调类型[J].方言,1994(3).

[132] 沈榕秋,陶芸.上海现代方音的变化速度[J].复旦学报(社会科学版),1992(4).

[133] 沈同.上海话老派新派的差别[J].方言,1981(4).

[134] 沈元祺.吴方言词语对普通话学习的影响及其对策[J].苏州教育学院学报,2000(3).

[135] 施文涛.宁波方言本字考[J].方言,1979(3).

[136] 施燕薇.初探"松阳普通话"与"标准普通话"间的差异[J].丽水师范专科学校学报,2003(3).

[137] 石定栩,朱志瑜.英语对香港书面汉语句法的影响语言接触引起的语言变化[J].上海

外国语大学学报,1999(4).

[138] 石锋.普通话元音的再分析[J].世界汉语教学,2002(4).

[139] 石汝杰.吴方言区作家的普通话和方言[J].语言文字应用,1995(3).

[140] 石毓智.汉语方言语序变化的两种动因及其性质差异[J].民族语文,2008(6).

[141] 宋明伟.外来人口对大连方言和普通话的语言态度调查[J].科技信息,2010(2).

[142] 苏晓青,周兵兵.徐州市民语言使用情况电台录音调查报告[J].徐州教育学院学报,2006(4).

[143] 苏晓青,刘磊.徐州方言向普通话靠拢趋势的考察——新老派语音差异及变化特点分析[J].徐州师范大学学报(哲学社会科学版),2002(4).

[144] 苏晓青,佟秋妹,王海燕.徐州方言词汇60年来的变化——徐州方言向普通话靠拢趋势考察之二[J].徐州师范大学学报(哲学社会科学版),2004(3).

[145] 苏晓青,佟秋妹.从一家祖孙三代的语言差异看语言变化——徐州方言向普通话靠拢趋势考察之四[J].徐州师范大学学报(哲学社会科学版),2005(3).

[146] 孙宝.昌吉市区方言与普通话接触词汇调查研究[J].安徽文学(下半月),2008(5).

[147] 孙博.辽阳方言五项语音变化调查[J].科技信息,2010(2).

[148] 孙德坤.中介语理论与汉语习得研究[J].语言文字应用,1993(4).

[149] 孙锐欣.方言存在维度的探索与常州市区语言使用状况调查[J].常州工学院学报(社科版),2007(3).

[150] 唐承贤.标记理论在第二语言习得研究中的应用[J].语言与翻译(汉文),2005(2).

[151] 陶建君.无锡地区普通话水平测试中韵母常见错误及辨正[J].教书育人,2005(4).

[152] 田皓.地方普通话常见词语失误分析——以湖南腔普通话为例[J].湖南人文科技学院报,2006(4).

[153] 屠国平.宁波市外来人口语言生活状况考察[J].语言文字应用,2008(1).

[154] 万献初.咸宁—武汉方言亲属称谓词的接触与变异——以"女称男化"的消变为例[J]长江学术,2009(3)

[155] 汪平.常州方言的连读变调[J].方言,1988(3).

[156] 汪平.汉语方言的焦点特征[J].语文研究,2005(3).

[157] 汪平.上海口音普通话初探[J].语言研究,1990(1).

[158] 王德春.从社会语言学的观点论社会变异和语言变体的关系[J].扬州大学学报(人文社会科学版),1982(2).

[159] 王福堂.文白异读和层次区分[J].语言研究,2009,(1).

[160] 王福堂.文白异读中读书音的几个问题[A]//语言学论丛(32)[C].北京:商务印书馆,2006.

[161] 王洪君.文白异读和叠置式音变[A]//语言学论丛(17)[C].北京:商务印书

馆,1992.

[162] 王健.从苏皖方言体助词"著"的表现看方言接触的后果和机制[J].中国语文,2008(1).

[163] 王莉,马佳."陕北普通话"研究初探[J].延安大学学报(社会科学版),2006(3).

[164] 王鹏翔.陕北方言语法对普通话学习的干扰五种———地方普通话考察调研报告之一[J].延安大学学报(社会科学版),2008(6).

[165] 王群生,王彩豫.略论"带地方色彩的普通话"[J].荆州师范学院学报,2001(6).

[166] 王伟超.南京言语社区语言态度调查报告[J].东南大学学报(哲学社会科学版),2010(1).

[167] 王希哲.舌尖音声母发音部位质疑[J].语文研究,2003(4).

[168] 王宇枫.从集宁方言普通话使用的三个阶段看普通话的推广[J].甘肃联合大学学报(社会科学版),2008(3).

[169] 王宇枫.从内蒙古集宁方言新老两派声调系统的变异看声调的演变[J].中国语文,2006(1).

[170] 王泽龙.豫南地区"过渡语"述略[J].河南教育学院学报(哲学社会科学版),2001(1).

[171] 王生龙,王劲松.中原城市化进程中公民语言能力问题分析与思考[J].语言文字应用,2013(2).

[172] 翁寿元.读《苏南和上海吴语的内部差异》[J].方言,1984(4).

[173] 韦宏宁.广西环江官话的新老差异[J].广西教育学院学报,2007(3).

[174] 文少功.无锡方言音系记略[J].无锡教育学院学报,1996(4).

[175] 吴安其.语言接触对语言演变的影响[J].民族语文,2004(1).

[176] 吴福祥.关于语言接触引发的演变[J].民族语文,2007(2).

[177] 吴子慧.绍兴方言语序共时差异与语法演变——基于方言类型学的考察[J].绍兴文理学院学报,2009(5).

[178] 伍巍.家庭语言交际格局的动态研究——两个家庭20年来语言生活的历时调查分析[J].语言文字应用,2003(1).

[179] 夏中易.近四十年成都话语音变动现象考论[J].成都大学学报(社会科学版),2002(4).

[180] 肖劲松.普通话中介语的系统成因[J].南方论刊,2007(4).

[181] 肖劲松.普通话中介研究述评[J].郧阳师范高等专科学校学报,2007(2).

[182] 肖萍.汉语方言与普通话关系浅析[J].南通工学院学报(社会科学版),2004(3).

[183] 肖萍.应该正确看待方言[J].浙江万里学院学报,2005(1)

[184] 谢琳.普通话推广与方言文化保留——以桂林方言为例[J].中共桂林市委党校学报,2009(3)

[185] 许宝华,游汝杰.苏南和上海吴语的内部差异[J].方言,1984(1).

[186] 许宝华,汤珍珠,钱乃荣.新派上海方言的连读变调[J].方言,1981(2).

[187] 许宝华,汤珍珠,汤志祥.上海方音的共时差异[J].中国语文,1982(4)

[188] 徐大明,傅义荣.南京"问路"调查[J].中国社会语言学,2005(2).

[189] 徐大明.北方话鼻韵尾变异研究[A]//董燕萍,王初明.中国的语言学研究与应用——庆祝桂诗春教授七十华诞[C].上海:上海外语教育出版社,2001.

[190] 徐大明.新加坡华社双语调查——变项规则分析法在宏观社会语言学中的应用[J],当代语言学,1999(3).

[191] 徐红梅.从双语并用看带方言味普通话[J].韶关学院学报(社会科学版),2003(2).

[192] 徐亮,杨巍,戚国辉.汉语学龄前儿童普通话辅音音位习得的自然音系学分析——一名两周岁十一个月儿童的个案研究[J].宁波大学学报,2010(2).

[193] 徐世璇.语言濒危原因探析——兼论语言转用的多种因素[J].民族研究,2002(4).

[194] 徐耀君.推广普通话背景下的新派零陵方言成因探析[J].社科纵横,2009(9).

[195] 徐越.杭州方言语音的内部差异[J].方言,2007(1).

[196] 徐越.新派杭州方言对周边吴语语音的吸收[J].方言,2010(2).

[197] 徐云扬.The phonetic value of the vowels, diphthongs and triphthongs in Beijing Madarin [A]//第五届全国现代语音学学术会议论文集[C].2001:54–60.

[198] 许菊.标记性与母语迁移[J].解放军外国语学院学报,2004(2).

[199] 薛才德.上海市民语言生活状况调查[J].语言文字应用,2009(2).

[200] 熊湘华.语言期待:城市化过程中的乡村语言变异––基于贵阳市花溪方言语音调查的分析[J].华东师范大学学报(哲学社会科学版),2013(4).

[201] 严菡波.中新派无锡方言单字声调对比[J].才智,2010(3).

[202] 杨红华.南宁普通话的语调、语气词及其声学表现[J].语言研究,2003(4).

[203] 杨晋毅.洛阳市普通话和方言的分布与使用情况[J].语言文字应用,1997(4).

[204] 杨恺琴."新疆普通话"与普通话的语音差异[J].乌鲁木齐成人教育学院学报,2002(1).

[205] 杨荣华.语言认同与方言濒危:以辰州话方言岛为例[J].语言科学,2010(4).

[206] 杨文惠.现代汉民族共同语的变化与方言[J].咸阳师范学院学报,2005(5).

[207] 姚德怀."普通话"与"大众普通话"[J].语文建设通讯,1998(10).

[208] 姚佑椿.上海口音的普通话说略[J].语言教学与研究,1988(4).

[209] 姚佑椿.应该开展对"地方普通话"的研究[J].语文建设,1989(3).

[210] 叶军.上海话—普通话中介音发展阶段性特征分析[J].华东师范大学学报(哲学社会科学版),2009(5).

[211] 叶祥苓.苏州方言中[ts,tsʰ,s,z]和[tʂ,tʂʰ,ʂ,ʐ]的分合[J].方言,1980(3).

[212] 游汝杰.上海郊区语音近30年来的变化[J].方言,2010(3).

[213] 于珏,李爱军,王霞.上海普通话与标准普通话卷舌元音声学特征对比研究[J].当代语言学,2008(3).

[214] 于珏,李爱军,王霞.上海普通话与普通话元音系统的声学特征对比研究[J].中文信

219

息报,2004(6).

[215] 余跃龙.文水方言声母百年来的演变[J].语言研究,2009(4).

[216] 俞光中.嘉兴方言同音字汇[J].方言,1988(3).

[217] 俞玮奇.普通话的推广与苏州方言的保持——苏州市中小学生语言生活状况调查[J].语言文字应用,2010(3).

[218] 俞玮奇.城市青少年语言使用与语言认同的年龄变化——南京市中小学生语言生活状况调查[J].语言文字应用,2012(3).

[219] 俞玮奇.市场领域的语言生活状况——在南京、苏州和常州农贸市场的非介入式观察[J].语言文字应用,2011(4).

[220] 俞玮奇.苏州市外来人口第二代的语言转用考察[J].语言教学与研究,2011(1).

[221] 尹静.入城保姆语言态度及使用问题研究——以北京市为例[J].湖北社会科学,2013(10).

[222] 张建强."地方普通话"研究当议[J].广西社会科学,2005(.7).

[223] 张建强.关于建立"普通话中介语音语料库"的设想[J].广西梧州师范高等专科学校报,2005(2).

[224] 张世方.东北方言知系声母的演变[J].汉语学报,2009(1).

[225] 张世方.社会因素与北京话清入字的今调类[J].语言教学与研究,2004(5).

[226] 张树铮.现代汉语方言音系简化的趋势与推广普通话[J].语言文字应用,1994(1).

[227] 张树铮.试论普通话对方言语音的影响[J].语言文字应用,1995(4).

[228] 张振兴.语音演变例外的社会调查[J].中国社会语言学,2003(1).

[229] 张峰峡.普通话与河南方言语码转换的顺应性研究[J].山西师大学报(社会科学版),2011(3).

[230] 赵蓉晖.中国社会语言学发展的若干特点[J].解放军外国语学院学报,2004(2).

[231] 赵小刚.青海省农村普通话应用状况调查与分析[J].语言文字应用,2008(3).

[232] 甄尚灵.西蜀方言与成都语音[J].方言,1988(3).

[233] 郑锦全.汉语方言亲疏关系的计量研究[J].中国语文,1988(2).

[234] 支洁.常州方言语音的内部分歧探析[J].常州工学院学报(社科版),2006(3).

[235] 周及徐.20世纪成都语音变研究—成都话在普通话影响下的语音变化及规律[J].四川师范大学学报(社会科学版),2001(4).

[236] 周锦国.现代汉普通话语音中的一种音变现象——从"新闻30分"中的"新闻(xin-ven)"谈起[J].语言文字应用,2003(1).

[237] 周润年.析金华"地方普通话"[J].浙江师范大学学报(社会科学版),1990(3).

[238] 周芸.试论和谐语言生活的构建——以云南省语言生活现状为例[J].修辞学习,2006(6).

[239] 周薇.语言态度和语言使用的相关性分析——以2007年南京城市语言调查为例[J].语言教学与研究,2011(1).

[240] 朱建颂.武汉方言的演变[J].方言,1988(2).

[241] 朱玲君,周敏莉.地方普通话研究综述[J].湖南冶金职业技术学院学报,2009(2).

[242] 朱晓农. 亲密与高调——对小称调、女国音、美眉等语言现象的生物学解释[J].当代语言学,2004(3).

[243] 朱秀兰.石家庄市区方言的古今音变特点[J].语文研究,2007(2).

[244] 祝畹瑾.语码转换与标记模式——《语码转换的社会动机》评介[J].国外语言学,1994(2).

[245] 赵元任.无锡方音宽式音标草案[J].歌谣,1936(2).

后 记

草木蔓发,春山可望。经过几番春生夏长、秋收冬藏,关于无锡方言的接触研究终于告一段落。无数次梦想着完稿的这一刻,因为这份并不厚重的答卷里承接了太多的嘱托和厚望,无尽的感动与感激。韶光易逝,回首过往,感慨万千。

从1996年来到古城苏州就读于苏州大学文学院至今已有19年之久,没有过多的辗转和奔波,顺利地完成了我的本科和硕士阶段的学业,并将青春和热情报效母校。2006年又承蒙汪平先生不弃,招我于门下,得先生之面命耳提,言传身教,道德文章、为人为学,受益于先生良多。本书凝聚了先生大量心血,从选题的确立、框架的构建到撰写时的辩难,以及细节的修订,若没有先生的悉心指教,我可能至今还汗漫无归。先生的关心、教诲和鼓励,以及经久盘桓在先生书房和常熟、金坛两次田野调查时的种种师生情谊,学生倍受感动、终生难忘。

在此还要感谢我的硕士生导师,如今远在日本任教的石汝杰教授,是他把我领进语言学这个神秘的殿堂,领略到语言研究途中的奇光异彩。

幸运如我,能得两位学术前辈的指点。先生们的春风化雨与高屋建瓴使我克服了一个又一个困难;先生们不为"常识"所囿,不唯"权威"是举,不随"主流"盲动的精神使我明白了真正的学者操守;先生们广博的学问、宽广的胸怀、踏实严谨的治学风格,是我一生学习的楷模和奋斗的目标。

"独学则孤陋",同门之间不时的切磋交流也给我繁忙劳顿的求学生活增添了不少生气。在无锡调查期间,如果没有旧友新识的相助,很难在有限的时间内搜集到足够大的样本,在此,谨向他们表示由衷的感谢。

最后要感谢的是我的家人,是他们的宽容与关怀,让我度过那些思绪缠杂、困惑周遭的日子,让我能够心无旁骛的置身写作之中。尤其是我的母亲,在我诞下小女之后,是她抛下尚在工作的父亲,来帮我支撑起养育孩子和照料我们起居的重任,期间的辛劳非常人可以忍受。

旧历三月的江南,正是柳絮漫飞的时节。然而与日俱增的,却是萦绕于胸的一份伤感和失落。数日来紧张繁忙挑灯夜战的写作刚告一段落,如今远离家乡,来不及报答给予我学术启发的良师益友和帮我分忧解难的父母,写下这段文字,聊表歉意。

无锡方言因位于吴语太湖片苏沪嘉小片和常州(毗陵)小片之间,而带有明显的过渡地带的特色,值得关注和探讨的现象还很多,本研究只是沧海一粟。除了从语言接触的角度去研究语言在时间上的变异之外,无锡方言也展示了语言在空间上的变异,具有方言地理学上的研究价值,这些都是我们今后可以努力的方向。

学途修远,我本愚钝。敬畏学术,感恩人生。终点亦起点,路漫漫其修远兮,吾将上下而求索!

曹晓燕
2015 年 3 月于苏州市独墅湖高教区仁爱路 199 号